KB185465

ZERO TO HERO
제로 투 히어로

ZERO

ZERO TO HERO
제로 투 히어로

이지문(줄리아나 리) 지음

O

| 스타트업, 도전의 여정을 시작해 보자 |

TO HERO

좋은땅

"Zero to Hero(영에서 영웅이 된 스타트업)"

스타트업, 도전의 여정을 시작하며

창업기업 열 곳 중 아홉 곳은 망한다는 말이 있다. 스타트업 대표님들을 만나 나름 희망된 메시지로 용기를 드려야 하는 컨설턴트로서 이 통계를 그냥 지나칠 수는 없었다. 영화《매트릭스(The Matrix)》에서의 상징적인 순간인 모피어스가 네오에게 파란색과 빨간색 약을 고르라고 한 장면에서처럼, 컨설턴트로 활동할 때의 필자는 고객에게 두 가지 제안을 제시하곤 한다. 네오가 파란 약을 선택하면 아무 일도 일어나지 않고 기존의 편안하고 익숙한 삶에서 현재의 상태에 만족할 수 있다. 반면 빨간 약을 선택하면 네오는 진실을 알게 되고 매트릭스의 현실에서 깨어나 실제 세계의 진실을 마주한다. 빨간 약을 선택한 네오는 불편한 진실을 받아들이고, 이에 따른 모든 결과를 감사하는 용기를 보인다.

스타트업을 만나는 컨설턴트로 고객에게 사실을 선택하라고 할 때 이 비유를 종종 사용한다. 조언을 주는 과정에서도 종종 진실을 직시하고 불편한 결정을 내려야 하는 순간들이 있기 때문이다. 예를 들어,

회사의 재무 상태가 좋지 않거나 시장에서의 입지가 예상보다 약할 때, 고객에게 이러한 사실을 직면하도록 해야 하는 경우가 있다. 파란 약은 현재의 문제를 덮어 두고, 익숙한 방식으로 계속 나아가는 선택이다. 이는 단기적으로는 편안할 수 있지만, 장기적으로는 더 큰 문제를 야기할 수 있다. 빨간약은 불편한 진실을 직시하고, 근본적인 문제를 해결하기 위해 필요한 변화를 받아들이는 선택이다. 단기적으로는 고통스럽고 힘들 수 있지만, 장기적으로는 회사의 건강과 성장을 위해 필수적이다. 진실을 마주하는 것이 힘들지만, 성장과 변화를 위한 필수적인 과정임을 강조하는 데 매우 효과적인 방법이다.

《Zero to Hero(영에서 영웅이 된 스타트업)》라는 제목의 이 책은 무에서 유를 창출하며 혁신을 이뤄 낸 대한민국 스타트업의 성공 사례를 통해 혁신의 여정을 탐구하고자 한다. 이미 스타트업이라고 하기엔 너무 커 버린 기업도 많으나, 이들의 공통적인 시작은 바로 제로(영)에서였다. 열에 아홉은 실패한다는 창업 시장에서 이들의 아직 끝나지 않은 여정을 탐구하며 지금도 어느 자리에서 새로운 아이디어로 창업을 꿈꾸는 이들에게 영감을 주고 싶었다. 이 여정을 통해 스타트업이 어떻게 시작하여 어떻게 성장하고, 그 과정에서 어떤 어려움을 극복했는지에 대해 이야기하고자 한다.

스타트업은 단순한 사업체 이상의 의미를 지닌다. 이는 혁신과 창의력, 그리고 끈기의 상징으로, 스타트업은 기존의 틀을 깨고 새로운 가치를 창출하며, 그 과정에서 사회에 긍정적인 변화를 가져온다. 이러한 스타트업의 여정은 창업자들의 열정과 비전, 그리고 팀의 협력 없이는 불가능하다.

쿠팡, 야놀자, 토스, 마켓컬리, 직방, 티몬, 크림, 오늘의집, 무신사, 쏘카, 샌드버드, 당근마켓, 트릿지, 리디, 레몬베이스와 같은 한국의 대표적인 스타트업들은 각기 다른 분야에서 독창적인 아이디어와 비즈니스 모델로 큰 성공을 이루어 냈다. 앞으로 이들의 미래가 어떻게 될지는 아무도 모르나, 지금까지의 자취를 살펴보면 더 큰 성장을 예상할 수 있다. 이들의 성공은 단순한 우연이 아니라 철저한 준비와 끊임없는 도전, 그리고 실패를 두려워하지 않는 용기에서 비롯된 것이다.

쿠팡은 전자 상거래 시장에서 빠른 배송 서비스로 새로운 표준을 세웠으며, 야놀자는 숙박 예약의 패러다임을 바꾸었다. 토스는 핀테크 분야에서 혁신적인 금융 서비스를 제공하고 있으며, 마켓컬리는 신선한 식재료의 새벽 배송으로 소비자들의 삶의 질을 향상시켰다. 직방은 고루한 기존의 부동산 중개 서비스를 디지털화하였고, 티몬은 한국의 소셜 커머스를 정의하는 새로운 장을 열었다. 크림은 중고 명품 거래의 신뢰성을 높였으며, 오늘의집은 인테리어 정보를 공유하고 소비자들이 쉽게 집을 꾸밀 수 있도록 도왔다. 무신사는 패션 플랫폼으로서 단순히 패션을 '판매'하는 것을 넘어서, 젊은 세대의 트렌드를 선도하고 있다. 쏘카는 공유경제를 통해 이동 수단의 혁신을 이루어 냈다. 샌드버드는 글로벌 메신저 플랫폼으로서 다양한 기업들에게 소통의 도구를 제공하며, 당근마켓은 지역 커뮤니티를 기반으로 한 중고 거래의 새로운 장을 열었다. 트릿지는 농산물 수출입의 효율성을 높였고, 리디는 전자책 시장을 개척하며 독서 문화를 변화시켰다. 레몬베이스는 인사 관리의 혁신을 통해 기업의 성장을 지원하고 있다.

이 책에서는 각 스타트업의 창업 배경과 성장 과정, 그리고 성공 비결을 심도 있게 분석한다. 또한, 스타트업의 성공을 위한 필수 요소들, 즉 시장 조사, 자금 조달, 팀 빌딩, 제품 개발, 마케팅 전략 등을 구체적으로 다룬다. 이를 통해 예비 창업자들이 실질적으로 적용할 수 있는 지식과 통찰을 제공하고자 한다.

스타트업의 여정은 결코 쉬운 길이 아니다. 새로운 것을 만들어 내야 관심을 받는 동시대에 사실 새로운 혁신적 아이템을 찾아낸다는 것 자체가 어려운 도전이다. 증명된 솔루션이나 해결 방법으로 창업을 한 기업도, 창업 초기의 불확실성과 자금 부족, 시장의 냉혹한 현실 등에 좌절하고 만다. 그러나 이러한 어려움은 오히려 스타트업이 더욱 강해지고 혁신할 수 있는 원동력이 될 수도 있다고 본다. 왜냐? 성공적인 스타트업 대다수가 이러한 도전에 직면하고, 극복하여 끊임없는 혁신과 개선을 통해 성장했고, 성장하고 있기 때문이다.

필자는 스타트업 컨설턴트로서 여러 기업들과 함께하며 다양한 성공과 실패를 목격했다. 매우 기대하고 만난 기업이 몇 년 후 없어지는 것을 목격하기도 하고, 이 어려운 시장에서 이게 어떻게 가능할까 한 어려운 도전을 보란듯이 이겨낸 기업도 목격했다. 이 경험을 바탕으로, 예비 창업자들이 직면할 수 있는 도전과 그 해결책에 대해 현실적인 조언을 드리고자 한다. 이 책에서 소개한 기업들의 스토리를 통해, 시장의 변화를 읽는 능력, 올바른 팀을 구성하는 방법, 자금을 효율적으로 관리하는 전략 등 실질적인 조언과 사례가 독자 여러분의 창업에 대한 궁금증에 답을 제시하는 안내서가 되기를 바란다.

《Zero to Hero》는 단순히 성공 사례를 나열하는 책이 아니다. 다양한 시장 분야에서 이미 도전과 혁신의 여정을 한 기업들의 사례를 통해 새로운 길을 제시하고자 한다. 여러분이 이 책을 통해 자신의 꿈을 현실로 만들고, 더 나아가 생각하고 있는 아이디어가 사회에 긍정적인 영향을 미칠 수 있기를 바란다. 스타트업의 여정은 결코 쉽지 않지만, 그만큼 보람 있고 가치 있는 도전이다.

이 책이 여러분의 창업 여정에 작은 등불이 되어 주기를 바란다.
함께 Zero(영)에서 Hero(영웅)로, 도전의 여정을 시작해 보자.

스타트업 멘토, 줄리아나 드림

01

쿠팡, 새벽을 깨우는 배송혁명

1] 전 국민을 사로잡은 로켓배송

"아들이랑 롤러블레이드를 타자고 약속하고 깜박 잊었다면 자기 전 주문해서 오전 7시 전에 도착한 제품을 아침에 일어나서 바로 받아보죠. 아들에게 약속한 걸 지킬 수 있게 되는 거예요."

뉴욕 증시 IPO 다음 날 미국 CNBC 방송사와의 인터뷰에서 김범수 의장이 한 이야기이다. 크리스마스 선물과 같은 새벽배송이란 고유 명사를 탄생시킨, 쿠팡의 이야기이다.

쿠팡은 2010년 김범석 당시 의장이 소셜 커머스로 시작하여 설립한 기업이다. 우리 일상에 '쿠팡'이란 단어가 거의 필수로 자리 잡은 지 얼마 안 된 것 같은데 벌써 설립 후 십수 년이 된 기업이다. 그 십수 년 동안 쿠팡이 이룬 성과는 가히 놀랄 만하다. 2010년 30억 원으로 시작한 쿠팡은 10년 만에 기업 가치가 초기 자본금의 3만 배가 넘는 대형 상장사로 성장했다.

쿠팡은 지난 2021년 3월 11일(현지 시각) 미국 뉴욕 증시(NYSE) 상장 첫날 시가총액 100조 원을 넘기며 아시아계 기업으로 스포트라이트를 받았다. 특별히 놀랄 만한 점은 창업 후 수년 동안 적자를 기록하면서도 지속적인 투자를 멈추지 않았다는 점이다. 쿠팡의 투자 계획은 문어발식의 사업 확장이 아닌, 빠른 배송을 위한 소비자 중심의 투자에 있다. 쿠팡은 초기부터 소비자들에게 불편을 주는 기존 유통 관행을 개선하기 위해 막대한 투자를 단행하였다. 직매입 기반으로 유통 경로를 단축하고, 전국 물류망을 구축하며 익일, 당일, 새벽 배송 등 차별화된 배송 서비스를 제공이 가능하도록 하였다.

전국민의 로켓배송이 되기까지는 쉽지만은 않은 여정이다. 소셜 커머스 사업으로 시작한 쿠팡은, 이후 직매입 방식의 배송 시스템을 도입하면서 사업을 확장했다. 목표는 바로 더 많은 상품을 저렴한 가격에 매우 빠르게 고객에게 배송해야 한다는 것이다. 이를 이루기 위해 번 돈은 물류센터 구축에 쏟아부었다. 빠른 배송이 아이콘 로켓배송으로 이룬 매출액은 이런 투자로 인해 영업이익은 매년 적자를 벗어나지 못했다.

오랜 기간 적자를 감안한 투자 끝에 쿠팡의 물류 인프라 규모는 2020년 말 231만m²에서 2022년 3분기 371만 m²로 가파르게 증가했다. 그간 물류센터 건립에 6조 원 이상 투자한 쿠팡이 2024년 기준 신규 물류센터 건립에 7,000억 원이 넘는 자금을 추가 투입한다고 한다. 우스갯소리로 역세권만큼이나 중요한 수도권을 넘어 지방 곳곳에 물류 거점을 확보해 촘촘한 '쿠세권(쿠팡+역세권)'이 현실이 되었다.

우리나라 인구의 70%가 쿠팡 물류센터 10분 거리에 거주하는 것으로 나타났다. 이른바 '로켓생활권'이 전국 곳곳에 공기처럼 스며들고 있다. 이로 인해 한때 소외받았던 지역에 쿠팡 물류센터가 들어서면서 지역 활성화에 기여했다. 쿠팡이 전국적으로 독립된 물류센터를 설립해 지역 경제 성장과 일자리 창출에까지 긍정적인 영향을 주고 있다. 쿠팡이 지난해 3분기 미국 분기 보고서에서 밝힌 '쿠팡 없이 어떻게 살았을까?'라는 물류혁신으로 현실화하고 있다는 평가다.

거의 전 국민이 이용하고 있다고 할 수 있을 정도인데, 그렇다면 로켓배송은 왜 고객의 마음을 사로잡은 것일까? 기존 전자 상거래 배송은 이미 많은 기업들의 온라인 서비스에 포함된 부분이나 고객이 경험하는 불편함이 많다. 우선 배송 시간이 길거나 일관성이 부족하다. 빠른 배송이라고 해도, 최소 하루 전 주문해야 가능한 경우가 많고, 일부 제품에만 적용되거나 한정된 기간 동안만 가능한 점이다. 또한 빠른 배송을 위해 더 높은 수수료를 지불해야만 한다.

그렇다면 쿠팡의 로켓배송의 차별화 전략은 무엇일까?

쿠팡은 고객 중심 접근, 기술 혁신 및 종합적인 비즈니스 모델로 이런 기존 배송 서비스에 솔루션을 제공하였다. 바로 주문의 99.3% 이상을 24시간 이내에 배송하는 성과를 보였다. 로켓배송의 성공의 후면에는 쿠팡만의 로켓 솔루션이 있다.

(1) 효율적인 엔두트엔드(End-to-End) 인프라 네트워크를 구축하여 서비스 과정을 최적화:

쿠팡은 전국적으로 30개 지역에 걸쳐 1,000여 개의 물류 시설을 운영하고 있으며, 2021년에는 물류 기술과 인프라에 7,500억 원을 투자했다. 이러한 투자를 통해 쿠팡은 제조업체부터 고객에 이르기까지 유통 과정을 단 4단계로 간소화하는 '엔드-투-엔드(end-to-end)' 프로세스를 구축했다.

다른 온라인 쇼핑몰이 최소 7단계의 유통 과정을 거치는 반면, 쿠팡은 제조업체로부터 직접 제품을 매입하여 중간 유통사를 거치지 않고, 자체 물류센터와 배송센터를 통해 상품을 고객에게 직접 배송한다. 이는 물류 프로세스를 단축시키고, 고객 서비스의 '속도'를 향상시키는 핵심 요소이다.

쿠팡은 풀필먼트센터를 통해 로켓배송을 기본으로 하여, 고객이 자정까지 주문한 상품을 다음 날 배송하는 서비스를 제공한다. 또한, 새벽배송과 당일배송 시스템을 포함하여 시간 단위로 배송을 완료하는 서비스를 구축했다.

여기서 차별점은 기존 물류센터가 입출고 작업에 집중하는 것과 달리, 쿠팡의 풀필먼트센터는 상품을 입고, 분류, 진열하는 등 다양한 업무를 수행한다. 고객이 주문을 하면, 풀필먼트센터에서는 즉시 피킹과 포장 작업을 진행하고, 전국의 캠프로 상품을 보내어 '쿠팡맨'이 배송을 완료하게 된다. 이 시스템은 유통 과정을 단 4시간에서 7시간

내에 해결할 수 있으며, 이는 쿠팡의 가장 큰 장점으로 볼 수 있다.

(2) 입고에서 출고까지 전 과정 총괄하는 창고관리 시스템

쿠팡은 유통 과정에서 주문이 들어온 제품을 최대한 효율적이고 신속하게 배송센터로 이동시킬 수 있도록 물류 시스템도 자체 개발했다. 'WMS(Warehouse Management System)'라고 불리는 창고관리 시스템은 제품 입고부터 출고까지 모든 과정을 총괄한다.

고객이 주문을 하면, WMS 시스템은 즉각적으로 배송지 정보와 전국의 물류센터 재고 상황을 확인하여 어느 센터에서 상품을 발송할지를 결정한다. 이 과정을 통해 관련 상품을 가능한 한 빠르게 소비자에게 전달할 수 있다. 또한, WMS는 물류센터 내에서 상품을 취급할 작업자와 가장 효율적인 이동 경로를 실시간으로 지정하여 작업자의 업무 효율을 극대화한다.

(3) 인공지능 기반의 수요 예측 기술

쿠팡은 로켓배송 서비스를 통해 재고 부담을 최소화하기 위해 인공지능 기반의 수요 예측 기술을 도입했다. 이 시스템은 각 지역의 고객 수요와 물동량 데이터를 분석하여 상품을 적절한 물류센터에 배치하고, '랜덤 스토우(random stow)' 방식으로 상품을 선반에 진열한다. 이는 출고 시 작업자의 이동 경로를 최적화하고, 피킹할 상품의 위치를 효율적으로 지정하여 작업 속도를 높이고 피로도를 줄이기 위해서이다. 또한, 빅데이터 분석을 통해 상품의 판매량과 판매 시기를 고려하여 상품을 배치함으로써, 전체적인 물류 프로세스의 효율성을 극대화했다.

이처럼 쿠팡은 주문부터 배송까지 모든 과정의 효율성을 극대화하는데 주력하고 있고 이러한 광범위하고 혁신적인 물류 시스템을 총동원해 매출과 영업이익을 더욱 늘려 간다는 방침이다.

2) 한국형 아마존인가 '쿠팡'인가?

쿠팡의 경이적인 성장, '한국의 아마존'이라는 별칭을 얻기까지는 창업자인 김범석 의장의 비전과 끈기가 없었다면 불가능한 일이었다. 김범석 의장의 통찰력과 확고한 결단력은 쿠팡을 전례 없는 높이로 끌어올렸다. 이 장에서는 김의장의 여정, 그의 창업 철학, 그리고 쿠팡이 아마존과 어떻게 차별화되는지에 대해 살펴본다.

쿠팡의 탄생과 김범석의 비전

김의장의 비전은 초기부터 명확했다. 그는 소셜 커머스 분야에서 창업을 시작했지만, 곧 한국의 전자 상거래 산업을 혁신할 가능성을 보았다. 더 많은 상품을 더 저렴한 가격에 고객에게 배송하는 명확한 목표를 가지고 그는 수익을 재투자하여 탄탄한 물류 네트워크를 구축했다.

쿠팡의 성장 과정 자체가 물류 인프라 확장과 밀접한 관련이 있다.

2014년, 쿠팡은 자체 배송 시스템인 '로켓배송' 도입을 시작으로 빠르고 신뢰할 수 있는 배송 서비스로 거듭나기 위해 전국에 걸쳐 대규모 물류센터를 구축했다. 그리고 고용한 쿠팡맨을 통해 당일 배송, 새벽 배송 등 혁신적인 서비스를 제공했다. 참고로, 쿠팡맨은 쿠팡의 독특한 배송 직원으로, 쿠팡의 차별화된 배송 서비스를 구현하는 핵심 인력이다. 쿠팡은 빠르고 신뢰성 있는 배송을 위해 자체적으로 고용한 배송 직원을 '쿠팡맨'이라 부르며, 이들은 쿠팡의 로켓배송 서비스를 통해 고객에게 빠르고 정확한 배송을 제공한다. 쿠팡맨이라는 명칭 자체도 '슈퍼맨'처럼 고객의 요구를 신속하게 해결해 주는 히어로 같은 이미지를 반영하기 위해 만들어졌다. 쿠팡은 이 명칭을 통해 고객에게 신뢰감을 주고, 직원들에게는 자부심을 심어 주고자 했다.

쿠팡맨의 역할과 특징은 다음과 같다:

- 빠른 배송: 쿠팡맨은 쿠팡의 물류센터에서 출발해 고객의 집 앞까지 물건을 신속하게 전달한다. 쿠팡의 물류 네트워크와 최첨단 시스템 덕분에, 대부분의 배송이 주문 후 24시간 이내에 이루어진다.
- 고객 만족: 쿠팡맨은 단순한 배달원 이상의 역할을 한다. 고객과의 직접적인 소통을 통해 서비스 만족도를 높이고, 반품 및 교환 과정에서도 중요한 역할을 담당한다.
- 직접 고용: 쿠팡은 쿠팡맨을 직접 고용하고, 4대 보험 및 다양한 복지 혜택을 제공함으로써 안정적인 고용 환경을 조성하고 있

다. 이는 계약직이나 외주 배송원과는 차별화되는 점이다.

쿠팡맨의 존재는 쿠팡의 성공에 크게 기여했다. 고객들은 신속하고 정확한 배송 서비스에 만족하며, 이는 쿠팡의 높은 재구매율과 고객 충성도로 이어졌다. 또한, 쿠팡맨의 안정된 고용 환경과 복지 혜택은 직업 만족도를 높이고, 서비스의 질을 지속적으로 향상시키는 데 중요한 역할을 했다. 그 덕에 특히 쿠팡의 배송 속도는 99.6%의 주문이 24시간 이내에 완료될 정도로 빠르다. 이러한 따라잡을 수 없는 서비스 제공 속도와 품질을 제공해 주는 물류 시스템의 구축과 확장은 곧 고객 만족도로 이어졌고, 고객 수와 주문량은 급증했다.

2018년에는 손정의 회장이 이끄는 소프트뱅크 비전펀드로부터 약 20억 달러(약 2조 2천억 원)의 투자를 유치하며, 쿠팡은 물류 인프라를 더욱 강화할 수 있었다. 그 결과 쿠팡은 2019년 기준 전국 30개 도시에 100여 개의 물류센터를 운영하게 되었고, 대한민국 인구의 70%가 쿠팡 물류센터로부터 10km 이내에 거주하게 되었다. 이처럼 물류 인프라의 확장과 서비스 개선은 고객 충성도를 높였고, 매출 성장을 견인했다. 2020년, 쿠팡의 매출은 13조 원을 돌파했으며, 이는 전년 대비 90% 이상 증가한 수치였다. 그러나 이러한 매출 성장에도 불구하고, 쿠팡은 여전히 적자를 기록하고 있었다.

폭발적인 성장에도 불구하고 수익성은 여전히 미지의 영역이었고,

비판자들은 끊임없이 적자를 조롱했다. 그들은 쿠팡의 지속적인 적자가 회사의 발목을 잡을 것이라며 부정적인 시각을 멈추지 않았다. 시장에서는 그의 이러한 행보를 위험천만한 질주로 비유하기도 했다. 그러나 그는 흔들리지 않았다. 2021년, 뉴욕 증권거래소 상장을 통해 그의 전략이 옳았음을 증명하며, 쿠팡은 상장 첫날 기업 가치가 약 100조 원에 달하는 성과를 거두었다.

상장 이후 쿠팡의 실적은 개선되기 시작했다. 2021년 2분기부터는 영업 손실이 크게 줄어들며 흑자 전환에 대한 기대감을 높였다. 이는 물류 효율화와 규모의 경제 효과 덕분이었다. 비웃음과 비판은 점차 줄어들었고, 대신 쿠팡의 혁신과 성장 가능성에 대한 긍정적인 평가가 늘어났다.

결국, 김범석의 확고한 비전과 꾸준한 투자는 쿠팡을 한국을 대표하는 글로벌 이커머스 기업으로 성장시키는 데 중요한 역할을 했다. 그의 전략은 일시적인 손익에 얽매이지 않고, 장기적인 성장과 고객 만족을 추구하는 것이었으며, 이는 뉴욕 증권거래소 상장을 통해 마침내 인정받게 되었다.

아마존과의 차별화

쿠팡은 종종 아마존과 비교되지만, 둘 사이에는 중요한 차이점이 있다. 아마존은 AWS(아마존 웹 서비스)를 통해 막대한 수익을 창출하는 반면, 쿠팡은 AWS와 같은 수익 창출 수단이 없다. 대신 쿠팡은 전적으로 온라인 소매와 물류에 집중하여 고객에게 빠르고 신뢰성 있는 서비스를 제공하는 데 중점을 두고 있다. 또한, 쿠팡은 한국 시장에 최적화된 전략을 채택하고 있다. 밝고 눈에 띄는 유니폼, 맞춤형 배송 박스, 그리고 손쉬운 반품 절차 등은 쿠팡의 서비스 품질을 높이는 요소들이다. 이러한 차별화된 전략은 쿠팡이 한국에서 독보적인 입지를 확보하는 데 기여했다.

글로벌 거인과 혁신가에게서 영감을 받다

김범석의 독특한 여정과 철학을 이해하면 쿠팡의 차별성을 더 명확히 알 수 있다. 김범석의 배경과 경험은 그의 사업 접근 방식에 큰 영향을 미쳤다. 그는 한국에서 태어났지만 현대건설에서 일했던 아버지 덕분에 어린 시절을 주로 미국에서 보냈다. 이 국제적인 성장 배경과 디어필드 아카데미, 그리고 하버드 대학교에서의 교육은 그에게 한국 문화와 미국 비즈니스 관행에 대한 깊은 이해를 심어 주었다.

하버드에서 김범석의 창업 정신은 활짝 꽃피었다. 그는 대학생들을 타깃으로 한 잡지 《커런트(Current)》를 창간하여 성공적으로 뉴스위크에 매각했다. 이 초기의 성공은 이후 여러 벤처의 전조였다.

김범석은 아마존 외에도 다양한 성공적인 스타트업에서 영감을 받았다. 그중 하나가 그루폰이었다. 그루폰은 공동 구매 방식을 통해 음식점, 공연, 스파 등의 이용권을 대폭 할인 판매하며 미국에서 선풍적인 인기를 끌었다. 김범석은 이 모델을 한국에 도입하여 쿠팡을 창업했다. 쿠팡은 창업 첫해에 회원 수 100만 명을 돌파하고, 2012년에는 연간 거래액 8,000억 원을 기록하며 업계의 선두주자로 자리매김했다.

또 다른 영향력 있는 인물은 온라인 신발 쇼핑몰 자포스의 창업자 토니 셰이였다. 셰이의 고객 만족과 행복한 직장 문화를 중시하는 철학은 김범석에게 깊은 인상을 남겼다. 셰이는 2009년 자포스를 아마존에 매각했으며, 그의 사업 방식은 김범석의 경영 스타일에도 큰 영향을 미쳤다.

전략적 파트너십과 투자

쿠팡의 성장에는 주요 파트너십과 투자도 중요한 역할을 했다. 그 중 하나는 하버드 동문이자 초기 투자자인 매튜 크리스텐슨이었다. 크리스텐슨은 쿠팡에 지속적으로 신뢰를 보내며, 회사의 성장에 큰 기여를 했다.

가장 큰 재정적 후원자는 소프트뱅크의 손정의 회장이었다. 그는 총 3조 원을 투자하여 쿠팡의 전국 당일 배송 서비스를 가능하게 했다.

장기적인 성장과 지역 투자에 대한 헌신

김범석의 장기적인 비전은 한국에 대한 지속적인 투자에서 명확히 드러난다. 뉴욕 증시 상장은 추가 자본을 확보하기 위한 전략적 움직임이었으며, 이를 통해 쿠팡은 물류 인프라와 서비스를 강화하고 있다. 김범석은 상장을 통해 마련한 자금을 국내에 우선 투자할 계획이며, 전라북도에 대규모 물류센터를 건립하여 5만 개의 일자리를 창출하겠다고 발표했다. 쿠팡은 현재 전국적으로 30개 도시에 100여 개의 독립된 물류센터를 운영하며, 이는 한국 인구의 70%가 쿠팡 물류센터로부터 10km 내에 거주하고 있다는 사실을 보여 준다.

미래를 향한 도전: 새로운 사업과 지속적인 혁신

김범석의 기업가 정신은 쿠팡의 확장에도 계속해서 반영되고 있다. 쿠팡은 배달 앱 서비스 '쿠팡이츠'와 동영상 스트리밍 서비스 '쿠팡플레이' 등 새로운 사업을 시작하였다.

쿠팡플레이는 2020년 12월에 출시된 쿠팡의 동영상 스트리밍 서비스로, 한국에서 큰 인기를 끌고 있다. 2022년과 2023년, 쿠팡플레이는 iOS와 안드로이드 모든 카테고리에서 가장 많이 다운로드된 앱으로 자리잡았다. 특히, 네이마르, 홀란드, 손흥민 등의 유명 축구 선수들이 참여한 경기를 독점적으로 스트리밍하여 큰 주목을 받았다. 쿠팡은 쿠팡플레이를 통해 회원들에게 독점 콘텐츠를 제공하며, WOW 멤버십 프로그램을 강화하고 있다. WOW 멤버십은 2023년 기준 1,400만 명의 가입자를 보유하고 있으며, 이는 전년 대비 27% 증가한 수치이다. 이 서비스는 독점 콘텐츠와 높은 품질의 스트리밍 서비스로 인기를 끌며, 쿠팡의 지속적인 수익 창출에 기여하고 있다.

쿠팡이츠는 쿠팡의 배달 서비스로, 한국 내에서 큰 인기를 끌고 있다. 2023년에는 이 서비스가 큰 성과를 거두며 쿠팡의 전체 수익성에 기여했다. 특히 쿠팡의 전체 매출은 2023년 24.4억 달러에 이르렀으며, 이는 전년 대비 20% 증가한 수치이다. 이러한 성장은 배달 서비스의 인기가 높아짐에 따라 이루어진 것이다. 쿠팡이츠는 특히 도심 지역에서 빠른 배달 시간과 다양한 음식 선택으로 소비자들의 만족도를 높였다. 이러한 신규 사업에서도 김범석의 사업 감각이 빛을 발할지 주목된다.

성공적인 사업 다각화 덕인지 쿠팡은 2023년에 첫 연간 영업이익을 기록했다. 연간 영업이익은 4억 7,300만 달러로, 이는 전년도 1.5억 달러의 손실에서 크게 개선된 결과이다. 이러한 실적은 쿠팡의 지속적인 투자와 운영 효율성 개선 덕분이다. 또한, 분기별 실적에서도 매출과 이익이 꾸준히 증가하며, 시장 기대치를 초과하는 결과를 보여주고 있다.

김범석의 여정은 비전 있는 리더십과 끊임없는 혁신의 중요성을 보여 준다. 그의 이야기는 쿠팡과 아마존의 차이점을 부각시키며, 경쟁이 치열한 시장에서 성공을 거두기 위한 다양한 비즈니스 철학의 통합과 적응의 중요성을 강조한다.

3) 쿠팡, 물류혁신 이상의 미래 가치 및 글로벌 확장과 경쟁

쿠팡은 단순한 물류 기업을 넘어 다양한 사업 분야로 확장하고 있다. 최근의 전략적 움직임과 미래 계획은 쿠팡의 글로벌 리더로서의 입지를 강화하는 데 중점을 두고 있다. 이 장에서는 쿠팡의 미래 계획과 관련된 주요 내용을 다루겠다.

럭셔리 시장 진출: 파페치 인수

2023년 말, 쿠팡은 영국의 온라인 럭셔리 패션 리테일러인 파페치 (Farfetch)를 5억 달러에 인수한다고 발표했다. 파페치는 190개국 이상에서 1,400여 개의 브랜드와 부티크를 통해 고급 패션 상품을 제공하는 글로벌 마켓플레이스이다. 이번 인수는 쿠팡이 글로벌 개인 럭셔리 상품 시장에서 선도적인 위치를 차지하도록 돕고 있다.

파페치 인수를 통해 쿠팡은 럭셔리 패션 부문에서도 강력한 입지를 다질 수 있게 되었으며, 이는 한국 내에서도 큰 반향을 일으켰다. 한국은 세계에서 1인당 럭셔리 소비가 가장 높은 시장 중 하나로, 쿠팡의 로켓배송과 결합하여 럭셔리 상품의 신속한 배송을 가능하게 한다.

기타 미래 사업

쿠팡은 또한 신사업 분야에 대한 투자를 지속하고 있다. 최근에는 핀테크 부문에서 쿠팡페이(Coupang Pay)를 통해 금융 서비스 영역으로 확장하였다. 이와 함께, 신선식품과 가전제품 등 다양한 카테고리에서도 강력한 판매 성과를 보이고 있다.

또한, 쿠팡은 지속 가능한 성장과 혁신을 위해 다양한 기술 솔루션을 도입하고 있으며, 이는 고객 경험을 향상시키는 데 큰 도움이 되고 있다. 예를 들어, 인공지능(AI)과 머신러닝(ML) 기술을 활용하여 고객 맞춤형 서비스와 효율적인 물류 관리를 구현하고 있다.

쿠팡의 미래 계획은 럭셔리 시장 진출, 콘텐츠 투자, 핀테크 확장 등 다양한 분야에서 혁신을 이루며, 글로벌 리더로서의 입지를 더욱 강화하고 있다. 이러한 전략적 움직임들은 쿠팡이 단순한 물류 기업을 넘어 종합적인 라이프스타일 플랫폼으로 발전하는 데 중요한 역할을 할 것이다. 쿠팡의 지속적인 성장은 김범석 의장의 비전과 혁신적인 접근 방식에 크게 의존하고 있으며, 앞으로도 주목할 만한 성과를 기대할 수 있다.

쿠팡의 글로벌 확장과 경쟁: 현재와 미래 전략

쿠팡은 한국에서 탄탄한 입지를 다지며 빠른 성장을 이뤄 냈지만,

이제는 글로벌 시장으로의 확장을 모색하고 있다. 동시에 알리바바와 테무와 같은 강력한 글로벌 경쟁자들과의 치열한 경쟁에 직면하고 있다.

쿠팡은 주로 한국에서 수익을 창출하고 있지만, 일본, 대만과 싱가포르 등 다른 아시아 국가로의 확장을 추진하고 있다. 2023년에는 일본과 싱가포르 시장에 진출하여 서비스를 시작했다. 이러한 확장은 쿠팡의 고객 기반을 넓히고 글로벌 시장에서의 입지를 강화하기 위한 전략의 일환이다.

대만의 경우, 쿠팡은 2021년에 해당 시장에 처음 진출했으며, 이후 대만 전역으로 서비스를 확장했다. 대만 시장은 상대적으로 작지만, 부유한 인구와 성장하는 중산층을 보유하고 있어 전자 상거래에 대한 수요가 높다. 쿠팡은 이러한 시장 기회를 활용하여 빠른 성장을 이루었고, 이는 다른 아시아 시장으로의 확장의 발판이 되고 있다.

또한, 눈여겨볼 점이 바로 쿠팡이 대만에서 제3자 광고를 통해 상당한 수익을 올리고 있다는 점이다. 대만에서 쿠팡은 쿠팡 글로벌 마켓플레이스를 통해 현지 판매자들이 한국의 고객에게 직접 접근할 수 있도록 하고 있다. 이 모델은 대만의 중소기업들이 글로벌 시장에 진출할 수 있는 기회를 제공하며, 쿠팡은 이러한 거래에서 광고 수익을 창출한다. 거기다 나름 다양한 상품군을 제공하면서 광고 수익을 극대화하고 있다. 예를 들어, 대만의 화장품 브랜드와 전통 스낵 등이 한국 소비자들 사이에서 인기를 끌고 있으며, 이는 쿠팡의 광고 수익 증가에 기여하고 있다. 대만에서의 성공은 다른 아시아 시장으로의 확장 가능성을 높이며, 쿠팡의 글로벌 전략에 중요한 역할을 하고 있다.

하지만 성공과 더불어 동시에 어느 나라에서 새로운 사업 공략을 실행하던 쿠팡은 알리바바의 알리익스프레스(AliExpress)와 PDD 홀딩스의 테무(Temu)와 같은 중국의 거대 전자 상거래 기업들과 경쟁할 수밖에 없는 상황에 놓여 있다. 알리익스프레스는 저렴한 가격과 다양한 제품으로 한국을 포함한 다른 동남아 시장에서 큰 인기를 끌고 있으며, 테무는 빠르게 성장하여 북미와 유럽 시장에서 주목받고 있다.

알리익스프레스와 테무는 저렴한 가격과 무료 배송을 무기로 한국 소비자들을 공략하고 있으며, 이는 쿠팡에게 큰 도전 과제가 되고 있다. 특히 알리익스프레스는 2018년 한국 시장에 진출한 이후 빠르게 성장하여 현재 약 700만 명의 사용자를 확보하고 있다. 테무 또한, 2023년 한국에 진출한 이후 약 350만 명의 적잖은 월간 활성 사용자를 보유하고 있다.

물론 아직까지는 알리익스프레스와 테무는 한국 시장에서 성장하면서도 공급망 문제에 직면해 있다. 특히 긴 배송 시간과 불안정한 제품 품질로 인해 일부 소비자들은 여전히 쿠팡과 같은 현지 온라인 쇼평몰을 선호하고 있다. 이러한 문제는 중국 플랫폼들이 해외 시장에서 직면하는 주요 도전 과제 중 하나이다.

쿠팡의 미래는 글로벌 확장과 지속 가능한 성장에 달려 있다. 쿠팡은 현재 한국 시장에서의 성공을 바탕으로 글로벌 시장에서의 입지를 다지고 있으며, 럭셔리 시장과 신규 서비스 부문에서도 강력한 경쟁력을 확보하고자 노력하고 있다. 이러한 전략적 접근은 쿠팡이 알리익스프레스와 테무와 같은 글로벌 경쟁자들과의 경쟁에서 우위를 점하는 데 중요한 역할을 할 것이다.

쿠팡의 주가 하락 및 최근 동향

이익 면에서는 준수한 평을 받고 있을지라도 주가에 관한 것에서는 쿠팡은 꽤나 고전하고 있다. 쿠팡은 2021년 뉴욕증권거래소에 상장된 이후 주가가 현저히 하락하면서 기업 가치 입증에 어려움을 겪고 있다. 상장 당시 '한국의 아마존'으로 평가받았지만, 한국 이커머스 시장의 침체와 다양한 부문에서의 손실로 인해 투자자들의 신뢰를 얻지 못했다. 상장 이후 쿠팡의 주가는 공모가 대비 54% 하락했으며, 2021년 최고가 대비 76% 하락했다. 현재 시가총액은 약 300억 달러 수준에서 정체되어 있다.

쿠팡은 실적 발표와 투자 발표 시 주가가 하락하는 현상을 반복하고 있다. 이는 성장과 투자에 대한 의문 때문으로, 투자 기간 동안 배

당이 어려울 것으로 예상되면서 주가 하락이 지속되고 있다. 2023년 2분기 실적 발표 당시에도 쿠팡의 주가는 예상치를 초과했음에도 불구하고 하락하는 모습을 보였다.

쿠팡은 뉴욕 증시에 상장되었으나 여전히 대부분의 매출이 한국의 프로덕트 커머스에서 발생하고 있다. 쿠팡이츠, 쿠팡페이, 해외 사업 등 사업 다각화와 인수합병을 시도했으나, 이러한 시도들이 시장에서 유의미한 성과를 내지 못하고 있다. 특히 파페치(Farfetch) 인수 후에도 시장 반응은 냉담했다.

또 하나 이슈로 올라왔던 것이 바로 쿠팡이 뉴욕증권거래소 상장 후 다수의 투자자로부터 소송을 당한 사건이다. 투자자들은 기업공개(IPO) 신고서의 허위 내용과 불공정 행위로 인한 주가 폭락으로 손실을 보상하라 주장하고 있으며, 이 소송은 여전히 진행 중이다. 이러한 소송은 쿠팡의 이미지를 손상시키고 추가적인 재정적 부담을 야기할 수 있다.

또한, 한국의 공정거래위원회가 '플랫폼 공정경쟁촉진법(Platform Competition Promotion Act, PCPA)'을 강력히 추진하고 있어 쿠팡이 지배적 사업자로 지정될 경우 자체 브랜드 등에 제약이 생길 우려가 있다. 플랫폼 공정경쟁촉진법은 온라인 플랫폼 시장에서의 공정한 경쟁을 촉진하고 소비자와 중소기업의 권익을 보호하기 위해 한국 공정거래위원회(KFTC)가 제안한 법안이다. 이 법안은 2023년 12월에 제안되었으며, 특정 플랫폼 사업자를 '지배적 플랫폼 사업자'로 지정하여 사전 규제를 시행하는 것을 목표로 하고 있다. 이 법은 유럽연합(EU)의 디지털 시장법(Digital Markets Act, DMA)을 모델로 하고 있다.

법안의 주요 내용을 간단히 정리하자면 다음과 같다:

1. 지배적 플랫폼 사업자 지정: 시장에서 강력한 영향력을 행사하는 소수의 플랫폼 사업자를 사전 지정하여 규제한다.
2. 자기 선호, 끼워 팔기, 멀티호밍 제한: 자기 선호(self-preferencing), 끼워 팔기(tying), 멀티호밍(multi-homing) 제한 등을 금지한다.
3. 공정한 거래 조건: 플랫폼 사업자는 거래 조건을 명확히 공개하고, 변경 시 사전에 통지해야 한다.

플랫폼 공정경쟁촉진법은 아직 최종 법안으로 채택되지 않았으며, 관련 논의가 계속되고 있다. KFTC는 2021년부터 법 제정을 추진해 왔으며, 2023년 12월에 법안을 제안했다. 현재 정부와 관련 부처 간의 협의가 진행 중이며, 최종 정책 방향은 향후 결정될 예정이다.

물론 결과적으로 플랫폼 공정경쟁촉진법이 받아들여진다면 쿠팡을 포함한 여러 대형 플랫폼 사업자들에게 영향을 미칠 것으로 예상된다. 네이버, 카카오 같은 주요 플랫폼들도 시장 지배적 사업자로 지정될 가능성이 있으며, 이는 이들 기업의 비즈니스 모델에 큰 변화를 가져올 수 있다. 특히, 자기 선호와 같은 행위가 금지됨에 따라 플랫폼 운영 방식에 대한 전반적인 재검토가 필요할 것이다.

법안이 시행되면 플랫폼 사업자들은 자사 상품을 우대하는 행위나 특정 거래 조건을 강요하는 행위를 할 수 없게 된다. 이는 소비자와 중소기업 보호 측면에서 긍정적일 수 있지만, 플랫폼 사업자들에게는 운영상의 유연성이 줄어드는 결과를 초래할 수 있다. 또한, 법안의 구체적인 적용 기준과 제재 수준이 아직 명확히 규정되지 않아, 법 시행 후 초기 혼란이 예상된다. 쿠팡은 시장에서의 지배적 위치에 대한 해석 차이로 규제 대상 여부에 긴장하고 있다.

쿠팡은 현재 이러한 도전 과제에 직면해 있으며, 글로벌 시장에서의 성장과 안정적인 수익 창출을 위해 노력하고 있다. 그러나 주가 하락과 규제, 소송 문제 등은 여전히 큰 과제로 남아 있다.

02

야놀자, 여행 산업을 디지털 혁신으로 이끄는 리더

1) 러브 호텔에서 세련된 숙박 서비스로 탈바꿈

　2000년대 초반, 한국에서는 러브 호텔이라고 불리는 특별한 형태의 모텔이 등장했다. 이 호텔들은 주로 시간 단위로 이용되며, 짧은 시간 동안의 휴식이나 데이트의 장소로 이용되었다. 저렴하고 비교적 익명성을 제공하여 인기를 끌었으나 초기에는 러브 호텔이 주로 성매매와 연결돼 부정적인 이미지를 갖고 있었다. 바닥을 치던 숙박 시설에 대한 평판은 2005년, 이수진 대표에 의해 설립된 야놀자의 앱으로 인해 대변신을 하게 된다. 야놀자는 디지털 여행 플랫폼의 대명사로 오래 자리매김해 온 여행 예약 서비스 기업이다. 햇수로 25년에 가까워진 야놀자는 기업 성장 및 고객 유치 측면에서 꾸준히 승승장구해 왔다. 일반 고객 사이에서 가장 잘 알려진 대표 서비스, 야놀자 앱은 전국 각지의 숙박 정보를 하나로 통합한 플랫폼이다. 김수진 대표는 이를 통해 모텔을 현대화하여 젊은 커플과 여행자들에게 숙박 시설은 안전하고 편리하며 경제적인 선택지라는 좋은 인상을 확립했다. 숙박 시설에 대한 대중의 인식을 하늘과 땅 차이 수준으로 뒤바꾸기 위해서 기업이 활용한 전략은 다양했는데 개중 몇 가지를 뽑자면 다음과 같다.

(1). **디지털 플랫폼 제공**: 편리한 예약 및 관리 서비스를 제공하는 디지털 플랫폼을 구축했다. 이전까지는 거의 오프라인을 통해서만 접할 수 있었던 숙박 예약 이뤄져 있던 앱 및 웹사이트를 통해 고객들은 다양한 숙박 시설을 쉽게 검색하고 비교할 수 있으며, 실시간 예약 및 결제를 할 수 있게 하였다. 이를 통해 모텔 예약 프로세스를 간소화하고 고객들의 편의성을 높였다. 야놀자가 국내뿐만 아니라 추후에 글로벌 스케일로 서비스를 확장하는 것을 가능케 한 주요 개선 포인트라고 볼 수 있다.

(2). **품질 향상**: 숙박 업체들과의 협력을 통해 모텔 및 기타 숙박 시설의 품질을 향상시켰다. 이를 위해 각 숙박 시설의 청결도, 시설 및 서비스 품질 등을 지속적으로 모니터링하고 개선했다. 특히 깨끗하고 편안한 환경을 제공함으로써 고객들에게 안전하고 쾌적한 숙박 경험을 제공하고자 했다.

(3). **마케팅 및 브랜딩**: 모텔과 관련된 부정적인 이미지를 극복하기 위해 다양한 마케팅 및 브랜딩 전략을 활용했다. 이를 통해 모텔을 현대적이고 스타일리시한 숙박 시설로 재조명하고자 했다. 광고 캠페인, 소셜 미디어 홍보, 이벤트 참여 등을 통해 모텔의 이미지를 개선

하고 고객들의 인식을 변화시켰다. 이를 통해 야놀자는 숙박업계에서 12년간 쌓아 온 노하우를 기반으로 객실용품 전문 브랜드인 '좋은숙박연구소'를 공식 출시했다. 이 브랜드는 중소형 숙박시설 이용 시, 비품에 대한 불안감을 해소하고 고객들이 안심하고 이용할 수 있도록 하기 위해 제작되었다. 칫솔, 치약, 세안제 등 작은 품목까지 가격과 품질을 고려한 친환경 제품들로만 구성되어 있다.

  (4) 고객 서비스 향상: 고객들에게 더 나은 서비스를 제공하기 위해 지속적으로 노력했다. 초반에 숙박 시설 리뷰 플랫폼으로 시작했던 기업답게 고객 서비스 팀을 강화하고, 고객들의 피드백을 수렴하고 반영하여 서비스를 개선했다. 또한 고객들에게 다양한 혜택과 프로모션을 제공하여 고객들의 만족도를 높였다. 야놀자의 숙박 비품 전문 브랜드인 좋은숙박연구소 또한 제작을 위해 1년 간 3,100여 개의 객실과 230만 명의 투숙객을 연구 분석하였다. 또한 정확한 개선방안 마련을 위해 중소형 숙박시설 비품 위생 만족도 설문조사도 진행했다.

  이러한 노력들을 통해 야놀자는 모텔의 부정적인 이미지를 극복하고, 안전하고 편안한 숙박 경험을 제공하는 신뢰할 수 있는 브랜드로 자리매김했다. 국내에서 이룬 이 성공은 글로벌 무대에서도 이어졌다. 국내외에 있는 레저 관련 기업들에 지속적이고 과감히 인수하여 글로벌 여행 업계의 디지털 전환을 주도하며, B2B2C 여행 가치 사슬에 완벽하게 서비스하는 세계에서 가장 빠르게 성장하는 여행 예약 플랫폼 회사가 되었다. 이 화려한 명성과 실적을 뒷받침하듯, 2019년 6월에 야놀자는 10억 달러 이상의 가치를 인정받아 한국에서 여덟 번째 '유니콘' 스타트업으로 등극했다. 2021년에는 심지어 소프트뱅크 비전펀드 2가 야놀자의 지분의 일부를 17억 달러에 사들이며 전체 가치는 67억 달러로 측정되면서 '데카콘'(기업 가치 10조 원을 뜻하는) 기업으로 올라섰다. 또한, 2023년 상반기 기준으로 야놀자 앱은 총 358만 명의 이용자 수를 달성하였다.

참고로, 기업이 데카콘으로 발전하였다 해도 유니콘이었을 시절 적용해 왔던 기업 전략 등이 무관해지는 것은 아니다. 유니콘은 기업 가치가 10억 달러를 초과하는 매우 중요한 성과를 이뤄 낸 스타트업을 가리키는 용어다. 데카콘은 더 나아가 기업 가치가 10조 원을 초과하는 기업을 의미한다. 즉, 수치적으로만 따져 봤을 때, 기업의 규모 내지는 영향력이 유니콘이었을 시절에 비해 한층 성장한 기업임을 나타낸다. 야놀자가 역시 데카콘으로 발전함으로써 더 높은 수준의 성장과 성공을 거둔 것이며, 유니콘으로서 이뤘던 업적이 한층 더 강화되는 것을 의미한다. 유니콘과 데카콘은 분명 서로 다른 개념으로 존재한다. 하지만 야놀자가 데카콘으로 발전했다고 해서 유니콘이었던 시절을 바로 "올챙이 적 시절"이라 여기며 그때 당시에 제공하던 서비스나 사용하던 기업 전략이 크게 변했다고 보기는 어렵다.

일반 고객들은 자주 접할 기회가 없겠지만 야놀자를 떠받드는 또

다른 기둥인 야놀자 클라우드(Yanolja Cloud) 역시 야놀자가 유니콘이었을 당시에도 이미 존재했던 서비스이다. 야놀자 클라우드는 여행 예약 및 관리를 위한 클라우드 기반의 솔루션으로, 숙박 업계의 디지털 전환과 효율성을 증대시키기 위해 개발되었다. 야놀자는 유니콘이었을 시절에 이미 클라우드 기술을 활용하여 서비스를 제공하고 있었으며, 이는 야놀자의 성장과 글로벌 시장에서의 경쟁력을 높이는 데 일조한 기업의 핵심 제품 중 하나였다.

다소 생소하게 들릴 수 있는 이 서비스에 대해 좀 더 설명을 해 보자면 우선 야놀자 클라우드는 여행 및 레저 관련 서비스에서 거둔 성과에 힘입은 야놀자가 자체적으로 개발한 인공지능 소프트웨어이다. 해당 기업에 일반 고객에게만 제공할 수 있는 숙박 시설이라는 한정적인 분야가 아닌 숙박 기업들에게 필요로 할 빅데이터 분야로 서비스를 확장케 해 준 것이 바로 야놀자 클라우드라 볼 수 있다. 야놀자에서 파생된 이 AI 기반 SaaS(Software-as-a-Service) 비즈니스는 여행 및 레저 산업에서 디지털 전환을 촉진하는 역할을 한다. 이 클라우드 서비스는 AI, IoT, 빅데이터 기술을 활용하여 숙박, 음식 및 음료, 레저 시설 등에서 디지털 전환을 돕는 기술 솔루션을 제공한다. 더 나아가 숙박 및 레저 관련 기업들이 운영하는 다양한 부분을 자동화하고 효율적으로 관리할 수 있도록 지원한다. 야놀자 클라우드는 현재 170개 이상의 국가에서 60개 이상의 언어로 제공되며, 여행 및 레저 기업이 필요에 따라 선택할 수 있는 다양한 배포 솔루션을 제공한다. 이를 통해 기업들은 고객 서비스의 향상과 운영 비용의 절감을 달성할 수 있다. 야놀자 클라우드의 글로벌 솔루션 라이선스 수는 2019년 39,000개에서 2023년에는 80,000개 이상으로 급격히 증가했다. 클라우드 부문의 매출은 2023년 3분기 기준으로 전년 대비 112% 증가한 649억 원이며, 영업이익은 92억 원으로 첫 분기 흑자를 달성했다. 해외지사 설립에 있어서도 야놀자는 싱가포르를 시작으로 글로벌 확장을 가속화하여 해외 오피스는 27개국에 49개 운영 중이며, 해외 임직원은 1,300명을 넘어섰다. 한국, 인도, 이스라엘, 터키, 베트남에는 R&D센터까지 구축했다.

이처럼 국내외로 일반 소비자 및 글로벌 기업이라는 두 마리 토끼를 다 잡은 야놀자의 전략은 크게 두 가지로 나뉜다.

(1). B2C 여행 슈퍼 앱 포트폴리오 보유를 위한 인수합병에 집중:

국내에서는 숙박 시설을 제외하면 음식, 쇼핑, 교통 등 다른 업계들은 이미 디지털화되어 있었기에, 야놀자는 이 디지털 정보를 보유한 우수한 기업들과 협력을 모색했다. 비슷한 혹은, 관련된 업계 내의 기업 물색 및 인수를 거침없이 한 덕에 개별 서비스로 존재하던 레저 정보(호텔, 모텔, 게스트하우스, 펜션, 해외민박, 식당, 쇼핑, 교통 등)가 하나의 O2O 플랫폼으로 통합되었다. 한 예로, 야놀자는 국내에서 항공, 차 렌탈, 호텔 부킹 등을 할 수 있는 인터파크, 트립플, 데일리호텔에 투자를 하거나 해당 기업을 인수하여 여행 슈퍼 앱에 걸맞은 포트폴리오를 구성했다. 여기서 슈퍼 앱이란 하나의 기능이나 서비스에 한정되지 않고, 연결된 서비스들을 함께 제공하여 고객들에게 보다 통합된 경험을 제공하는 앱이다. 슈퍼 앱 전략을 사용하면 고객의 플랫폼 체류 시간을 늘리고 다른 서비스와 연결까지 하는 락인 효과를 노릴 수 있다.

야놀자는 슈퍼 앱 서비스를 제공하기 위해 국내에서 인수합병한 다른 기업들만 해도 같은 여행 앱 업체인 호텔나우와 국내 1위 숙박비품 유통 업체인 한국물자조달이 있다. 더불어 국내 1위, 2위 PMS(숙박 예약, 식당 예약, 음식 주문 등 호텔 내에서 벌어지는 모든 일을 비대면으로 디지털화해 처리하는 자산관리시스템) 업체인 가람과 씨리얼까지 있다. 이를 통해 2016년부터 무려 8개 업체를 인수한 야놀자는 자체 플랫폼에서 숙식, 쇼핑, 교통 등의 여행 및 레저와 관련 있는 종합적 패키지 서비스를 제공하게 되었다. 또한, 해외 레저 업계에서도 서비스를 수월하게 제공할 수 있도록 북미, 유럽 고객이 주인 Go Global Travel, 동남아가 주인 Zen Rooms 등을 인수했다.

야놀자 클라우드 서비스를 글로벌 무대로 오르게 한 정보력을 확보할 당시에도 비슷한 전략이 적용되었다. 야놀자는 해외 호스피탈리티 솔루션 기업들인 Innsoft, eZee Technosys(무려 세계 2위 PMS 업체), Innkey Infosystems, 국내 기업인 산하정보기술 등에 투자하거나 인수하여 회사 포트폴리오를 더욱 광범위하게 넓혀 나갔다. 이를 통해 170개 이상의 국가 및 지역에서 가장 적합한 비즈니스 솔루션을 채택할 수 있게 되었고, 혁신이 어려운 기존 OTA(online travel agency) 비즈니스에 솔루션을 공급하여 해외 여가 B2B 시장을 공략할 수 있게 하는 발판을 만들었다.

이수진 대표는 인수합병뿐만 아니라 인재 고용에 있어서도 노력과 투자를 아끼지 않았다. 당초에 현 야놀자 클라우드의 대표인 김종윤부터 영입을 하기 위해 1년간이나 공을 들였다. 거기다 엔씨소프트 출신 엄태욱 최고기술책임자(CTO), 넷마블 출신 최찬석 최고 투자책임자(CIO), 베인앤컴퍼니 출신 천경훈 비즈니스 그룹장, 모두 이수진 대표가 적극 영입한 경영진이다.

(2). 여행 및 레저 관련 데이터의 디지털화로 글로벌 B2B 기업으로 거듭나다:

야놀자가 설립되었을 당시, 국내의 여행 및 레저와 숙박에 대한 정보 디지털화 비율은 20% 미만이었다. 각지에 흩어진 이 오프라인 비즈니스 정보를 온라인으로 집결하기 위해 야놀자는 남은 80%의 데이터를 디지털화하는 데 집중하였다. 해당 디지털화 작업은 여행 및 레저와 숙박 데이터를 실시간으로 가치 사슬(value chain: 기업이 제품이나 서비스를 생산하여 부가가치를 창출하는 전체 과정)을 효과적으로 집계하는 방향으로 진행하였다. 초반부터 적극 추진했던 디지털화 전략 덕에 야놀자는 여러 기업을 합병한 뒤에도 글로벌 시장에서 여행과 레저 서비스를 선도하는 슈퍼 앱으로 거듭날 수 있었다. 특히, 야놀자 클라우드는 AI와 집결된 빅데이터를 활용해 글로벌 기업들을 상대로 기술 솔루션을 제공한다. 또한, 이 디지털화 전략 덕에 여러 자동화 서비스 제공까지 구현에 성공하는데 그 대표적인 예가 바로 다음과 같은 클라우드 기반 제품 및 솔루션들이다.

- Y KIOSK: 호텔이나 게스트 하우스 등 숙박 업체에서 사용되는 자동 체크인/체크아웃 키오스크 시스템이다. 고객은 이를 통해 간편하게 객실 예약을 확인하고 체크인 및 체크아웃 절차를 자유롭게 수행할 수 있다. 체크인 기능은 온라인 예약고객과 현장 방문고객 모두에게 지원이 되며 QR 코드를 활용한 체크인 방식을 지원한다. 해당 QR 코드는 예약 시 고객에게 자동으로 발급된다. 그 외에도 인코딩 방식으로 키리스(Keyless) 객실키도 고객 휴대폰으로 발급해 준다. 이 덕에 고객은 체크인 시 휴대폰만으로 객실 도어락 해제, 엘리베이터 등이 가능하다.

- YCMS(Content Management System): 숙박 업체의 웹사이트나 앱에 게재되는 콘텐츠를 관리하기 위한 시스템이다. 야놀자를 포함한 국내외 OTA(Online Travel Agency, 온라인 여행사: 숙소, 항공, 렌트카 등 여행 상품에 대한 예약 및 판매 대행 서비스를 제공하는) 채널의 객실 판매 및 예약 현황 실시간 연동해 준다. 업체는 이를 통해 객실 정보, 가격, 이벤트 등을 신속하게 업데이트하고 관리할 수 있다. 또한, 객실 재고를 실시간으로 연동해서 오버부킹을 방지할 수 있고 객실 회전율을 효율적이고 신속하게 관리하게 지원한다.

- 와이플럭스 GRMS(Y FLUX Guest Room Management System): 클라우드 및 사물 인터넷(IoT, Internet of Things) 기반의 객실 관

리 시스템이다. 고객은 머큐리의 와이파이 단말기와 KT의 인공
지능 스피커(기가지니 호텔)의 인공지능 기술을 사용하여 다양한
음성 제어 서비스를 사용할 수 있다. 이를 통해 객실 온도 및 조명
조절, 방해 금지, 객실 청소, 발레파킹 등의 요청사항을 전달할 수
있다.

- Y PMS(Property Management System): 야놀자 클라우드 제품들
  과 연동 되는 시스템으로 숙박 업체의 예약 관리 및 운영 관리를
  위한 솔루션이다. 이를 통해 업체는 객실 예약, 객실 배정, 청소
  일정 관리, 결제 처리 등을 효율적으로 관리할 수 있다.

이러한 개별 솔루션과 솔루션 간의 연동으로 인해 숙박 업체가 운
영을 최적화하고 고객 서비스를 향상시키는 데 큰 도움을 준다. 클라
우드 기반의 솔루션으로 제공되므로 업체는 언제 어디서나 인터넷에
연결된 장치를 통해 시스템에 접근하고 관리할 수 있다. 이러한 자동
화된 운영을 통해 고객에게는 다양한 편의성과 기업에게는 장기적인
비용 절감 기능을 제공한다.

2) 야놀자의 양대 산맥: 이수진과 김종윤, 이준영의 대비되는 여정

현재 레저 방면 서비스를 출시 및 관할하는 이수진 대표와 야놀자 클라우드 서비스를 담당하는 김종윤 대표이사는 야놀자의 성공을 이끄는 양대 산맥으로서 각자의 대조되는 경험을 바탕으로 회사의 성장과 발전을 이끌어 나가고 있다.

창업 전 이수진 총괄대표는 어린 시절을 고아로서 어려움을 겪었고 초등학교 5학년 때까지 한글을 제대로 읽고 쓸 수 없었다고 한다. 그는 실업고와 전문대를 졸업한 뒤, 23세 때 "러브 호텔"에서 청소와 관리 등을 담당하며 안정된 월급과 생활 공간을 얻었고 숙박업계에 첫걸음을 내디뎠다. 그는 이후, 어려운 환경 속에서도 돈을 절약하며 주식 투자도 시도해 보고 샐러드 사업에 도전하기도 했다. 그러나 해당 사업이 실패로 끝나자 그는 다시 호텔 업계 쪽으로 시선을 돌리게 되었고 이때 예상 외의 기회를 발견했다. 때마침 한국은 2004년에 성매매방지법을 제정하면서 모텔이 문을 닫을 것을 우려했다. 마침 모텔은 성매매가 이뤄지는 곳이라는 대중의 부정적인 인식도 만연한 차였다. 그러나 이수진 대표는 모텔에서 청소부로 일하면서 겪은 긍정적인 경험들과 해당 업계가 가진 잠재성을 토대로 모텔 산업을 리브랜딩하고자 했다. 이즈음 청소부에서 시작했던 이수진 대표는 모텔 매니저에서 총지배인까지 1년여 만에 초고속 승진한 뒤였다.

자신의 목표 달성을 위해 이수진 대표가 내딛은 첫걸음은 2004년에 모텔 이야기라는 온라인 커뮤니티를 개설하는 것이었다. 이 커뮤니티는 모텔업 종사자들의 구인·구직 정보뿐만 아니라 근무 경험담을 공유할 수 있는 공간까지 제공하였다. 그 덕에, 많은 구직자들은 모텔 정보를 얻으려고 커뮤니티에 가입했고 자신들이 모텔에서 일하며 느낀 점을 자주 공유하기도 했다. 이곳 모여든 모텔업 종사자들의 경험을 통해 이수진 대표는 사업 가능성을 확인하게 되었다. 이후 2005년에 그는 호텔 리뷰 플랫폼을 만들었고 같은 해에 모텔투어라는 커뮤니티를 인수하여 숙박 중개 서비스를 본격화했다. 이후 야놀자는 숙박뿐 아니라 펜션, 호텔, 해외 숙소까지 숙박 예약 서비스를 확대했다. 그 후로 2년 뒤에, 그는 청소부로서 일하며 기른 손님들의 숙박 시설 사용 경험에 대한 통찰력을 토대로 초반의 리뷰 플랫폼인 모텔투어를 오늘날의 야놀자로 맞춤화하여 2007년에 론칭했다. 창업 당시, 들인 자본금은 5천만 원이었다.

이렇게 한때 모텔 예약 서비스로 야놀자를 시작한 이수진 대표는 모텔 산업의 부정적 이미지를 떨쳐 내고 대기업으로 일궈 내기 위해 수많은 노력과 고민을 했다. 처음에는 모텔과의 협업과 현대화를 통해 이미지 개선에 성공하고 고객들에게 더 안전하고 편리한 경험을 제공하는 데에 주력을 기울였다. 이후에는 다른 숙박 기업들과의 협업을 통해 선택지를 훨씬 다양화했다. 이수진 대표는 각고의 노력 끝에 야놀자 이미지 개선에 한 걸음 가까워졌지만 한 가지 전략만으로는 부족하다 여겼다. 여전히 일부 사용자들이 가진 야놀자에 대한 인식은 모텔 대실 앱에 지나지 않았다. 이것이 이수진 대표와 기업 경영진들의 큰 골칫거리였다. 그래서 야놀자를 숙박뿐만 아니라 기술 기업으로도 변신할 수 있도록 더 많은 노력을 기울였다. 그중 하나가 바로 오늘날의 야놀자 클라우드를 전담하는 김종윤 대표와 이준영 대표를 고용하는 것이다.

이수진 대표와는 반대로, 현 야놀자 클라우드의 공동 대표이사인 김종윤과 이준영은 전혀 다른 성장 과정을 밟아 왔다. 김종윤 대표는 서울대학교 화학공학과와 다트머스 대학교 터크 경영대학원을 졸업한 뒤 구글, 3M, 맥킨지 등 글로벌 기업에서 근무했다. 맥킨지에서 근무할 당시, 디지털 전문가로 일한 경력을 보유하고 있으며, 구글(미국 본사와 구글 코리아)에서는 무려 20년을 근무하며 계정 관리, 재무분석, 비즈니스 개발 등 다양한 분야에서 경력을 쌓았다. 김대표는 이 기간 동안 구글에서 가장 중요한 팀으로 여겨지는 검색 팀에 속해서 검색 알고리즘을 개발하고 사용자 경험을 향상시키는 데 주력했다.

또한, 데이터를 구조화하는 프로젝트도 주도하면서 방대한 양의 데이터를 정리 및 활용하는 과정에도 깊게 관여하였다. 회사 창립 후 대략 10년이 지난 2015년에 부대표로 합류한 뒤, 그는 디지털 전문 역량과 사업 전략 수립 노하우를 바탕으로 매년 2배 이상의 성장과 여행 및 레저 산업의 질적 고도화를 이끌었다. 그는 야놀자 클라우드의 온라인 비즈니스부터 소프트웨어, 하드웨어, 시스템까지 책임지는 공동대표 이사로 승진했고 현재 회사 성장을 주도하고 있다. 또한 글로벌 클라우드 솔루션 사업과 투자 부문 총괄하고 있는 야놀자에 최고전략책임자(CSO)로서 사업 포트폴리오 확대와 글로벌 시장 진출, 투자 유치 등을 담당했다. 김종윤 대표의 전문성 덕에 단순 모텔 예약 앱에서 거대 규모의 여행 플랫폼으로 사업 방향을 전면 수정하게 된 야놀자는 세계 호텔 PMS 분야에서는 1위 업체인 오라클에 이어 2위를 차지하는 실적까지 올리게 되었다.

이준영 공동대표도 야놀자에 합류하기 전에 김종윤 대표와 견줄 만한 광범위한 기술 분야에서 다양한 경험을 쌓아 왔다. 그는 삼성전자와 야후코리아에서 근무한 이후, 최초 한국인 엔지니어로서 구글 미국 본사에 입사했다. 특히 구글 미국 본사에서 20여 년간 근무할 당시, 이준영 대표는 베테랑 기술 인력으로, 구글의 서치 팀에서 활약했다. 서치 팀은 사용자가 웹에서 정보를 검색할 때 가장 정확하고 유용한 결과를 제공하는 데 주력을 기울이는 핵심 부서이다. 이 경험을 통해 그는 검색 엔진의 운영, 데이터 구조화, 사용자 경험 등 다양한 측면에서 기술력을 향상시켰다. 이준영 대표는 그 밖에 구글 코리아 R&D센터를 설립하는 등 구글의 한국에서의 발전에도 큰 역할을 맡은 적이있다. 이러한 폭넓은 경력을 가진 채 2021년 5월에 야놀자에 합류하는 그는 기술력 강화와 글로벌 확장을 위해 적극적으로 기여하고 있다. 야놀자 기술 혁신을 위해 야놀자 클라우드의 공동대표들이 연구한 분야는 사물인터넷(IoT), 블록체인, 빅데이터, 인공지능(AI) 등 디지털 기술을 활용법이다. 이를 통해 야놀자 플랫폼과 클라우드는 일반 고객과 기업들은 위한 슈퍼 앱이자 솔루션으로 거듭날 수 있었다. 대조적이기까지한 배경에도 불구하고 공동 대표들은 야놀자를 글로벌 스케일의 'Travel Tech' 기업으로 성장시켜서 구글 못지않은 기업으로 일궈 내는 비전을 향해 나아가고 있다. 또한, 이 세 공동대표들은 창업에 있어 필요한 주요 분야가 열정(이수진 대표)과 전문성(김종윤 대표, 이종윤 대표)이라는 것을 여실히 보여 주기도 한다. 세 사람은 실전 경력을 통해 각자의 분야에서 뛰어난 역량을 가지고 있었고, 그것을 바탕으로 야놀자를 성공적인 기업으로 만든 셈이다.

하지만 가장 눈여겨볼 점은 이 세 공동대표가 같이 모이게 된 시기가 코로나가 여전히 기승 부릴 때라는 점이다. 사실 야놀자가 본격적을 서비스 다각화를 시작하기로 선언한 시점도 코로나 시기 때이다. 이준영 대표가 야놀자는 2021년부터 아예 테크(기술력)에 올인하겠다고 선포한 바가 있다. 이를 위해 모든 대표들이 기존 기업 문화부터 근무 방식까지 모두 바꾸겠다고 동의한 것이다. 실제로 야놀자의 국내 기업인수 및 R&D 부서의 인재들을 내폭 추가하는 결정안 역시 해당 발표 이후 이뤄진 일들이다. 2021년은 코로나 시기로 인해 많은 기업들이 야전히 생존에만 고심하는 시점이었다는 것을 고려하면 과감하지만 당연한 전략적 선택이다. 다수의 기업들이 눈치를 볼 때, 세 공동대표들이 되려 야놀자의 글로벌 성장과 다각화 진행 계획을 가속화하기로 한 이유는 간단하다. 일단 코로나 이후, 수많은 업계가 영향을 받은 것은 사실이나 이 영향이 긍정적이었는지 부정적이었는지는 업계 나름이다. 여행 업계는 코로나 팬데믹으로 인해 받은 타격이 한 둘이 아니었다. 모두가 알다시피 코로나 당시, 많은 국가에서 여행 제한으로 바이러스 확산을 제어하기 위해 각종 여행 규제를 만들었고, 이로 인해 2021년 초에 국내외 여행이 급격히 감소했다. 이에 따라 전 세계 여행과 관광 지출은 2019년의 5조 달러를 넘는 수준에서 2020년에는 2.44조 달러로 절반 이하로 줄었다. 다행이도 이 하락세는 2022년 이후 어느 정도 회복이 되었지만 수많은 여행 업계 입장에서는 정말 아찔한 기간이 아닐 수 없었을 것이다.

반면에 IT 업계는 원격 작업과 온라인 서비스의 수요가 증가함에 따라 긍정적인 영향을 받았다. 더불어 디지털화 및 기술 혁신에 대한 요구는 사실 업계 가릴 것 없이 코로나 이전부터 꾸준히 받아 왔던 압박이다. 즉, 이러한 요구는 코로나로 인해 목소리가 커진 것일 뿐 대다수 업계들이 언젠가는 마쳤어야 할 숙제였다. 이런 시각에서 봤을 때 코로나 시기에 세 공동대표가 뭉쳐서 여행 업계인 야놀자를 디지털 테크 기업으로의 변화를 선언한 것은 당연한 것을 넘어 어쩔 수 없는 선택으로 보여지기까지 한다. 물론, 야놀자는 이수진 대표가 유일한 대표였을 때도 데이터 및 디지털화 준비를 거치고 있던지라 코로나가 들이닥쳐서야 부랴부랴 기술 혁신에 뛰어든 기업들에 비하면 대비를 훨씬 오래전부터 해 왔다. 덕분에 코로나 시기 때 완성된 이 삼인 공동 대표 체제 덕에 야놀자가 디지털 테크 기업으로 전환하는 계획을 신속히 실천하는 데에 성공했다. 이들의 협업은 단순히 코로나 당시의 현재를 버티는 것을 넘어서, 야놀자를 미래의 여행 및 레저 산업의 주도적 플레이어로 만들기 위한 전략적인 행보로 볼 수 있다. 특히, 2021년, 코로나19 여파에도 야놀자의 국내 매출이 전년 대비 약 44% 증가한 1,920억원을 기록한 것만 보아도 기업이 코로나에도 불구하고 예정된 변화에 대해 준비를 얼마나 철저했는지 엿볼 수 있다. 코로나 여파가 많이 가라앉은 지금에서도 야놀자는 대표 역할을 맡을 새로운 리더를 찾는 일을 멈추지 않고 있다. 2023년 4월에 배보찬 대표를 새로운 야놀자 플랫폼 부문 총괄자로 발표한 것도 일종의 선제 조치로 기업이 앞으로의 글로벌 경쟁력 및 시장 환경 변화에 대해 준비한 것이라 볼 수 있다. 배보찬 대표는 카이스트 졸업 후 공인회계사로서 PwC, KPMG 등 글로벌 회계법인에서 근무한 경력이 있다. 그는 2014년부터 야놀자의 최고재무책임자(CFO)로 재무, 경영 기획, 지원업무 전체를 총괄해 오며 야놀자의 성장에 기여하였다. 야놀자의 빠른 성장은 창업자를 포함한 리더들의 도전정신과 시기적으로 찾아온 기회가 잘 융합된 사례라고 볼 수 있다.

3) 코앞까지 온 야놀자의 IPO 진출: 성장과 수익성의 균형에 관해 남은 숙제

2023년 12월, 알렉산더 이브라힘(Alexander Ibrahim)은 NYSE에서 해외자본시장 본부장으로부터 야놀자의 최고재무책임자(CFO)로 영입되었다. 이로써 야놀자는 본격적으로 미국 내 기업공개(IPO) 준비에 박차를 가하고 있다. 이브라힘은 이미 아시아, 북미, 남미 등지의 기업 IPO와 자본 조달을 지원해 온 경험이 있는지라 야놀자의 재무적인 측면을 강화하는 데 중요한 역할을 할 것으로 기대된다.

여기서 잠깐 IPO, 또는 Initial Public Offering(첫 공개 주식 발행)가 정확히 무엇인지 설명하겠다. IPO는 간단히 말하자면, 회사의 주식을 처음으로 공개하여 공개 시장에 상장하는 대개의 기간을 의미한다. 기업을 케이크로 생각해 보면, 각 주식은 그 케이크의 한 조각과 같다. 회사가 IPO를 통해 주식을 처음으로 공개하면 그 케이크를 잘라서 그 조각들을 투자하고 싶은 사람들에게 판매한다. 이를 통해 회사는 투자자로부터 자금을 조달하고, 이 자금을 사용하여 사업을 성장시키거나 새로운 제품을 개발하거나 새로운 시장으로 확장할 수 있다. 이와 동시에, IPO를 통해 주식(케이크 조각)을 구매한 투자자는 회사의 일부 소유자가 되어 회사가 미래에 성공한다면 이익을 얻을 수 있다. 따라서, IPO는 회사의 주식 시장에 데뷔를 알리는 큰 이벤트이며, 일반인들에게 회사의 한 조각을 소유할 수 있는 기회를 제공한다. 그만큼 야놀자가 글로벌 무대에서도 여행 업계의 주요 선수 중 하나라는 것을 입증하기도 하는 새로운 도전이기도 하다. 전반적으로, 미국에서의 IPO는 국적이나 업종과 관계없이 기업이 자금을 조달하고 기업 이름을 널리 알리는 기회를 제공한다. 기업을 확장하고 성장하며 장기적인 주주 가치를 창출하고 싶은 목표가 있는 기업이라면 미국 IPO는 상당히 매력적인 가능성을 마련해 주는 셈이다. 그 밖에도 IPO의 장점은 몇 가지 더 손꼽자면 다음과 같다:

- 자본 시장 접근: 미국은 세계에서 가장 크고 유동성이 뛰어난 자본 시장 중 하나를 자랑한다. 뉴욕 증권 거래소(NYSE)와 나스닥(Nasdaq) 같은 거래소는 거대한 투자자 자금 풀에 접근할 수 있도록 한다. 미국에서 공개 상장되면 기업은 이러한 엄청난 규모의 자금 자원을 활용하여 확장, 혁신 및 기타 전략적 계획을 위한 상당한 자금을 조달할 수 있다.

- 국제적 인지도 및 신뢰도: 미국 IPO는 기업에게 전 국제적 시장에서의 가시성과 신뢰도를 제공한다. 명문 미국 증권 거래소에 상장

되는 것은 기업의 평판과 브랜드 인지도를 극대화한다. 이러한 증가된 가시성은 투자자, 고객, 파트너 및 언론의 관심을 끌어 전 세계적으로 기업의 지위를 높일 수 있다.

- 유동성(liquidity)와 탈출 전략(exit strategy): 미국에서의 공개는 현재 주주인 창업자, 직원 및 초기 투자자에게 유동성을 제공한다. 참고로, 유동성이란 특정 자산이나 금융 상품을 쉽게 현금화할 수 있는 정도를 뜻한다. 상장된 후 주식은 개방적인 시장에서 자유롭게 거래될 수 있으며, 주주들은 보유한 주식을 판매하고자 할 때 유동성을 확보할 수 있다. 또한, 미국 IPO는 초기 투자자, 벤처 캐피탈 및 펀드 등에게 투자 수익을 실현할 수 있는 탈출 전략으로 기능할 수 있다. 탈출 전략이란 기업이 투자나 사업에서 빠져나오거나 이익을 실현하기 위해 사용하는 전략을 가리킨다. 이는 일반적으로 초기 투자자나 벤처 캐피털과 같은 주요 주주들이 투자에 나와 이익을 실현하기 위해 사용된. 이를 통해 초기 투자자들이 투자한 자본을 회수하고, 회사는 새로운 자금 조달을 위한 기회를 얻을 수 있다.

- 평가 및 기준 설정: 미국 IPO는 기업의 객관적인 평가를 제공할 수 있다. 공개 시장은 공급과 수요의 역학에 기초하여 기업 주식의 가치를 결정한다. 이러한 평가는 향후 자금 조달, 합병 및 인수, 그리고 전략적 의사 결정을 위한 기준이 될 수 있다. 더 나아

가, 공개된 상태에서 기업은 주식을 발행하여 인수에 사용할 수 있으므로, 성장과 합병을 위한 강력한 수단을 갖게 된다.

- 인수에 대한 통화: 상장 기업은 자사 주식을 활용하여 인수 및 전략적 제휴를 자금화할 수 있다. IPO에 있어 저자가 생각하기에 가장 흥미롭고 장점은 바로 이것이다. 공개된 기업의 주식이 일종의 자사만의 통화(currency)처럼 사용 가능해진다고 볼 수 있다. 물론 이런 형태의 통화는 정부가 발행하는 전통적인 현금과는 다르다. 회사의 주식은 다양한 금융 거래를 용이하게 하는 가치 있는 자산으로 사용될 수 있다. 즉, 기업이 사업을 진행하는 수단으로 자사의 주식을 (일반 사람들이 물건 구매를 위해 현금 쓰듯) 사용할 수 있다. 더 나아가, 기업은 인수를 위해 주식을 사용하는 것뿐만 아니라, 임직원에게 주식 옵션을 보상으로 지급하거나 대출의 담보로 주식을 사용할 수 있다. 이렇게 주식 사용 능력이 가능해지는 것만으로도 기업의 유연성과 전략적 옵션이 향상되며 성장 기회를 추구하고 시장 지배력을 확장하는 데 기업에게 강력한 도구를 제공한다.

물론, IPO 진출로 인한 매력적인 이점들과 더불어 다양한 문제점, 숙제 및 골칫거리도 자연스레 따라온다. 이 문제점들도 꽤 다양한데 더 쉬운 이해를 위해 앞서 사용했던 케이크 비유를 여기서도 적용해 보겠다. 필자가 글을 쓸 당시, 당이 너무 떨어져서 자꾸 달달한 비유를 쓰게 되었으니 다소 유치하게 들려도 양해 부탁한다.

- 시장 변동성: 주식 시장을 바글바글한 제과점으로 상상해 보라. 기업이 IPO를 하면 사람들이 쉼없이 케이크 조각(주식)을 사고 팔고 하는 곳에 뛰어드는 것이다. 그것도 전 세계 고객들을 상대로 말이다. 그러나 제과점의 인기가 날씨나 트렌드에 따라 변동될 수 있듯이, 기업의 케이크 조각(주식)에 대한 수요도 시장 심리와 경제 상황에 따라 변동될 수 있다. 이러한 변동성은 기업 주식의 가치에 빠르게 변화를 가져올 수 있으며, 투자자들에게 불안감을 줄 수 있다.

- 기업에 대한 감시 증가: 공개 상장되는 것은 마치 기업의 케이크 혹은, 케이트 레시피를 현미경 아래에 관찰되는 것과 같다. 감독 기관, 투자자, 분석가, 언론, 심지어 일반 사람들까지 모두가 달려들어 케이크의 재료를 주의 깊게 검토하여 안전하고 맛있는지 확인한다. 이러한 감시 아닌 감시가 이뤄지려면 기업은 엄격한 재무 보고 요구 사항과 기업 지배 구조 표준을 준수해야 한다. 재무 보고서에 조금이라도 숫자 맞아 떨어지지 않거나 사소한 문제가 발생하면 부정적인 미디어 공개 또는 법적 문제까지 발생할 수 있다. 마치 케이크에서 머리카락 한 올을 발견된 것만으로도 기업 평판이 망가지는 것과 같다.

- 단기 결과에 대한 압박: 제과점(기업) 주인이 매주 더 맛있는 케이크 맛을 고객들에게 약속하는 것처럼, 공개 후 기업은 종종 즉각적인 결과를 제공하고 분기별 이익 기대치를 충족시키는 압박을 받는다. 이러한 단기적인 성과에 초점을 맞추면 종종 장기적인 성장보다 빠른 이익을 얻는 결정을 내릴 수 있다. 이는 케이크 품질을 저하시키는 싼 재료를 사용하는 것과 유사하다.

- 주주들의 개입: 이는 (기업의 일부를 소유하게 된) 주주가 제과점의 메뉴를 바꿀 것을 요구하는 경우를 말한다. 공개 후 기업의 주주는 기업 전략, 기업 지배 구조 또는 경영진에 대한 변경 사항을 주장할 수 있는 고객처럼 된다. 기업의 비전에 충실하면서 이러한 요구를 관리하는 것은 제과점의 정체성을 잃지 않으면서 고객 피드백을 최대한 수용하려는 균형잡기와 같다.

- 경쟁 압력: IPO를 거치고 나면 다른 제과점이 기업의 모든 움직임을 주의 깊게 지켜보는 글로벌 베이킹 대회에 참가하는 것과 같다. 경쟁사들은 기업의 제품을 주의 깊게 살펴보고 경쟁력을 유지하기 위해 자신의 전략을 조정할 수 있다. 그럼 자사 또한 고유한 맛과 특색을 유지하면서 경쟁 우위를 유지하는 것이 끊임없는 숙제로 자리잡게 된다. 그것도 전 세계의 같은 업계를 상당대로 말이다.

이 모든 점들을 감안해 보았을 때, 야놀자의 IPO 추진 결정은 전략적으로 큰 문제없고 타당해 보인다. 야놀자는 2020년부터 2023년까지 지속적인 매출 성장을 보이면서도 글로벌 사업 확장과 연구개발 투자로 인해 적자를 기록했던 클라우드 부문이 흑자로 전환되었다. 이에 따라 수익성과 성장성을 동시에 기대할 수 있게 되었다. 그러나 야놀자의 상장 시기는 아직 불확실한데, 미국의 OTA(Online Travel Agency: 온라인 여행대행사)대장주인 Booking Holdings Inc와의 비교에서 야놀자의 성장성과 수익성이 떨어지기 때문에 1-2년 내에 상장이 시기상조일 수 있다는 분석이 나왔다. 특히 성장성만을 믿고 쿠팡에 투자했다가 실패한 미국 투자자들은 야놀자가 낮은 수익성을 극복해야 한다고 지적하고 있다.

또한, 야놀자가 앞으로 글로벌 시장에서의 성장을 추구한다면, 현지 시장의 특성과 경쟁사들의 전략을 분석하여 적절한 진출 전략을 수립해야 할 것이다. 예를 들어, 국내에서는 위메프나 티몬과 같은 여가 및 쇼핑 관련 플랫폼들이 야놀자와 유사한 고객층을 대상으로 경쟁하고 있다. 거기다 여기어때의 경쟁력도 만만찮으며 인수한 인터파크의 성과 부진도 야놀자의 실적에 영향을 미치고 있다. 이들 경쟁사들이 적극적인 마케팅 활동이나 혜택 제공 등으로 고객 유치에 성공한다면, 야놀자의 시장 점유율이 감소하고 매출이 감소할 수 있다. 글로벌 시장에서는 Booking Holdings Inc와 Airbnb와 같은 만만찮은 주요 플랫폼들이 야놀자의 경쟁사로 작용한다. 이들은 국제적으로 강력한 브랜드 인지도와 네트워크를 보유하고 있어, 야놀자가 글로벌 시장에서 성장하고 확장하기 위해서는 이들과의 경쟁에서 확실한 차별성 내지는 우위를 점해야 한다. 그렇지 않을 경우, 야놀자의 국제적인 성장은 제한될 수 있다.

물론 야놀자는 한국 대표 레저 플랫폼으로 시장에서 강력한 지배력을 가지고 있으며 영업이익도 좋다. 특히, 분기 영업이익을 보면 야놀자는 2023년 4분기에 연결기준 영업이익 163억 원을 기록, 분기 기준 역대 최대를 달성했다. 또한, 같은 기간에 매출은 2,197억 원으로, 전년 대비 27% 증가했다. 사업부문별 성과도 살펴보면 야놀자는 플랫폼 부문은 부진했으나, 인터파크트리플(인수한 인터파크의 새로운 사명)과 클라우드 부문에서 각각 영업 흑자를 달성하며 성장세를 보였다. 특히, 인터파크트리플은 야놀자가 인수한 후 처음으로 흑자 달성에 성공한 해였다.

이미 야놀자는 해외에서 상당한 매출을 올리고 있으며, 특히 클라우드 솔루션 사업의 성장세가 두드러지고 있다. 글로벌 사업 매출은 전년 동기 대비 396% 증가한 320억 원을 기록했다. 이러한 성과가 있기에 야놀자는 미국 증시 입성에 임박해 있으며, 야놀자가 글로벌 시장에서 무시할 수 없는 강력한 위치를 확보할 것으로 전망된다. 그러나 지속적인 계열사 투자와 도전적인 신사업으로 인해 적자를 보이고 있는 것이 문제이다. 특히 인터파크와 같은 과감한 인수합병 및 야놀자 클라우드와 같은 도전적인 사업은 수익성을 향상시키기 위한 과제로 남아 있다. 예로, 야놀자가 2018년, 2019년, 그리고 2021년을 거쳐 투자하였던 싱가포르의 스타트업인 젠룸스(동남아의 호텔 체인과 온라인 여행사를 운영)가 바로 실패로 결론난 인수이다. 젠룸스는 야놀자가 예상했던 만큼의 성장과 수익성을 거두지 못했기 때문에 해당 업체를 청산하였다. 반면, 이수진 대표는 젠룸스 인수를 통해 글로벌 비즈니스를 시작하였기에 이 실패를 통해 배운 것에서 투자한 800억 원의 가치가 있었다고 평가했다. 여행 플랫폼인 야놀자한테 있어 공격적인 인수합병은 글로벌 확장에 필수 과제로 계속 등장할 것이다. 앞으로 야놀자가 글로벌 시장에서의 매출 비중을 올리기 위해 M&A 전략에 어떤 변화구를 준비할지 관심 가지고 지켜볼 가치가 있다.

03

토스, 금융 혁신을 넘어 사회 변화를 이끄는 기술

1) 시대에 뒤떨어진 금융 서비스를 재개발하다 - 토스의 혁신적 송금 서비스

2) 비전 실현을 위해 금융 규제를 뛰어넘는 서비스를 출시한 이승건 대표

3) 토스는 장기적으로 지속 가능한 금융 혁신을 이룰 수 있을까?

1) 시대에 뒤떨어진 금융 서비스를 재개발하다 - 토스의 혁신적 송금 서비스

복잡함을 간소화해 준 토스의 탄생, 그 시작의 불꽃이 되어 준 것은 국내의 간편 송금 서비스의 부재였다. 2000년대 중반까지도 한국의 금융 시장은 고도로 규제되어 있었고, 일반인이 간단하게 이용할 수 있는 모바일 금융 서비스는 꿈도 꾸기 어려운 시대였다. 송금을 하기 위해서는 상당히 복잡한 절차를 거쳐야 했으며, 수수료도 만만치 않았다. 간단한 은행 계좌 이체를 위해서는 방문, 서류 제출, 복잡한 인증 절차를 거쳐야 했으며, 이는 소비자에게 큰 불편함을 초래했다. 그러나 이러한 절차에 대한 수고로움보다 더 큰 문제는 훨씬 근본적인 단계부터 있었다. 바로 한국의 송금 서비스와 세계 다른 국가들의 송금 서비스 발전 상황을 비교해 보면, 한국이 금융 서비스 혁신이 꽤나 느렸다는 점이다. 한국에 비해 미국에서는 이미 페이팔(Paypal)이나 벤모(Venmo)와 같은 P2P 송금 서비스가 대중화되어 있었지만, 한국에서는 이러한 서비스가 없는 것을 넘어서 불법으로 간주되고 있었다. 참고로, P2P(피어투피어, Peer-to-Peer) 송금 서비스란, 개인 간에 직접 돈을 이체할 수 있게 해 주는 디지털 기반의 서비스이다. 이는 은행이나 다른 금융 중개기관 없이도 개인이 직접 서로 돈을 주고받을 수 있게 해 준다. 이 서비스의 역사는 디지털 결제의 발전과 밀접하게 연결되어 있으며, 인터넷 기술의 진보와 스마트폰의 보급이 크게 기여했다.

전세계적으로 (현대인이 없으면 못 사는) 스마트폰이라는 개념 자체가 1997년부터 정립되었다는 걸 생각하면 그때부터 편리한 P2P 서비스 출시를 노리는 기업이 등장하는 것은 당연한 수순이었다. 그중 가장 먼저 스타트를 끊은 것은 PayPal이었다. PayPal의 등장은 P2P 송금 서비스의 시작이라 봐도 과언이 아니다. 1998년에 설립된 PayPal은 이메일을 통한 송금 서비스로 시작하여, 소규모 비즈니스와 개인 간 거래를 쉽게 만들어 주었다. 미국 내의 온라인 결제 및 송금 서비스를 제공하며 급속도로 성장시킨 시초격 서비스인 셈이다. PayPal은 전자 상거래가 활성화되는 시기와 맞물려 전 세계적으로 큰 인기를 얻었다. 그러다 2000년대 초에는 인터넷의 급속한 발전과 온라인 뱅킹 서비스의 확대로 P2P 송금 기능이 은행 서비스에 통합되기 시작했다. 이 시기에는 주로 온라인 뱅킹 포털을 통해 송금이 이루어졌다. 2007년에는 역사적인 아이폰의 출시와 함께 스마트폰 시장 성장이 더욱 박차를 가하면서 모바일 P2P 송금 애플리케이션 개발에 더 많은 기회가 생겼다. 무시할 수 없는 이 트렌드의 기세에 힘입어 모바일 P2P 송금 서비스의 대중화 역시 가속화했다. 이 때 미국에서 등장한 것이 벤모, 스퀘어캐시(Square Cash, 현재의 Cash App)과 같은 애플리케이션이었다. 이 앱들은 사용자의 은행 계좌를 앱에 연결하고, 휴대폰 번호나 이메일 주소를 통해 쉽게 돈을 주고받을 수 있는 기능을 제공했다. 이런 다양한 모바일 기반 P2P 송금 서비스가 2010년대 초반에 벌써 본격적으로 주목받고 생기기 시작한 것이다. 이를 입증하듯 뒤따라온 다른 비슷한 계열의 서비스들이 바로 2015년에 등장한 구글 월렛(Google Wallet)과 2017년에는 출시된 젤러(Zelle)이었다.

비단, 미국에서만 이런 P2P 송금 서비스 출시 및 제공에 힘을 쓴 것은 아니다. 유럽은 SEPA(Single Euro Payments Area, 단일 유로 결제 지역) 시스템을 통해 2008년부터 일찍이 유로화 사용 국가 간의 송금을 간소화했다. 이 시스템은 유럽 내에서 동일한 기준, 권리, 의무를 가진 단일 시장을 형성하였고, 국경 간 송금을 더욱 쉽게 만들었다. 중동의 경우, 특히 UAE는 노동 이민자의 송금 수요가 높은 국가로, 다양한 모바일 기반 송금 서비스가 발달하였다. 2010년대 초반부터 에티살랏(Etisalat)와 같은 통신 기업들이 모바일 송금 서비스를 제공하기 시작했다. 중국은 알리페이(Alipay)와 위챗페이(WeChat Pay) 같은 모바일 결제 시스템이 2010년대 초부터 급속도로 보급되었다. 이 시스템들은 P2P 송금뿐만 아니라 온라인 및 오프라인 결제에서도 광범위하게 사용되며, 중국 내 금융 거래의 대다수를 차지하게 되었다. P2P 송금 서비스는 현재도 기술의 지속적인 발전과 글로벌 디지털 결제 수요의 증가에 힘입어 2020년대에도 시장을 더욱 확장하고 있다. 블록체인 기반의 P2P 송금 솔루션과 암호화폐를 활용한 송금 방식이 새롭게 등장하면서, 국경 간 송금과 관련된 비용과 시간을 획기적으로 줄이는 혁신까지 이루어지고 있다. 이처럼 2000년대 초반부터 글로벌하게 확산하고 있던 송금 서비스였건만 한국은 규제의 벽과 기존 금융 체계의 강력한 영향력 때문에 P2P와 같은 혁신적인 금융 서비스 도입이 늦어졌다. 미국이나 유럽, 중국과 같은 국가들은 비교적 일찍부터 기술적 혁신을 통해 금융 서비스 접근성을 향상시켜서 이를 통해 소비자의 편의성 증대를 하고, 금융 시장의 전반적인 활성화 및 경쟁 시장에 뛰어든 와중에도 말이다.

토스의 창업자 이승건 대표는 바로 이 국내의 시대에 뒤떨어진 금융 서비스 문제에 주목했다. 벌써 전 세계적으로 이목을 끌고 활성화 중인 이 주요 금융 서비스의 부재를 그냥 두고 보기 어려웠을 것이다. 그러기에는 창업자의 입장으로서는 너무도 좋은 기회였을 테니 말이다. 즉, 토스는, 국내에서의 금융 서비스 접근성 문제를 해결하기 위해 시작된 프로젝트라고 볼 수 있다. 이를 위해 이승건 대표는 본업인 의사의 길까지 포기하고 금융 혁신을 꿈꾸며, 금융 서비스의 접근성을 개선할 방법을 모색하기 시작했다. 그는 자신이 저축한 자산을 모두 투입해 이 문제를 해결할 수 있는 서비스 개발에 착수했다.

이 혁신의 첫걸음은 바로 CMS와의 협력에서부터 시작되었다. 토스가 처음 시장에 출시되었을 때, 한국의 은행들은 CMS(Cash Management

Service) 방식을 주로 사용하고 있었다. 참고로, CMS 시스템은 고객이 은행 계좌를 통해 자금을 보다 효율적으로 관리할 수 있도록 돕는 서비스이다. 일반적으로 이 서비스는 정기적인 지불, 대량의 거래 처리, 자동 이체 설정 등 다양한 금융 관리 기능을 제공한다. 달리 말해, 이를 활용하면 은행이 고객의 지시에 따라 정해진 금액을 정해진 시간에 수취인에게 이체하는 서비스도 제공 중이었다는 뜻하다. 다만, CMS는 일반 고객이 아닌, 주로 기업 고객이 사용하며 급여 지급, 공급업체 지불 및 기타 정기적인 지급을 자동화하는 데 쓰여왔다. 그래서 토스는 이 CMS 시스템을 기반으로 일반 소비자에게도 간편한 송금 서비스를 개발 및 제공할 수 있도록 하는 것에 집중했다. CMS는 토스에 다음과 같은 방식으로 적용되었다:

1. **자동 이체 기능 활용**: CMS는 은행이 고객의 지시에 따라 자동으로 정해진 금액을 수취인에게 이체할 수 있게 한다. 토스는 이 기능을 이용하여 사용자가 앱을 통해 몇 번의 탭으로 송금 지시를 내리면, 시스템이 자동으로 처리할 수 있도록 했다.

2. **실시간 거래 처리**: CMS를 사용함으로써 토스는 사용자의 송금 요청을 실시간으로 처리할 수 있게 되었다. 이는 특히 P2P 송금에서 중요한 요소로, 송금의 신속성이 사용자 만족도를 크게 향상시킨다.

3. **금융 규제 준수**: 한국에서 CMS를 사용함으로써 토스는 정부의

금융 규제를 준수하며 서비스를 제공할 수 있었다. CMS를 통해 은행과의 협력 내에서 금융 거래가 이루어지므로, 법적 요건을 충족하는 동시에 사용자에게 안전한 송금 서비스를 보장할 수 있다.

위의 주요 기능들 덕에 사용자는 토스 앱을 통해 송금할 금액과 수취인 정보를 입력하고, 이후 토스가 은행 시스템과 연동하여 자동으로 송금을 처리할 수 있게 되었다. CMS는 현재로서도 금융 규제 준수, 실시간 거래 처리, 안전한 송금 등을 가능하게 해 주며, 토스에게 필수적인 요소로 작용한다. 이승건 대표는 이 시스템으로 불필요한 복잡성을 제거하고, 사용자가 간단한 스마트폰 조작만으로 송금할 수 있는 서비스를 만들었다. 이는 당시의 금융 환경에서 혁신적인 돌파구였다. 이러한 솔루션을 전국민이 손쉽게 사용하기 위한 이승건 대표의 노력은 사용자 친화적으로 설계된 토스의 인터페이스만 봐도 알 수 있다. 토스의 인터페이스는 사용자 경험을 최우선으로 설계되어, 복잡한 인증 절차나 긴 송금 과정 대신, 사용자는 몇 번의 탭으로 송금을 단숨에 완료할 수 있다. 이는 특히 금융 서비스에 익숙하지 않은 사람들에게 큰 호응을 얻었다.

이 덕에 한국은 비록 다소 늦었다 해도 토스가 공식적으로 출시된 2015년부터 대중에게 본격적으로 서비스를 제공받기 시작했다. 2013년에 창업되었음에도 불구하고 토스는 초기 개발과 테스트를 제외하고, 금융 규제 및 은행과 제휴 맺기 협의 과정을 거쳐야 했기 때문에,

핀테크로서 시장에 출시하고 널리 사용될 수 있게 되기까지 약 2년의 시간이 필요했던 것이다. 참고로, 핀테크(Fintech) 기업은 금융 기술(Financial Technology)의 줄임말로, 기존의 금융 서비스를 기술을 통해 혁신하거나 최적화하는 서비스와 제품을 제공하는 회사를 말한다. (앞서 야놀자를 여행 테크, TravelTech, 라고 하는 것처럼 이러한 "테크"를 끝어 붙인 혼합어가 기업을 정의하는 데 많이 쓰인다.) 이러한 기업들은 소프트웨어, 앱, 프로세스 혁신 등을 활용하여 전통적인 금융 기관보다 더 접근하기 쉽고, 비용 효율적이며, 사용자 친화적인 금융 서비스를 개발한다. 핀테크 기업은 주로 결제 시스템, 송금, 자산 관리, 개인 금융 관리, 대출, 투자, 보험 등 다양한 금융 영역에서 활동한다.

- 카카오페이: 2014년에 출시되었으며 카카오톡 메신저 플랫폼을 기반으로 하는 결제 및 금융 서비스를 제공한다. 사용자는 카카오페이를 통해 온라인에서 빠르고 쉽게 결제를 할 수 있으며, 각종 금융 상품에 접근하고 관리할 수 있다. 카카오페이는 또한 개인 간 송금, 모바일 결제, 청구서 결제, 대출 등 다양한 금융 서비스를 제공하며 한국 내에서 큰 인기를 끌고 있다.

- 뱅크샐러드: 2016년에 출시된 이 핀테크는 사용자의 금융 정보를 한눈에 볼 수 있게 해 주는 개인 금융 관리 서비스(PFM)를 제공하는 기업이다. 사용자는 뱅크샐러드를 통해 여러 금융 기관

의 계좌 정보를 통합하여 관리할 수 있고, 자산 현황, 지출 분석, 신용 점수 관리 등 다양한 금융 관리 기능을 이용할 수 있다.

　이외에도 국내에서 모바일과 인터넷 기반 금융 서비스를 크게 푸시한 주요 기업으로는 카카오뱅크와 케이뱅크가 있다. 카카오뱅크는 2017년에 출범하여 신속하게 시장에서 큰 성공을 거두었고, 케이뱅크도 2016년에 문을 열었으며, 온라인 기반의 금융 서비스를 제공하며 시장에 새로운 바람을 일으켰다. 이들 모두가 기존의 은행들과 차별화된 접근 방식과 혁신을 통해 금융 서비스의 접근성을 높이고 사용자 경험을 개선했다. 토스도 경쟁사들과 마찬가지로 토스뱅크라는 독자적인 은행을 만들었다. 그리고 그 후도 토스의 금융 서비스 다각화는 끊임없이 진행되어 왔다. 오늘 날의 모두가 알다시피 토스는 송금 서비스뿐만 아니라 저축, 할부, 대출, 펀드 및 주식 투자 등 다양한 금융 서비스를 통합하는 방향으로 서비스를 확장했다. 이는 사용자가 하나의 플랫폼에서 모든 금융 필요를 해결할 수 있게 만들었다.

2) 비전 실현을 위해 금융 규제를 뛰어넘는 서비스를 출시한 이승건 대표

2013년에 설립된 토스는 이승건 대표가 창립한 비바리퍼블리카의 주력 제품으로, 한국의 금융 서비스 산업에 혁명을 일으켰다. 토스는 사용자 친화적인 모바일 금융 플랫폼을 통해 기존의 불편한 금융 절차를 간소화하며 금융의 접근성을 대폭 향상시켰다. 복잡한 인증 절차와 고비용의 송금 서비스에 대한 대안으로, 토스는 간편하고 빠른 모바일 기반 송금 솔루션을 제공함으로써 사용자 경험을 혁신적으로 개선했다. 하지만 그 과정은 단순히 여타 다른 스타트업들과 비교해 놓고 봐도 매우 험난했다. 토스를 설립하기 전, 이승건 대표는 여러 차례 창업을 시도하며 다양한 실패를 경험했다. 원래 치과 의사였던 그는 2009년부터 2012년까지 여러 스타트업을 시도했다. 그의 첫 번째 스타트업은 의료 분야에서 환자와 의사 간의 약속을 스케줄링하는 서비스였으나 상업적으로 성공하지 못했다. 또한, 두 번째 시도였던 소셜 데이팅 앱도 개발했지만, 첫 번째와 마찬가지로 시장에서 큰 주목을 받지 못하고 실패로 끝났다. 이러한 창업 시도 및 실패는 그가 토스를 창립하기 전까지 무려 8번 반복되었다. 이러한 연속적인 초기 창업 실패에도 이승건 대표는 중요한 교훈을 얻으며 후에 토스를 설립하는 원동력을 얻었다. 각 실패를 통해 그가 배웠다는 점들 중 일부는 다음과 같다:

1. **시장의 필요성 이해**: 초기 창업 시도 중 하나인 의료 약속 스케줄링 서비스는 시장의 필요성을 제대로 파악하지 못했다는 교훈을 남겼다. 서비스가 제공하려고 했던 해결책이 실제 시장에서 요구하는 바와 일치하지 않았던 것이다.

2. **사용자 경험의 중요성**: 소셜 데이팅 앱과 같은 프로젝트에서 이승건 대표는 사용자 경험의 중요성을 깨달았다. 이용자들이 느끼는 불편함을 해소하지 못하고, 직관적이지 않은 인터페이스는 서비스의 실패로 이어졌다.

3. **규제 환경의 이해와 대응**: 토스를 개발하며, 그는 한국의 엄격한 금융 규제 환경을 극복하는 방법을 배웠다. 이는 초기 실패한 사업들에서 규제에 대한 충분한 준비와 이해가 부족했던 것에 대한 반성에서 비롯된 교훈이었다.

4. **지속적인 혁신과 개선의 필요성**: 여러 창업을 거치며 이승건 대표는 시장 변화에 빠르게 대응하고 지속적으로 서비스를 개선하는

것의 중요성을 인식하게 되었다.

여러 실패를 딛고 설립된 토스는 그 성장 여정을 주목해 보면 이승건 대표가 오랜 기간동안 배운 교훈들을 훌륭히 적용해 왔다는 것이 잘 드러난다. 2014년, 토스는 금융 기술 시장에 본격적으로 진입하면서 알토스벤처스 (Altos Ventures)로부터 첫 대규모 투자를 받았으며, 페이팔, 세콰이어차이나(Sequoia China), 싱가포르의 GIC와 같은 글로벌 투자자들로부터 추가 투자를 유치했다. 같은 해 12월에는 8천만 달러의 펀딩 라운드를 통해 토스의 기업 가치가 10억 달러를 초과, 유니콘 기업으로 성장했다. 2015년에는 금융 규제에 대한 정부 설득을 통해 송금 앱 관련 법적 제약이 완화되어 본격적인 서비스를 시작할 수 있었다. 이승건 대표가 국내 규제 환경 속에서 토스를 합법적으로 운영할 수 있는 방법을 모색하는 과정은 의외로 다른 많은 유명 서비스 (특히, 전례가 없던 서비스들이 출시를 위해) 밟아야 했던 전철이다. 그중 대표적인 예시들은 다음과 같다:

- 우버(Uber): 해당 업체는 여러 국가에서 규제 문제로 큰 어려움을 겪었다. 특히 프랑스, 독일, 한국 등에서 전통 택시 산업의 압력과 정부의 규제로 인해 서비스 제공에 제한을 받거나 일시 중단된 바 있다. 이러한 국가들에서 우버의 운영 모델이 기존의 택시 산업과 경쟁 구조를 형성하면서 법적 문제에 휘말렸다.

- 에어비앤비(Airbnb): 해당 기업 역시 전세계적으로 흔히 제공되는 서비스로 자리 잡아 가면서 여러 도시의 숙박 규제로 어려움을 겪었다. 예를 들어, 뉴욕, 샌프란시스코, 바르셀로나 등의 도시에서는 숙박 공유 서비스로 인한 집값 상승 및 임대 시장 변동을 이유로 엄격한 규제를 적용받았다. 이로 인해 에어비앤비는 일부 지역에서는 활동이 제한되거나 추가 요구 사항을 충족해야 했다.

- 구글 스트리트 뷰(Google Street View): 해당 서비스는 개인정보 보호 우려로 인해 유럽을 비롯한 여러 국가에서 규제의 대상이 되었다. 독일에서는 사람들의 얼굴과 번호판을 모자이크 처리하는 등의 개인정보 보호 조치를 강화해야만 서비스를 계속할 수 있었다.

토스를 비롯한 이러한 사례들은 혁신적인 비즈니스 모델이나 기술이 기존 법률 및 규제 프레임워크와 충돌할 때 발생할 수 있는 다양한 도전들을 보여 준다. 기업들은 새로운 시장에 진입하거나 개척하기 전에 해당 지역의 법적 규제를 철저히 이해하고 대응 전략을 마련해야 했다. 이에 성공한 토스는 2018년에는 한국에서 최초로 기업 가치가 10억 달러를 넘는 핀테크 스타트업이 되었으며, 2019년 8월에는 총 투자액이 2억 6,150만 달러에 달하며 기업 가치가 22억 달러로 평가받았다. 2021년 12월에는 비바리퍼블리카가 8,000만 달러를 추가로 투자 받았고, 주요 투자자로 클라이너 퍼킨스(Kleiner Perkins), 리빗 캐피털(Ribbit Capital), 페이팔이 포함되었다. 그러다 최근 2023년에 토스 증권은 연간 기준으로 흑자 전환을 이루었으며, 매출액은 전년 대비 58.2% 증가한 2,020억 원을 기록했다. 이 모든 과정은 토스가 지속적으로 금융 서비스 혁신을 주도하고 있다는 것을 보여 주는 증거이다. 이와 같은 성과를 이루기 위해 토스는 송금뿐만이 아닌 다른 금융 서비스 제공을 통해 다양한 방식으로 수익을 창출하고 있다. 이때 사용되는 수익 모델은 토스가 은행이나 다른 금융 기관과의 파트너십을 하는 것을 중심으로 구성되어 있으며, 주로 송금, 대출, 결제 서비스를 통해 수수료와 이자를 받는다. 예를 들어, 토스는 은행으로부터 송금 수수료를 받도록 설정하여 서비스 비용을 은행이 부담하게 한다. 이러한 모델은 토스가 플랫폼을 통해 금융 상품을 제공하면서 발생하는 각종 수수료를 통해 수익을 얻는다.

"은행은 대체 왜 토스를 대신해서 서비스 비용을 부담하는 것에 동의를 할까?" 하는 의문이 든다면 이에는 다양한 이유가 있다. 실제로 토스와 같은 핀테크 플랫폼과의 파트너십을 통해 은행은 여러 가지 경쟁적 이점을 확보할 수 있는데 전반적으로 정리하자면 다음과 같다:

1. 고객 접근성 확대: 토스와 같은 플랫폼은 특히 젊은 세대와 모바일 중심의 사용자들 사이에서 높은 인기를 누리고 있다. 은행이 이러한 플랫폼과 협력함으로써 더 넓은 고객 기반에 접근할 수 있으며, 특

히 전통적인 은행 서비스를 이용하지 않는 고객층을 효과적으로 끌어들일 수 있다.

2. 기술 혁신의 수혜: 은행들은 종종 무거운 규제와 기존의 기술 인프라 때문에 혁신 속도가 느릴 수 있다. 토스와 같은 핀테크 기업과 협력함으로써, 은행은 최신 기술과 혁신적인 금융 서비스를 빠르게 시장에 출시할 수 있다. 이는 은행이 기술 진보를 따라잡고 경쟁력을 유지하는 데 도움이 된다.

3. 운영 효율성 개선: 토스와 같은 플랫폼은 고객의 금융 거래를 더 효율적으로 처리할 수 있는 기능을 제공한다. 은행이 이런 서비스의 비용을 부담함으로써, 전반적인 운영 비용을 줄이고 고객 서비스의 질을 향상시킬 수 있다.

4. 시장 점유율 확대: 핀테크 플랫폼과의 협력을 통해 은행은 특정 금융 상품이나 서비스에 대한 시장 점유율을 확대할 수 있다. 송금, 대출, 결제 등의 서비스를 핀테크 플랫폼을 통해 제공하면, 기존에 은행을 이용하지 않던 고객들을 끌어들일 수 있고, 이는 장기적으로 은행의 수익성 향상으로 이어진다.

이런 이점들 덕에 현재까지도 토스는 은행을 통한 수익 모델을 유지하고 있고 더 나아가 추가적인 서비스나 기능을 통해 그 범위를 확장하고 있다. 예를 들어, 토스는 최근에 다양한 금융 서비스를 제공하기 위해 토스뱅크와 같은 자체 은행 서비스를 론칭하였고, 투자 및 보험 상품을 추가하는 등 다양한 금융 서비스를 제공하고 있다. 이는 토스가 단순한 수수료 기반의 수익 모델을 넘어서, 다양한 금융 상품을 통해 더욱 포괄적인 금융 솔루션을 제공하고자 하는 전략의 일환이다. 어떻게 보면 토스 역시 주요 기업들이 하는 것처럼 슈퍼 앱이 되는 것을 목표로 설정하며, 상거래부터 보험 구매, 투자, 차량 호출 서비스까지 다양한 활동을 연결하는 디지털 플랫폼을 구축하려는 계획을 추진하고 있다.

- **토스 뱅크**: 2021년 10월에 출범한 토스 뱅크는 전통 은행들이 제대로 서비스하지 않는 가게 및 소상공인을 위한 접근 가능한 금융 서비스를 제공하는 데 중점을 두고 있다. 즉, 기존 은행이 제공하지 않는 서비스나 혁신적인 금융 솔루션을 제공함으로써 사용자 기반을 확장하는 것이 전략이다. 이는 데이터 기반의 신용 평가 도구를 개발하여 금융 서비스의 접근성을 높이고, 금융 소외 계층에게도 서비스를 제공할 수 있도록 하고 있다. 또한, 정부가 의도한 바와 같이 1금융권 안에서 서비스를 제공함으로써 금융권 전체의 혁신을 도모하고 있다. 주요 제품 및 서비스는 다음과 같다:
  ○ 가계대출 및 소상공인 대출: 일반 소비자와 소규모 기업을 대상으로 하는 핵심 상품군으로, 전통적인 큰 은행들에서 자금

조달을 얻기 어려운 이들을 지원한다. 중저신용 고객을 주요 대상으로 하는 만큼 이러한 대출은 포트폴리오의 38.5%를 차지한다

○ 전·월세 담보대출: 임대 계약 시 필요한 큰 규모의 보증금을 관리할 수 있도록 돕는 특화된 상품이다.

○ 개인사업자 보증서대출 및 햇살론: 대출 솔루션을 다양화하고자 고안된 상품으로, 다양한 고객의 요구에 맞춘 맞춤형 금융 상품을 제공한다.

○ 추가 서비스: 토스 뱅크는 토스 카드와 문화상품권 판매 등을 통해 시장 접근성을 확대하고 사용자 참여를 높이는 추가 금융 상품을 제공한다.

• **토스 증권**: 토스 증권은 국내에서 높은 미국 주식 거래 점유율을 확보하고 있다. 이는 토스 증권이 제공하는 사용자 친화적인 인터페이스와 접근성 덕분에 가능했다. 주식 거래를 간소화하는 플랫폼을 제공함으로써, 투자자들에게 보다 쉬운 거래 경험을 제공한다. 토스 증권의 수익성은 매우 높은 편으로, 이는 효율적인 운영과 꾸준히 성장하는 사용자 기반 덕분이다. 실제로 2023년에 토스 증권은 연간 기준으로 흑자 전환을 이루었으며, 매출액은 전년 대비 58.2% 증가한 2,020억 원을 기록하였다. 이러한 실적 등 덕에 토스 증권은 미국 주식 거래에서 강력한 입지를 확립, 사용자들의 신뢰와 채택을 얻고 있다. 실제로 토스 사업 부문

중 가장 장기적인 흑자 가능성이 높은 부문으로 평가받고 있다.

• 토스 페이먼트: 토스는 2020년 LG U+의 PG 부문(PG는 Payments
  Gateway의 준말로 '결제를 위한 관문'이란 뜻)을 인수한 이후, 상
  인과 소비자 간의 결제 거래를 원활하게 처리하는 결제 게이트웨
  이 서비스를 제공하기 만들어졌다. 이 서비스는 특히 온라인 거
  래의 증가와 맞물려 중요한 역할을 하고 있다. 토스 페이먼트는
  네이버 파이낸셜, 카카오페이, KG이니시스, NHN사이버결제 등
  과의 경쟁 속에서도 꾸준히 성장하고 있으며, 매년 약 30%의 성
  장률을 기록하고 있다.

이러한 서비스들은 토스가 금융 기술 공간에서 종합적인 금융 해결
책을 제공하며, 기술을 활용해 편리성과 접근성을 높이는 데 중점을
두고 있다. 토스의 비즈니스 모델도 금융기술 혁신을 통해 전통적인
금융 서비스와 비교하여 획기적인 사용자 경험을 제공하는 데 초점
을 맞추고 있다.

3) 토스는 장기적으로 지속 가능한 금융 혁신을 이룰 수 있을까?

주력 서비스에 대한 수수료를 은행이 대신 부담해 준다면 기업에서 드는 비용은 적겠다 싶은 독자들이 있을 것이다. 하지만 사실 기업이 토스와 같은 슈퍼 앱으로 성장하려면 높은 운영 비용과 지속적인 투자로 인한 비용이 따라올 수 밖에 없다. 참고로, 슈퍼 앱(super app)에 대해 간략히 설명하자면 이는 하나의 애플리케이션 내에서 다양한 종류의 서비스와 기능을 제공하는 플랫폼이다. 이러한 앱은 사용자가 여러 다른 앱을 설치할 필요 없이 한 앱에서 금융 서비스, 소셜 네트워킹, 상거래, 메시지 전송, 주문 서비스 등을 이용할 수 있게 해 준다. 슈퍼 앱의 주요 특징은 편의성과 통합성이다. 사용자는 하나의 인터페이스를 통해 여러 서비스에 접근할 수 있으며, 이는 앱 사용자 경험을 간소화하고 효율성을 높인다. 슈퍼 앱의 기준은 구체적인 정의가 없지만, 일반적으로 다양한 기능과 서비스를 제공하고, 각 서비스 간의 상호 운용성이 뛰어나며, 사용자 기반을 확대할 수 있는 능력을 갖추고 있어야 한다. 이러한 기준을 충족하는 대표적인 예로는 중국의 위챗(WeChat)과 인도의 페이티엠(Paytm)이 있다. 위챗은 메시징, 소셜 미디어, 결제 서비스를 제공하며, 페이티엠은 결제, 금융 서비스, 쇼핑, 예약 시스템 등을 통합한 서비스를 제공한다. 슈퍼 앱은 기업에게는 고객과의 접점을 다양화하고, 사용자 데이터를 활용하여 맞춤형 서비스를 제공하는 기회를 제공하며, 사용자에게는 여러 필요를 한번에 해결할 수 있는 편리함을 제공한다. 이는 기업과 사용자 모두에게 이익이 되는 구조로, 글로벌 시장에서 슈퍼 앱의 중요성이 점차 증가하고 있다.

토스 역시 초기에는 전통적인 은행 서비스를 혁신적인 송금 서비스 방식으로 제공하여 사용자 경험을 크게 향상시키다 슈퍼 앱으로 진화하며 서비스 다각화를 오랫동안 진행해 왔다. 그에 따라오는 비용 역시 올라갈 수 밖에 없다. 일단 토스의 기본 송금 서비스부터 지속적인 기술 개발과 소프트웨어 업그레이드가 필수다. 이 과정에서 상당한 R&D 비용이 발생한다. 다양한 금융 상품을 개발하고 관리하기 위해 전문 인력을 유지하고 기술 인프라를 갖추는 데도 많은 비용이 든다. 뿐만 아니라, 대규모 사용자 기반을 구축하기 위해 광고와 마케팅에 상당한 투자가 필요하다. 사용자 확보는 시장 점유율 확대와 브랜드 인지도 증가를 가져오며, 이는 장기적인 성공에 중요하기에 이러한 활동은 초기 비용이 많이 든다. 하지만 장기적으로는 더 많은 고객과 거래를 유도하여 수익성을 증가시킬 수 있다. 여기에다가 다양한 금융 기관과 협력을 통해 금융 상품과 서비스를 제공하기 드는 유지

비도 만만치 않다. 은행과의 파트너십을 구축하고 유지하기 위하려면 계약 협상, 통합 플랫폼 개발, 그리고 시스템 유지 관리 등에 비용이 소요되기 때문이다. 또 서비스를 다각화하면서 토스는 인공지능, 블록체인, 빅데이터 분석 등 최신 기술을 금융 서비스에 통합하였다. 이를 통해 서비스 경쟁력을 유지하려는 의도인데 이러한 기술은 개발과 유지 관리가 비용이 많이 들고, 지속적인 업데이트와 개선이 필요하다.

일반 고객들은 접할 일이 없는 이런 지속적 개발 및 유지 비용 때문에 토스는 초기에 큰 영업 손실을 경험했다. 특히, 2022년에는 토스뱅크가 2,644억 원의 손실을 기록하며 경제적 어려움을 겪었다. 같은 해에 카카오뱅크는 2,631억 원의 순이익을 기록하며 성공적으로 이익을 실현했고, 케이뱅크 역시 836억 원의 순이익을 보고하며 긍정적인 결과를 나타냈다. 토스가 다른 국내 디지털 뱅크에 비해 수익 부문에서 부진한 이유는 주로 높은 금리 환경과 금융 시장의 불안정성에 의해라 볼 수도 있다. 특히 중저신용자 대출의 높은 비중이 높은 금융 리스크를 초래했다. 물론, 증권과 페이먼트 서비스는 상대적으로 높은 성장과 수익성을 보이고 있다. 그리고, 다행히 토스뱅크는 2023년 3분기에 창립 이래 처음으로 순이익(기업의 모든 수익과 비용을 계산한 뒤 남는 최종 이익: 세금, 이자, 운영 비용 등 모든 비용을 공제한 후의 순수 이익)을 기록했다. 이 기간 동안 순이익은 86억 원이었으며, 이자 수익은 3,918억 원으로 상당히 증가했다. 또한, 연체율은

1.58%로 비교적 낮은 편이다.

나름 눈에 띄는 점이 하나 더 있는데 바로 토스 뱅크가 비교적 빠르게 수익성에 도달했다는 점이다. 2017년 7월에 출범하고 그해 4분기에 흑자를 달성한 카카오뱅크와 2017년 4월 출범 후 수년간 적자 상태를 이어 가다가 2021년에 처음으로 흑자 전환에 성공한 케이뱅크와 놓고 봤을 때는 오히려 늦지 않았나 하는 생각이 들 것이다. 하지만 토스는 카카오의 (카카오톡, 카카오게임즈, 카카오페이지, 카카오모빌리티 등으로 구성된 두터운) 디지털 서비스 생태계나 케이뱅크의 암호화폐 거래소 업비트와의 협력 같은 내재된 이점이 없음에도 불구하고 빠르게 수익을 달성했다. 여기에, 토스는 아직 수익성 높은 주택담보대출(주담대) 제공 허가를 받지 못한 상태이다. 반면, 카카오뱅크와 케이뱅크는 둘 다 주담대 서비스를 제공하고 있다. 주담대는 일반적으로 높은 수익성을 가져올 수 있는 금융 서비스로 평가받고 있기에 이러한 대출 서비스가 허가되면 토스뱅크의 수익 구조에 큰 변화를 가져올 수 있을 것이다. 즉, 토스뱅크는 경쟁력 있는 상품 개발과 효율적인 운영을 통해 여러 어드밴티지를 가지고 있는 경쟁사들을 상대로도 흑자 달성에 성공한 것이다.

물론, 그렇다고 토스뱅크가 주담대 서비스 도입에 계획이 없는 것은 절대 아니다. 그렇기에 주담대는 은행에 안정적인 이자수익을 제공하며, 대출 부실 위험이 상대적으로 낮은 유리한 사업 분야이기 때문에 해당 시장에 진출하려는 것은 당연히 준비 중이다. 그러나 해당 서비스에 대한 허가를 받는 데 있어 몇 가지 고려해야 할 사항들이 있기에 아직은 실행을 하지 않은 것으로 보인다. 그 고려사항들 중 하나가 바로 근래에 가계부채 문제이다. 해당 이슈가 지속되는 등의 거시경제 상황으로 인해 금융당국의 압박이 커, 주담대 상품 출시가 쉽지 않은 상황이다. 주담대 서비스를 제공할 수 있으려면 금융당국으로부터 관련 허가를 받아야 한다는 현실을 보면 토스가 어떤 계획을 가졌던 딜레마에 빠질 수밖에 없을 것이다. 안 그래도 이 허가를 받기 위해 거쳐야 하는 심사 및 승인 절차 자체도 까다로운데 말이다. 그래도 토스뱅크는 현재 전월세보증금 대출을 통해 관련 데이터를 축적하고 있으며, 이를 바탕으로 향후 주담대 시장에 진출할 준비를 하고 있다. 시국이 시국인지라 직접적인 진출 시기를 구체화하지는 않았지만, 토스뱅크는 시장 환경이 준비가 되면 주담대 서비스를 출시할 수 있을 것으로 기대를 받고 있다. 거기다 다른 경쟁사들이 이미 제공하고 있는 서비스를 토스뱅크가 어떻게 차별화할지도 많은 이들의 관심사일 것이다.

토스는 국내 시장뿐만 아니라 국제 시장에서의 확장을 모색하고 있다. 토스의 해외 확장 전략은 주로 동남아시아 시장에 집중되어 있으며, 베트남, 말레이시아, 인도네시아, 인도 등에서 사업을 진행하고 있다. 이러한 국제적 확장은 송금 서비스와 직불 카드 제공에 초점을 맞추고 있다. 특히, 2020년에 베트남으로 진출했는데 베트남 시장은 신흥 경제국 중 하나로, 디지털 금융 서비스에 대한 수요가 높아 토스에게 매력적인 기회를 제공하고 있다. 베트남에서는 이미 월간 활성 사용자가 300만 명에 달하며, 이 숫자를 연말까지 500만 명으로 늘릴 계획이라 한다. 또한 2022년에 세계적인 결제 서비스 기업인 월드페이(Worldpay)와 파트너십을 맺어 한국에서의 전자 상거래 확장을 도모하였다. 이 파트너십을 통해 토스는 국내뿐만 아니라 국제적으로도 자사의 결제 게이트웨이 서비스를 강화하고 있다. Worldpay와의 협력은 토스가 국제 시장에서의 입지를 다지는데 중요한 역할을 하며, 한국 내에서도 글로벌 상인들에게 더 나은 결제 서비스를 제공하게 된다. 2023년에는 중국의 최대 모바일 결제 플랫폼 운영사인 앤트 그룹(Ant Group)이 토스의 자회사인 토스 페이먼츠의 두 번째로 큰 주주가 되었다. 이 협력은 토스 페이먼츠가 글로벌 시장으로 확장하는 데 필요한 지원을 제공하여 한국 내 모바일 결제 부문의 포화 상태를 극복하고자 하는 전략으로 보인다. Ant Group과의 파트너십을 통해 토스는 국제 이커머스(e-commerce) 사이트에서의 결제 서비스를 강화할 수 있게 되었으며, 이는 토스의 국제 시장 진출에 큰 도움이 될 것으로 기대된다. 토스는 말레이시아와 일본 시장 진출에도 관심을 보이고 있어서 이를 위해 현지 파트너 또는 디지털 뱅킹 라이선스 획득을 고려하고 있다. 이러한 글로벌 확장 노력에도 불구하고, 토스는 현재까지는 주로 국내 사업에 집중할 계획인 것으로 보인다. 하지만, 토스의 국제적인 투자와 사업 확장은 향후 몇 년간 지속적으로 관찰될 주요 전략 중 하나로 남아 있을 것이다.

아마 글로벌 시장 진출은 단순히 서비스를 해외로 제공하는 것 이상의 의미를 갖기 때문에 토스는 아직 국내에 주력을 기울이고 싶을 것이다. 국제 시장에 나아가려면 주로 상당한 비용과 노력이 들기도 하는데 토스의 경우, 국제 법규 준수, 해외 시장 조사, 현지화 전략 개발 등에 많은 준비를 거쳐야 할 것이다. 거기에다가 다양한 국가의 금융 환경, 규제, 문화, 사용자 습관을 연구하고, 이에 맞춘 금융 솔루션 개발도 해야 할 것이다. 이 모든 작업을 거치기 위해 드는 추가 비용은 당연히 어마어마할 것이다. 무엇보다 2023년 12월에 확인된 바에 의하면 토스는 목표로 했던 자금 목표를 달성하지 못한 것으로 보인다. 현재 기업은 추가로 1억 5,400만 달러를 조달했고, 그해 말에는 또 다른 1억 5,000만 달러 조달 라운드를 계획하고 있다. 토스가 향후 몇 년 이 내에 공개 상장을 계획하고 있는 것이 아닐까 생각이 들만큼 기업이 새로운 자금 조달에 집중하는 것이 인상적인 소식이다. 참고로, 토스의 경쟁사들의 실적을 살펴보자면 다음과 같다:

- 카카오뱅크: 2021년 8월에 공개 상장을 완료한 카카오뱅크는 남다른 성장세를 보이며 한국의 최대 금융기업으로 자리 잡았다. 상장 이후 시가 총액이 29.8조 원에 달하며, 이는 한국 내 주요 은행들을 능가하는 수치이다.

- 케이뱅크: 2017년부터 서비스를 시작한 대한민국 최초의 인터넷 전문 은행답게 지속적인 성장을 보이고 있지만, 최근의 정보에

따르면 카카오뱅크에 비해 상대적으로 적은 규모의 운영을 하고 있다. 공개 상장 계획에 대한 구체적인 정보는 발견되지 않았으나, 계속해서 다양한 금융 상품을 출시하며 시장 점유율 확대를 목표로 하고 있다.

두 은행 모두 디지털 금융 서비스의 확장과 혁신을 통해 전통적인 금융 시장에서 두각을 나타내고 있으며, 특히 카카오뱅크는 상장을 통해 대외적인 신뢰와 자본력을 확보하는 중대한 단계를 마친 상태이다.

토스의 비즈니스 전략과 모델은 단순히 금융 서비스의 디지털 전환을 가속화하는 것을 넘어서, 금융 서비스의 민주화를 현실로 만들며 시장의 틀을 깨는 데 성공했다. 이는 전통적인 금융 시스템의 한계를 넘어서는 새로운 금융의 접근성을 제공하며, 사용자에게 더 넓고 다양한 선택을 가능케 했다. 토스는 기존의 금융 서비스 기업 및 은행들이 가지 않았던 경로를 걸으며 금융 혁신의 선두주자로 자리매김하고 있으며, 앞으로도 이 혁신적인 길을 지속적으로 선도해 나갈 것이다. 그 과정에서 어떤 결과가 초래되던 토스는 단순한 금융 서비스 제공자가 아니라, 금융의 새로운 가능성을 연 기업들 중 하나라는 사실은 변치 않을 것이다.

04

마켓컬리, 새벽 배송의 선구자로
신선함의 패러다임을 변화시키다

1) 새벽배송, 전자상 거래의 신선식품 시장의 변혁

2) 스타트업답지 않게 스타트라인이 남달랐던 마켓컬리: 김슬아 대표 비결은?

3) 이커머스가 미국 상장에 있어 가진 고질적인 난항이 마켓컬리에도?

1) 새벽배송,
전자상 거래의 신선식품 시장의 변혁

　2020년 겨울, 코로나19로 인해 모두가 집에 머무는 연말이었다. 친한 친구들과 함께 할 수 있는 안전한 방법을 찾던 중, 집에서 홈 파티를 하기로 했다. 특별한 날에 걸맞는 메뉴를 준비하기 위해선 외출이 필수적이었으나 당연히 외출이 쉽지 않았다. 이때, 친구가 마켓컬리 앱을 통해 주문을 제안했다. "걱정 마. 마켓컬리에서 스테이크부터 샐러드까지 모든 걸 새벽 배송으로 주문할 수 있어." 몇 번의 탭으로 우리는 고급 식재료와 함께 준비된 외식 메뉴를 선택했다. 다음 날 아침, 우리의 주문이 정확히 약속된 시간에 도착했다. 마켓컬리는 나와 친구들이 집에서 쉽게 요리할 수 있도록 모든 식재료를 신선하게 준비해 배달했다.

　샐러드는 신선한 로메인과 아루굴라, 베이비 스피니치가 듬뿍 들어 있었고, 상큼한 발사믹 드레싱이 별도로 포장되어 왔다. 스테이크는 고품질의 등심이 진공 포장되어 있어 신선함을 그대로 유지했다. 과일은 계절에 맞는 신선한 오렌지가 담겨 왔다. 마켓컬리의 포장은 특히 인상적이었다. 모든 식재료가 냉장 유지가 필요한 상태로 올바르게 포장되어 왔으며, 냉동 식품은 드라이아이스와 함께 견고하고 깔끔한 박스에 안전하게 포장되어 도착했다. 포장재는 모두 친환경적이며 재활용이 가능한 소재로 만들어져 있어, 마켓컬리의 지속 가능한 경영 철학을 반영했다. 이러한 세심한 배려는 마켓컬리가 제공하는 서비스의 품질을 한층 더 돋보이게 했고, 집에서도 레스토랑 수준의 식사를 즐길 수 있게 해 주었다. 그날 저녁, 나와 친구들은 외출하지 않고도 레스토랑 품질의 스테이크를 즐길 수 있었고, 화려하게 연말 홈 파티를 즐겼다. 코로나19로 인해 많은 것이 달라졌지만, 마켓컬리 덕에 특별한 날을 안전하고 제법 알차게 보낼 수 있었다. 이 경험은 마켓컬리가 왜 많은 사람들, 특히 젊은 세대에게 사랑받는지를 잘 보여 준다. 편리함과 품질, 그리고 안전을 동시에 제공하는 마켓컬리는 이제 제 일상에 없어서는 안 될 서비스가 되었다. 솔직히 말해서, 몇 번의 클릭으로 신선한 식재료와 고급진 식사를 집 앞까지 배달받을 수 있는데, 이를 거부할 사람이 얼마나 될까?

그런 의미에서 2015년 김슬아 대표가 설립한 마켓컬리는 단순한 스타트업이 아니었다. 한국 최초로 새벽 배송 서비스를 도입함으로써 전자 상거래와 신선식품 유통 시장에 혁신을 가져온 기업이다. 이 새벽 배송 서비스는 소비자가 밤 11시까지 주문하면 다음 날 아침 7시 이전에 상품을 받을 수 있는 시스템이다. 이 서비스의 핵심은 전 과정에서 일정한 온도를 유지하는 시스템을 통해 신선도를 최대한 보장한다. 이는 전자 상거래 시장에서 마켓컬리는 기존 업체들이 간과했던 소비자 경험의 부족함을 해결하기 위해 다양한 신선식품과 밀키트 제품을 편리하게 제공하는 데 중점을 둔 것이다. 마켓컬리의 '샛별 배송' 서비스는 언뜻 들어 봐도 여타 기존 전자 상거래 플랫폼에서 쉽게 구현할 수 없게 들릴 것이다. 실제로도 그러한데 이에는 몇 가지 이유가 있다. 우선, 이러한 서비스는 철저한 냉장 유통 시스템, 즉 '풀 콜드체인(Full Cold Chain)' 시스템을 필요로 하는데, 이는 식품이 상하거나 변질되지 않도록 처음부터 끝까지 온도를 일정하게 유지해야 한다는 것을 의미한다.

기존의 많은 전자 상거래 업체들이 식품 배송에 있어서 '풀콜드체인' 시스템을 갖추지 못한 이유는, 이를 위해서는 고도의 물류 기술 및 인프라에 상당한 초기 투자를 들여야 하기 때문이다. 식품을 신선하게 유지하기 위해 온도가 철저하게 관리되는 창고에서부터 소비자의 문 앞까지 이르는 모든 과정에서 온도를 일정하게 유지해야 하며, 이는 복잡한 기술적 조정과 지속적인 유지 관리를 요구한다. 마켓컬리는 이러한 '풀콜드체인' 시스템을 한국 최초로 구축하여, 이를 통해 저녁 11시까지 주문된 식품을 다음 날 아침 7시 이전에 배송할 수 있게 되었다. 이는 마켓컬리가 신선식품 배달 분야에서 경쟁력을 갖출 수 있게 한 주요 요소이다. 경쟁사에서 쉬이 따라할 수 없는 이 자체적인 시스템은 고객이 받는 식품의 품질을 보장함으로써 고객 만족도를 높이고, 재구매율을 증가시키는 결과를 낳았다. 또한, 마켓컬리는 주요 도시 외곽에 위치한 김포 등에서 새로운 물류센터를 설립하여 이 시스템을 더욱 확장시키고 있다. 이를 통해 서울, 경기, 인천뿐만 아니라 부산과 울산 같은 다른 지역에서도 효율적인 새벽 배송을 실현하고 있다. 이러한 콜드체인 시스템은 마켓컬리가 신선식품을 중심으로 한 배송 서비스를 제공하면서 경쟁사와 차별화이자 주요 아이덴티티로 작용하고 있다. 따라서 마켓컬리의 성공은 단순히 빠른 배송뿐만 아니라, 신선한 식품을 제때에 고객에게 전달할 수 있는 능력에서 기인하는 것이며, 이는 '풀콜드체인' 시스템의 철저한 구현과 관리에 의존하고 있다. 이러한 시스템을 통해 마켓컬리는 식품의 신선도를 최대한 보존하면서도, 배송 과정 중에 발생할 수 있는 여러 가지 문제점들을 최소화하고 있다.

자, 여기서 궁금증이 생길 것이다. 왜 다른 경쟁사 대기업들은 방대한 자본과 훌륭한 인프라를 갖추고 있음에도 불구하고 스타트업인 마켓컬리처럼 신속하게 혁신적인 새벽배송 서비스를 시장에 선보이지 못할까? 가령, 국내에서는 쿠팡을 예로 들어 보자. 쿠팡은 한국에서 가장 큰 전자 상거래 회사 중 하나이며, 자체 물류 시스템을 갖춘 것으로 유명하다. 쿠팡은 '로켓배송' 서비스를 통해 주문한 상품을 빠르게 배송하는 혁신도 선보였다. 이 서비스는 쿠팡이 자체 물류센터와 배송 네트워크를 통해 컨트롤하면서, 주문 처리와 배송 속도를 극대화하였다. 언뜻 들어 봐도 유사한 서비스라 인프라 구축에 조금만 더 신경 쓰면 냉장 유통 시스템은 쿠팡이 최초하는 것이 어렵게 들리지 않을 것이다. 그럼에도 마켓컬리가 먼저 선수를 치는 데 성공한 근본적인 이유는 (여러 가지가 기업의 속사정도 있겠지만) 스타트업이 대기업보다 전반적으로 더 민첩하게 시장 변화에 대응하고 혁신을 추구할 수 있기 때문이다. 자본이 많고 적고, 이미 보유한 인프라가 전국적으로 얼마나 넓은지의 문제가 아니다. 대기업은 규모가 크고, 다양한 이해관계자들과 복잡한 내부 프로세스를 가지고 있기 때문에 신속한 의사결정이 어렵다. 이는 대기업의 구조적인 특성과 조직의 크기 때문에 발생하는 자연스러운 현상이다. 또한, (모든 대기업이 그런 것은 아니지만) 기존의 성공한 비즈니스 모델에 대한 의존도가 높아 새로운 기술이나 혁신적인 시도에 보수적일 수도 있다. 여기에 더불어, 풀콜드체인 시스템은 상당한 초기 투자와 기술적 복잡성을 요구하는데, 이는 기존 대기업들이 리스크를 부담하기 꺼려한 이유가 될 수도 있다. 한편, 마켓컬리 같은 스타트업은 비교적 조직 규모가 작고 유연하기 때문에 시장의 요구사항을 빠르게 파악하고 이에 대응할 수 있는 신속한 의사결정 구조를 가지고 있다. 또한, 스타트업은 현재 대기업들이 개척하지 못한 새로운 시장에 도전해 보는 의지가 강하고, 초기에 과감한 투자와 혁신적인 시도를 하는 것이 생존과 성장에 직결되기 때문에 보다 공격적으로 움직일 수 있다.

그럼 대기업들은 항상 빠르게 변하는 세상에서 어떻게 혁신을 꾀할까? 바로 인수다. 구글과 같은 대기업들이 스타트업을 인수하는 주된 이유 중 하나는 신기술과 아이디어를 확보하기 위함이다. 스타트업은 종종 차별화된 기술이나 비즈니스 모델을 개발하여 빠르게 시장에 진입할 수 있으며, 이러한 독창적인 접근 방식은 대기업이 자체적으로 개발하는 것보다 비용 효율적이고 시간을 절약할 수 있게 한다. 즉, 대기업은 스타트업을 인수함으로써 새로운 시장에 빠르게 진입하고, 기술적 우위를 확보하며, 경쟁을 감소시킬 수 있다. 구글은 지속적으로 혁신적인 스타트업을 인수하여 그들의 기술과 아이디어를 자사의 제품 및 서비스에 통합함으로써, 기술적 진보를 실현하고 시장에서의 리더십을 강화해 왔다. 이러한 전략은 구글은 물론 국내의 대기업들이 끊임없이 변화하는 기술 시장에서 경쟁력을 유지하는 데 중요한 역할을 한다. 이처럼 대기업과 스타트업 간의 협력과 인수는 상호 보완적인 관계를 통해 새로운 기술과 시장 기회를 탐색하는 효과적인 방법이 될 수 있다. 이는 또한 대기업이 스타트업의 민첩성과 혁신적 문화를 내부적으로 흡수하고, 이를 통해 전체적인 사업 확장과 기술 발전을 가속화하는 기회를 제공한다.

물론 그렇다고 대기업이 늘 인수합병에 의존하는 것은 아니다. 모두가 알다시피 쿠팡은 마켓컬리를 인수하지 않고 자체 개발한 로켓배송 네트워크와 콜드체인 시스템을 이용하여 '쿠팡 프레쉬'라는 서비스를 구축했다. 쿠팡 프레쉬도 똑같이 신선식품 배송을 특화한 서비스로, 쿠팡이 자체적인 물류 인프라를 활용하여 빠르고 효율적인 배송을 제공하는 것을 목표로 한다. 군이 스타트업을 인수하지 않아도 쿠팡은 마켓컬리처럼 초기부터 투자를 매우 적극적으로 유치하며 빠르게 확장할 수 있는 자본을 확보했으니 말이다. 자체 물류 인프라로 구축한 '로켓배송' 서비스도 전국에 제공 가능하고 최첨단 기술을 도입에도 아낌없이 투자한 것 역시 이유가 될 것이다. 그러니 시기상 아마 쿠팡보다 단지 조금 더 빠르게 콜드체인을 구현한 마켓컬리는 새벽배송 말고도 다른 차별화 전략이 필요했을 것이다.

그 차별화 전략 중 하나는 선택과 집중이 돋보이는 타겟 고객층을 선택하는 것이다. 마켓컬리는 특히 젊은 세대를 타겟으로 한 고품질 식품 판매 전략과 맞물려, 소비자들의 새로운 요구에 부응하는 방식으로 시장 공백을 채웠다. 마켓컬리는 젊은 층의 관심을 사로잡기 위해 여러 전략을 사용했는데 예로, 유명 셰프 및 레스토랑과 협력하여 다양하고 독특한 프리미엄 제품을 선보였다. 이들 중에는 광화문 미진, 감미옥과 같은 유명 식당과 연예인 셰프 최현석과 협력하여 특별한 요리를 제공하고, 이를 통해 소비자들에게 새로운 식문화 경험을 제공했다. 이러한 제품들은 주로 고품질의 신선한 재료를 사용하며, 특히 젊은 세대가 선호하는 고급 및 다양한 식품을 강조하였다. 마켓컬리의 또다른 차별화 전략은 제품 자체에도 있다. 마켓컬리는 초기부터 신선하고 고품질의 식품 공급에 중점을 둔 덕에 국내 농가는 물론 해외에서도 직접 치즈 같은 식재료를 소싱한다. 이러한 전략은 다양하고 희귀한 식재료를 한국 소비자에게 제공하면서 큰 성공을 거두었다. 이러한 '컬리만의 제품(Kurly Only)'이라는 전략을 통해 30%의 제품을 독점적으로 판매하고 있으며, 이는 소비자에게 다양하고 독특한 선택권을 제공하고 있다. 이 중에는 고급 유제품, 수제 빵, 유기농 우유, 김치, 두부 등을 비롯하여 수십 종류의 국내외 사과와 같은 제품들을 포함하여 다양한 식품이 포함되어 있다.

젊은 세대의 소비 트렌드를 반영하여 추가한 또다른 상품 라인업이 바로 '뷰티컬리' 플랫폼이다. 이를 통해 마켓컬리는 비음식품 아이템과 화장품 카테고리를 적극적으로 확장하고 있다. 2023년 기준으로 마켓컬리의 뷰티 카테고리는 매우 빠른 성장세를 보이며 거래액이 3,000억 원을 돌파하였다. 뷰티컬리는 2022년 11월에 공식적으로 런칭 되었으며, 이 플랫폼은 고급 외국 브랜드뿐만 아니라 한국의 프리미엄 브랜드들을 포함하여 다양한 화장품 제품을 판매하고 있다. 이는 기존 마켓컬리의 식품 배송 서비스와 함께 소비자들에게 더 넓은 제품 선택권을 제공하며, 소비자의 라이프스타일에 맞는 종합 쇼핑 솔루션을 구축하는 것을 목표로 하고 있다. 뷰티컬리의 성공은 마켓컬리의 전반적인 매출 증가에도 크게 기여하였으며, 회사의 현금 및 현금성 자산은 2023년 말 기준으로 1,400억 원에 도달하였다. 이는 전년 대비 120억 원 증가한 수치로, 마켓컬리가 뷰티 분야에서도 큰 성공을 거두고 있음을 보여 준다. 이러한 확장은 마켓컬리의 사업 다각화 전략의 일환으로, 소비자의 라이프스타일을 종합적으로 지원하는 브랜드로 성장하는 데 기여하고 있다.

2) 스타트업답지 않게 스타트라인이 남달랐던 마켓컬리: 김슬아 대표 비결은?

마켓컬리가 창업 초기부터 강력한 비전과 명확한 차별화 전략으로 빠르게 성장할 수 있었던 배경에는 김슬아 대표의 탁월한 리더십과 전략적 사고가 있었다. 대부분의 스타트업이 창업 초기에 신선식품 배송과 같은 고위험 분야에 뛰어들기를 주저하는 반면, 마켓컬리는 이 분야에 명확한 비전을 갖고 도전했다. 이는 기존의 대형 전자 상거래 업체들이 주로 다루지 않았던 영역이었기에, 신선한 식품을 새벽 배송으로 제공한다는 차별화된 서비스로 시장에서 신속하게 입지를 확립할 수 있었다.

그러나 아무리 혁신적인 아이디어라도 실행 없이는 성공하기 어렵다. 많은 창업자들이 소위 말해 '기가 막히는 아이템' 하나만 믿고 사업에 뛰어들었다가 실패하는 사례는 헤아릴 수 없이 많다. 그렇다면 김슬아 대표는 초기 단계에서 구체적으로 무엇을 했기에 마켓컬리의 성공적인 출발이 가능했던 걸까? 일단 첫 번째는 바로 투자 유치이다. 김슬아 대표는 미국에서 정치 경제를 전공하면서 학문적인 길을 고민하던 중 38세의 나이로 기업가로서의 경력을 시작했다. 그때부터 그녀는 고급 컨설팅 및 금융 컨설팅 분야에서 괄목할 만한 경력을 쌓았는데, 홍콩의 맥킨지와 골드만 삭스, 싱가포르의 테마섹 홀딩스에서 근무하며 기술 포트폴리오 기업을 검토하고 투자 팀이 올바른 결정을 내리도록 지원했다. 뿐만 아니라 싱가포르의 테마섹 홀딩스에서 근무한 경험하며 복잡한 비즈니스 문제를 해결하며 국제적인 사업 환경에서 효과적으로 네트워크를 구축하는 업무를 담당했다. 이러한 배경은 투자자들에게 마켓컬리의 비전을 효과적으로 전달하고, 신뢰를 구축하고, 나아가 투자 유치 성공에 결정적이었다. 15년간의 이러한 해외 경험을 바탕으로 귀국한 김대표는 모든 것을 양분 삼아 마켓컬리 창업에 필요한 준비를 성공적으로 할 수 있었다. 대표적으로 초기 벤처캐피털 투자는 마켓컬리가 필요한 자본을 확보하고, 빠르게 사업을 확장할 수 있는 발판을 마련했다.

김슬아 대표가 마켓컬리를 창업하며 초기에 유치한 투자는 비교적 큰 규모였다. 마켓컬리는 2020년에 200억 원(약 1억 6,300만 달러)을 시리즈 E 펀딩 라운드에서 유치했으며, 이 투자 라운드는 DST Global과 여러 다른 투자자들이 주도했다. 이 투자는 마켓컬리가 설립된 이후 총 4,200억 원 이상의 투자를 받은 것으로, 회사의 물류 시스템을 발전시키고, 고객 기반을 확장하며, 새로운 인재를 채용하는 데 사용되었다. 또한, 마켓컬리는 2021년에 시리즈 F 라운드에서 2억 달러의 투자를 추가로 유치하여 회사 가치를 22억 달러로 평가받았다. 이 라운드는 에스펙스 매니지먼트(Aspex Management), DST 글로벌(DST Global), 세콰이어캐피탈 차이나(Sequoia Capital China), 힐하우스 캐피탈(Hillhouse Capital) 등이 이끌었고, CJ대한통운과 같은 새로운 전략적 투자자들도 참여했다. 이러한 투자 유치는 김슬아 대표가 금융과 컨설팅 분야에서 쌓은 경력과 전문성, 그리고 투자자들과의 네트워크를 활용한 결과로 보인다. 특히 그녀의 전략적 사고와 사업 모델이 투자자들로부터 긍정적인 평가를 받으며 마켓컬리의 성장에 큰 자금을 확보할 수 있었다. 연도를 들으면 "아니, 회사는 2015년에 설립되어 같은 해에 서비스를 제공하기 시작했잖아. 근데 2020년부터 투자를 받기 시작하면 늦은 거 아닌가?"라고 의아해할 수 있다. 하지만 투자 유치 시기에 관해서는, 초기에 상당한 투자를 확보하는 것이 필요하지도 전형적이지도 않다. 마켓컬리는 오히려 초기에 비즈니스 모델을 입증하고, 운영을 정제하며, 투자자들에게 초기 운영과 고객 성장을 통해 잠재력을 보여 주는 데 집중했을 것이다. 이러한 요소들이 성공적으로 전시되면, 회사는 운영을 확장하고 서비스를 더 확대하기 위해 상당한 투자를 유치할 수 있는 더 좋은 우위를 점하게 된다. 이런 전략은 신규 사업에 대한 투자의 위험을 줄이면서 투자자에게 더 매력적으로 보일 수 있다.

물론 투자 유치를 통한 자금 확보만큼 중요한 것이 고객 유치에 있다. 그런 의미에서 김슬아 대표가 자신의 스타트업이 성공적으로 스타트를 끊게 한 두 번째 비결은 브랜드 구축에 있다. 마켓컬리는 초기부터 마케팅보다는 브랜드 구축에 집중하는 전략으로 큰 성공을 거두었다. 이 접근법은 특히 마켓컬리의 온라인 앱 플랫폼에서 판매하는 제품을 돋보이게 만드는 데 중점을 두었다. 마켓컬리는 고품질의 콘텐츠 제작에 큰 투자를 하여, 제품의 특징과 정보를 세심하게 보여주는 고품질 사진 촬영 등을 통해 온라인에서 제품의 가치를 극대화했다. 특히, 제품의 품질을 유지하고 소비자의 신뢰를 구축하기 위해 '상품위원회' 시스템을 도입했다. 이 위원회는 제품의 품질을 정기적으로 검토하고, 이를 통해 고객에게 일관되고 믿을 수 있는 품질을 제공한다. 이러한 상품 관리 방식은 고객들로 하여금 마켓컬리에서 구매하는 제품에 대한 높은 만족도와 신뢰도를 느끼게 만들었다. 사실 여기까지 들으면 몇몇 독자들 머릿속에 문득 다음과 같은 의문이 들 것이다: 마케팅과 브랜드 구축이 무슨 차이지? 같거나 엇비슷한 개념 아닌가?

물론 마케팅과 브랜드 구축은 서로 밀접하게 연결되어 있지만, 각각의 초점과 목표에는 차이가 있다. 마케팅은 주로 제품이나 서비스를 홍보하고 판매를 촉진하는 데 집중한다. 이는 (다양한 플랫폼, 매체 등등을 활용한) 광고, 프로모션, 판매 전략 등을 포함하여 소비자의 구매 결정에 직접적인 (그리고 때때로 즉각적이고 단기적인) 영향을 미치는 활동들을 말한다. 반면, 브랜드 구축은 회사의 정체성, 가치, 그리고 소비자와의 신뢰와 관계를 장기적으로 개발하는 과정이다. 이는 브랜드 인지도, 브랜드 충성도 및 기업 이미지를 강화하는 데 중점을 둔다. 마켓컬리처럼 마케팅보다 브랜드 구축에 더 큰 중점을 둔 이유를 추측하자면 몇 가지가 있다:

1. **장기적인 고객 관계 형성**: 마켓컬리는 단기적인 판매 증대보다는 장기적으로 고객과의 신뢰를 구축하고 충성도 높은 고객층을 확보하고자 했다. 이를 통해 지속 가능한 성장을 도모할 수 있다. 이를 제품 품질 보장 외에도 기업이 사용한 전략이 예로, '컬리멤버스'라는 유료 멤버십 프로그램과 풀필먼트 서비스를 도입한 것이다. 해당 서비스들은 회원들에게 더 많은 혜택과 편의를 제공하고 있다. 이와 같은 유료 멤버십 프로그램을 도입하여, 고객의 브랜드 충성도를 높이고, 장기적인 고객 관계를 구축한다.

2. **차별화된 브랜드 가치 제공**: 앞전에서부터 마켓컬리의 특징으로 강조된 것이 차별화이다. 마켓컬리는 고품질의 신선식품 배송이라는 차별화된 서비스를 제공하며, 이를 통해 시장에서 독특한 위치를 확보하고자 했다. 브랜드 구축을 통해 소비자들에게 이러한 가치를 지속적으로 전달함으로써 브랜드에 대한 인식을 강화할 수 있다.

3. **고품질 콘텐츠로의 신뢰성 강화**: 마켓컬리는 고품질의 콘텐츠 제작에 투자하여 제품 정보를 상세하게 제공하고, 이를 통해 소비자들이 제품 선택에 있어 더 많은 정보를 갖고 결정할 수 있도록 하였

다. 이러한 접근은 브랜드의 전문성과 신뢰성을 높이는 데 기여한다. 더 나아가, 이 모든 전략은 마켓컬리가 단순한 식품 판매업체를 넘어, 라이프스타일 브랜드로 자리매김하는 데 핵심적인 역할을 했다. 고품질의 제품과 서비스를 제공함으로써, 마켓컬리는 온라인 소매 시장에서 경쟁력을 확보하고 지속 가능한 성장을 이어 가고 있다.

정리하자면 마켓컬리처럼 마케팅보다 브랜드 이미지에 중점을 두는 전략을 택하는 기업의 경우, 전략적인 브랜드 구축 활동을 통해 장기적인 고객 관계와 시장에서의 강력한 입지를 확보하려고 한다. 실제로 스타트업일 당시 이런 전략을 잘 실행하여 큰 성공을 거둔 예로는 애플(Apple)을 들 수 있다. 애플은 제품의 기능성이나 가격 경쟁력을 넘어서 사용자 경험과 디자인에 초점을 맞추어 브랜드 이미지를 강화해 왔다. 그중 기업이 강조한 것이 사용자에게 간결하고 직관적인 인터페이스와 우수한 디자인을 제공한다는 명확한 브랜드 가치 설정이다. 이런 가치는 모든 제품과 서비스에 일관되게 반영되어, 소비자가 애플 제품을 보거나 사용할 때마다 브랜드의 핵심 가치를 경험할 수 있도록 했다. 또한, 애플은 단순히 제품의 기능을 넘어 사용자가 느끼는 감성을 자극한다. 예를 들어, 애플의 광고나 제품 발표는 기술적인 사양보다는 제품이 사용자의 생활을 어떻게 변화시킬 수 있는지에 초점을 맞춘다. 이러한 접근은 고객과의 감성적 연결을 강화하고, 브랜드 충성도를 높이는 데 기여한다. 이러한 전략적 접근은 애플을 단순한 기술 기업을 넘어 문화적 아이콘으로 자리매김하는 데 중요한 역할을 했다. 오늘날 갤럭시와 같은 비슷한 사양 및 기능을 가진 경쟁 제품이 차고 넘치고 있음에도, 그리고 기업이 여러 사건사고를 겪은 후에도 애플은 강력한 브랜드 이미지 덕분에 많은 이들의 장기적인 충성도를 유지하고 있다. 이는 애플이 브랜드 구축에 투자한 결과로, 소비자들에게 지속적인 가치를 제공하며 신뢰를 구축하고 있다는 것을 입증한다.

마지막으로 마켓컬리에서 주력으로 신경 쓴 것이 물류 관련 비용 절감이다. 마켓컬리는 친환경 포장재인 '컬리 퍼플박스'를 대규모로 보급하며, 포장재 사용을 혁신적으로 줄이고 경쟁력을 강화했다. 이 포장재는 단순히 식품을 보호하는 기능뿐만 아니라 환경에 미치는 영향을 최소화하는 것을 목표도 있다. 컬리 퍼플박스는 친환경 소재로 제작되어 사용 후 재활용이 용이하며, 이를 통해 종이 포장재 사용량을 크게 줄이는 효과까지 겨냥한다. 이러한 접근은 마켓컬리가 지속 가능한 비즈니스 모델을 추구하고, 친환경 가치를 소비자에게 전달하는 데 중요한 역할을 한다. 또한, 마켓컬리는 드라이아이스 제조를 내재화함으로써 관련 비용을 현저하게 감소시켰다. 특히, 드라이아이스는 마켓컬리에서 핵심으로 내세우는 신선식품의 배송 과정에서 중요한 냉각 요소로 사용되기에 내재화를 통해 기업이 필요한 드라이아이스를 직접 생산하고 관리할 수 있게 되었다. 이는 물류 효율성을 높이고, 외부 공급업체에 의존하는 비용과 리스크를 줄이는 결과를 낳았다. 마켓컬리가 최근에 물류 비용을 줄이기 위해 사용한 또

다른 전략은 창원과 평택에 신규 물류센터를 개설하는 것이다.

왜 하필 창원인가라는 생각이 들었다면 답은 간단하다. 창원에는 2023년 4월 13일에 부산-진해 자유경제구역 내에 63억 원을 투자하여 8층 규모의 물류센터를 건설할 거라는 계획을 발표했다. 이 지역은 부산과 진해 지구를 아우르며, 이러한 전략적 위치 선정은 배송 효율성을 크게 향상시키고, 전체 물류 운영 비용을 절감하는 데 중요한 역할을 한다. 평택 물류센터는 2023년 5월에 개설되어, 마켓컬리의 가장 큰 물류센터로서 전국적인 배송 서비스의 허브 역할을 하고 있다. 이 센터는 마켓컬리의 배송 서비스를 더욱 강화하고, 서비스 지역을 확장하는 데 기여하고 있다. 이 두 물류센터는 지역적인 특성을 고려하여 전략적으로 위치가 선정되었으며, 특히 창원 물류센터는 그 지역의 배송 효율성을 크게 향상시켰다. 창원 물류센터는 마켓컬리의 배송 네트워크 내에서 중요한 역할을 하며, 이를 통해 전체적인 물류 운영 비용을 절감하고 배송 시간을 단축시킨다.

3) 이커머스가 미국 상장에 있어 가진 고질적인 난항이 마켓컬리에도?

　2022년과 2023년은 마켓컬리에게 중요한 변화의 시기였다. 마켓컬리는 여성을 위한 직업 구축 서비스인 플래너리를 인수하여, 회원을 대상으로 다양한 커리어 개발 콘텐츠를 제공하는 '헤이조이스(Hey-Joyce)' 서비스를 운영하기 시작했다. 이 같은 움직임은 마켓컬리가 서비스 다각화를 추구하며, 특히 여성 고객에게 더 많은 가치를 제공하려는 전략의 일환으로 볼 수 있다. 또한, 마켓컬리는 2022년 8월 라자다의 온라인 슈퍼마켓 플랫폼인 레드마트를 통해 동남아시아 시장에 진출, 국제 시장에서의 입지를 넓혔다. 이는 마켓컬리의 글로벌 확장 전략의 중요한 한 단계로, 새로운 수익원을 창출할 수 있는 기회를 제공하였다. 2022년 말 기준으로 마켓컬리의 현금성 자산은 약 1,400억 원에 이르렀으며, 이는 직전 분기 대비 120억 원이 증가한 수치이다. 2023년 1월에는 샛별배송과 이커머스 활동을 통해 9년 만에 처음으로 흑자를 달성하며, 이는 마켓컬리의 지속 가능한 성장과 수익성 강화를 시사한다. 상각전영업이익(EBITDA, Earnings Before Interest,

Taxes, Depreciation, and Amortization: 이자, 세금, 감가상각비 및 무형자산 상각 전 이익)도 전년 대비 약 100억 원 증가하였다.

참고로 상각전영업이익은 기업이 운영에서 얻은 수익을 측정하는 지표 중 하나로, 기업의 핵심 운영 효율성을 판단하기 위해 사용된다. 상각전영업이익의 주요 포인트를 더 설명하자면 다음과 같다:

1. 기업의 순수 운영 이익: 상각전영업이익은 기업의 주요 재무 활동과 관련된 비용(이자, 세금)과 비현금 비용(감가상각 및 무형자산 상각)을 제외하고 계산된다. 이를 통해 기업이 실제로 얼마나 많은 이익을 운영으로부터 창출하고 있는지를 보여 준다.

2. 투자 의사결정: 투자자들은 상각전영업이익을 중요하게 보는데, 이는 기업의 운영 결과가 금융 구조나 세금 정책의 영향을 받지 않기 때문이다. 따라서 기업 간 비교 시 공평한 기준으로 사용될 수 있다.

3. 자금 조달과 대출 상환 능력: 상각전영업이익은 기업이 얼마나 많은 현금 흐름을 생성할 수 있는지를 보여 주기 때문에, 기업이 자금을 조달하고 빚을 갚을 능력이 있는지를 평가하는 데 사용된다.

물론 상각전영업이익의 중요한 정보이긴 하지만 당연히 기업의 성과를 측정할 몇 가지 주의할 점이 있다. 우선 첫 번째로, 상각전영업이익은 감가상각과 같은 비현금 지출을 고려하지 않기 때문에, 기업의 실제 현금 흐름을 과대평가할 수 있다. 또한 모든 기업에 적합한 지표가 아니다. 특히 자본 집약적인 산업에서는 대규모의 자산을 구매하고 유지하기 위한 감가상각비가 중요하므로, 상각전영업이익만으로는 기업의 재무 건전성을 완벽하게 평가하기 어렵다. 상각전영업이익은 재무 분석에서 유용한 도구이지만, 기업의 전체 재무 상태를 이해하기 위해서는 다른 여러 지표와 함께 고려되어야 한다.

마켓컬리의 경우도, 상각전영업이익에서 100억 원의 증가를 기록하며 재무 성과에서 나름 긍정적인 신호를 여럿 보였음에도 불구하고, 회사의 초기 공개 상장 계획과 관련해서는 여전히 난관에 직면해 있다. 이는 글로벌 경제의 불확실성과 투자자 신뢰의 감소가 큰 영향을 미쳤기 때문이 아닐까 싶다. 마켓컬리의 IPO 계획은 여러 차례 연기되고 변경된 사례로서, 이 회사의 초기 공개 상장 과정에서 글로벌 경제의 불확실성과 시장의 불안정한 조건들이 큰 영향을 미쳤다. 최초에는 2022년 하반기에 IPO를 완료하고자 계획했으나, 경제 전반의 하락과 투자자들의 신뢰 감소로 인해 이 계획은 수차례 조정되었다. 2023년 초에는 다시 IPO를 시도하려 했으나, 시장 상황의 악화와 주가 평가 저하 등의 문제로 또다시 연기를 결정했다. 특히, 마켓컬리는 공개 상장을 위한 예비 승인을 받은 후에도 주요 투자자인 앵커 이쿼티 파트너스 (Anchor Equity Partners)의 기대치를 만족시키지 못해 추가 연기가 결정되었고, 이는 회사의 상장 계획에 중대한 장애를 초래했다. 회사는 또한 새로운 비즈니스 계획을 진행하는 데 필요한 자금을 확보하고 있음에도 불구하고, 금융시장의 엄격한 조건과 경제적 불확실성에 따라 IPO를 적절한 시기에 재개할 것이라고 밝혔다.

사실 글로벌 IPO 시장의 동향을 살펴보면, 물류 및 유통 회사들은 다른 업계(가령, IT 기업)에 비해 상대적으로 IPO에서 많은 도전을 겪는다. 이는 주로 다음과 같은 요인들 때문이다:

1. **자본 집약성**: 물류 및 유통 회사들은 물리적 자산과 인프라에 상당한 투자가 필요하므로 초기 투자 비용이 매우 높다. 반면 IT 회사들은 자본 집약도가 낮고, 빠르게 확장할 수 있는 비즈니스 모델을 갖추고 있어 상대적으로 IPO에 유리하다.

2. **수익성과 성장성**: IT 기업들은 종종 높은 마진과 빠른 성장 잠재력을 보여 주는 반면, 물류 회사들은 낮은 마진과 변동성이 높은 시장 조건에 노출되어 있다. 이는 투자자들이 IT 기업에 더 많은 투자를 하도록 유인할 수 있다.

3. **시장 변동성**: 물류 및 유통 회사들은 경제 변동에 더 민감하게 반응한다. 경제 하강기에는 수송량 감소로 인해 수익성이 크게 떨어질 수 있으며, 이는 IPO 과정에서 불리하게 작용할 수 있다.

4. **규제와 정책 변화**: 물류 회사들은 정부의 규제와 정책 변화에 크게 의존하는 경향이 있다. 예를 들어, 환경 규제 강화는 운영 비용을 증가시킬 수 있다.

위와 같은 요소로 인해 전 세계적으로 IT 기업들은 더 높은 밸류에이션과 더 많은 투자자 관심을 끌며 IPO 시장에서 더 성공적이다. 물류 및 유통 회사들이 다른 업계 IPO에서 어려움을 겪는 사례로 마켓컬리도 있지만 다른 예로는 이전 포스팅에 스포트라이트를 받은 쿠팡도 있다. 쿠팡의 경우, 2021년 뉴욕 증권 거래소에서 IPO를 진행하여 약 46억 달러를 모으는 큰 성공을 거두었다. 하지만 상장 후 주가는 변동성을 보였으며, 이는 경제적 불확실성과 시장의 변동성 때문에 투자자들 사이에서 우려를 낳기도 했다. 쿠팡은 빠른 성장과 확장 능력이 IPO에서의 성공 요인이었지만, 이후 주가 안정성 유지에 큰 어려움을 겪었다. 반면, 같은 해에 상장한 IT 기업, 디지털 오션(DigitalOcean)은 상장 직후 주가가 143% 상승했으며, 2021년 3분기 매출은 37% 증가한 8,300만 파운드를 기록했다. 이는 IT 기업이 기술 혁신과 높은 성장 잠재력을 바탕으로 IPO에서 높은 성과를 낼 수 있음을 보여 준다. 이러한 사례들을 보며 물류 및 유통 회사들이 IPO를 진행할 때 겪는 특정한 어려움이 다른 업계에 비해 많다 것을 보여 주는 듯하다. 경제적 변동성, 높은 자본 요구, 낮은 마진 등은 이들 기업이 자본 시장에서 겪는 주요 장애물로 작용한다. 반면, IT 기업들은 비교적 낮은 자본 비용과 높은 성장 잠재력으로 인해 IPO에서 더 유리한 조건을 가질 수 있다.

마켓컬리는 IPO 과정에서의 어려움을 극복하기 위해 다양한 전략적 노력을 기울이고 있다. 이러한 노력 중 하나로, 마켓컬리는 최근 몇 년간 급속도로 확장하면서 비즈니스 모델의 다각화를 추진하고 있다. 뷰티컬리를 통해, 비식품 카테고리로의 확장을 통해 새로운 수익원을 창출하려는 전략을 취하고 있다. 이는 전체 매출의 상당 부분을 차지하게 되며, 회사의 장기적인 성장 가능성을 높이는 데 기여하고 있다. 또한, 마켓컬리는 한국 거래소의 지원을 받아 국내에서 IPO를 진행하기로 결정했다. 이는 미국 증시 상장 계획을 철회하고 국내 시장에 집중하기로 한 전략적 결정의 일환이다. 이러한 결정은 회사의 브랜드 인지도와 시장 상황을 고려한 것으로, 국내에서의 더 큰 성장 잠재력을 활용하려는 목적도 있을 것이다. 이외에도 마켓컬리는 로지스틱스 인프라와 기술 투자를 강화하며 서비스의 효율성과 고객 만족도를 높이기 위한 노력을 지속하고 있다. 이는 전반적인 운영 효율성을 개선하고, IPO 후에도 안정적인 성장을 이어갈 수 있는 기반을 마련하는 데 중요한 역할을 한다. 마켓컬리의 이러한 전략적 조치들은 IPO를 위한 준비 과정에서 회사가 직면한 도전들을 극복하고, 장기적으로 성공적인 시장 진입을 달성하기 위한 중요한 발판을 마련하고 있다.

미국 IPO가 여러 차례 지연, 무산된 것은 많이 아쉽긴 하지만 마켓컬리의 국내 IPO 진행한 결정도 전혀 나쁠 것 없는 선택이다. 오히려 모든 성공적인 국내 스타트업 기업이 굳이 미국 시장에 상장할 필요가 없다는 것을 잘 보여 준다. 국내 시장에서의 상장은 여러 장점을 가지고 있는데, 이는 마켓컬리와 같은 기업에게 매우 유리할 수 있다.

1. **시장 이해도**: 자국 시장에서의 상장은 기업이 이미 잘 알고 있는 시장 환경과 규제 체계 안에서 운영된다. 이는 기업이 자국의 경제 동향, 소비자 행동, 경쟁 상황을 더 잘 파악하고 있음을 의미한다. 또한, 규제와 법적 요구 사항에 대한 명확한 이해를 통해 비즈니스 리스크를 관리하고 예측할 수 있다.

2. **투자자 접근성**: 국내 투자자들은 자국 기업에 대해 높은 이해도와 신뢰를 가지고 있다. 이는 투자자와의 소통이 용이하며, 자본 조달 과정에서 투자자들의 참여를 촉진할 수 있다. 국내 상장을 통해 기업은 국내 투자자 기반을 확대하고, 이들과의 장기적인 관계를 구축할 수 있다.

3. **규제 및 문화적 부합성**: 국내에서의 상장은 기업이 자국의 문화적, 사회적, 경제적 조건에 부합하는 방식으로 사업을 운영할 수 있도록 한다. 이는 제품이나 서비스의 시장 적합성을 높이고, 규제 준수 비용을 최소화하는 데 도움이 된다.

이러한 장점들은 국내 상장을 통해 기업이 보다 효율적으로 자본을 모집하고, 장기적인 기업 성장을 위한 기반을 마련할 수 있도록 지원한다. 자국 시장의 동향을 정확히 파악하고, 투자자들과의 관계를 강화하며, 규제 환경에 효과적으로 대응할 수 있는 능력은 국내 상장의 중요한 이점으로 작용한다. 이는 국내 시장에서 성공적인 성장을 이루어 가고 있는 카카오, 네이버, 셀트리온 등의 사례에서도 잘 드러난다.

국내 상장에서 성공한 다른 사례:

- 카카오:
  - 상장연도: 2017년 카카오게임즈 상장
  - 사업 영역: 카카오는 메신저 서비스를 기반으로 한 포괄적인 인터넷 서비스 플랫폼을 운영하며, 광고, 콘텐츠, 금융 서비스 등 다양한 분야에서 사업을 확장하고 있다.
  - 성장 지표: 카카오는 상장 후 사용자 기반과 수익 모델을 다각화하며 지속적인 성장을 보여 주었다. 특히 모바일 플랫폼을 중심으로 한 광고 수익과 콘텐츠 구독 서비스가 성장을 견인하고 있다.

- 네이버:
  - 상장연도: 2008년 상장
  - 사업 영역: 네이버는 검색 엔진, 온라인 광고, 쇼핑, 콘텐츠 스

트리밍 등을 제공하는 대표적인 인터넷 기업이다.

○ 성장 지표: 네이버는 국내 최대의 검색 엔진으로서 꾸준히 성장하고 있으며, AI 기술과 글로벌 콘텐츠 시장 진출을 통해 추가 성장 가능성을 탐색하고 있다.

- 셀트리온:
  ○ 상장연도: 2005년 코스닥 상장
  ○ 사업 영역: 셀트리온은 바이오시밀러 및 원천 바이오 의약품 개발에 초점을 맞춘 제약 회사이다.
  ○ 성장 지표: 셀트리온은 글로벌 바이오시밀러 시장에서 선도적인 위치를 확보하고 있으며, 특히 이후, 유럽과 미국 시장에서의 성공적인 제품 출시로 큰 성장을 이루었다.

이처럼 국내 상장을 통해 확보한 자본과 시장 신뢰도를 바탕으로 각 기업들은 자신의 사업 영역에서 지속적인 성장을 이루어 왔다. 이는 마켓컬리와 같은 기업이 국내 상장을 통해 얻을 수 있는 장기적인 이점을 잘 보여 주는 예시들이다. 이처럼 마켓컬리의 국내 상장 결정은 국내 투자자들에게 더 큰 신뢰와 친숙함을 제공하며, 회사가 지속적으로 성장할 수 있는 토대를 마련할 수 있다. 이는 마치 익숙한 홈그라운드를 달리는 것과 같이, 회사에게는 더 큰 안정감과 성공 가능성을 제공할 수 있다.

05

직방, 프롭테크로서
한국의 부동산 정보 비대칭성을 극복하다

1) 부동산 중개 시장의 난제와 직방의 기술적 대응
2) 메타버스를 통한 혁신적 원격 근무 환경 구축
3) 직방은 홈그라운드인 부동산에서 난항을 겪는 중

1) 부동산 중개 시장의 난제와 직방의 기술적 대응

 최근 몇 년 동안 한국의 부동산 업계는 패러독스에 직면해 왔다. 잘 발달된 IT 인프라와 활발한 부동산 시장에도 불구하고, 부동산 업계의 혁신 속도는 3D 이미징과 같은 새로운 현대 기술을 부동산에 도입하는 과정이 느렸다. 이러한 불일치는 부동산 시장의 성장을 저해할 뿐만 아니라, 전통적인 부동산 관행의 불투명성과 느린 진전으로 인해 소비자의 불신을 조성했다. 부동산 정보가 제한적이거나 불투명할 때, 소비자들은 종종 과도한 가격에 집을 구매하거나 불리한 계약 조건에 동의할 수 있다. 또한, 적절한 시장 데이터 없는 투자 결정이 더 리스크하며, 이로 인해 경제적 손실이 발생할 가능성이 높아진다. 이런 문제들은 특히 부동산 시장 안에서 신뢰성 및 효율성 저하는 물론, 전반적인 시장 건전성에 악영향을 미친다. 당장 누구나 한 번쯤 들어 봤을 '갭 투자(전세금을 바탕으로 부동산을 구매한 후, 그 주택을 다시 전세로 내놓는 실습)'만 해도 불투명한 부동산 시장 내에서 상당한 리스크를 감수해야 하는 결정일 것이다.

어느 나라를 가든 부동산 시장은 존재했으니 해당 시장 내의 정보 비대칭 문제는 전세계적으로 해결을 해야 하는 골칫거리였다. 그리고 이러한 필요로 인해 해외에서는 투명한 부동산 정보를 제공하는 디지털 플랫폼들이 여럿 개발되었다. 해당 솔루션들은 다양한 부동산 데이터를 종합하여 사용자에게 실시간으로 가격 변동, 매물 상태 등을 제공하여, 소비자가 보다 정확하고 신속하게 정보를 얻을 수 있게 되었다. 이 중 대표적인 예시로, 미국의 질로(Zillow)와 같은 플랫폼이 있다. 미국에서 2006년에 설립된 질로는 부동산 가격 추정, 3D 홈 투어 기능을 통해 사용자가 온라인으로 집을 탐색하고 가상으로 방문할 수 있게 하여, 부동산 거래의 투명성과 접근성을 크게 개선했다. 이러한 기능은 사용자가 시장 정보를 바탕으로 보다 깊이 있는 의사결정을 할 수 있도록 도왔다. 이런 온라인 부동산 플랫폼이 미국에서만 개발되었을 리는 없다. 라이트무브(Rightmove)는 2000년에 설립되어 영국 최대의 부동산 포털로, 매물 정보의 투명성을 제고하여 부동산 시장의 접근성을 크게 향상시켰다. 사용자는 다양한 부동산 데이터를 쉽게 접할 수 있으며, 매매 및 임대 정보를 포괄적으로 제공받았다. 해당 기업은 2023년까지도 매출이 전년 대비 10% 증가한 364.3백만 파운드를 기록했다. 운영 이익과 기본 주당 이익도 각각 전년 대비 증가하였다. 하지만 라이트무브보다 더 일찍 개발된 부동산 플랫폼이 있었는데 이는 바로 호주에서 1995년에 설립된 Realestate.com.au이다. 이 플랫폼은 호주 최초의 온라인 부동산 목록 웹사이트 중 하나로, 사용자에게 광범위한 부동산 매물 정보를 제공한다.

거기다 당연히 부동산 매매, 임대 정보도 제공하고, 부동산 시장 동향과 가격 정보를 분석하는 등의 서비스를 통해 사용자들에게 광범위한 부동산 데이터에 접근할 수 있게 하고 있다.

사용자들에게 더 정확하고 신속하게 정보를 제공하고, 효과적인 거래를 할 수 있는 기반을 마련해 주는 부동산 플랫폼의 부재는 해가 지날수록 큰 문제로 다가왔다. 지금이야 많은 사람들이 이 문제를 느낄 겨를도 없을 정도로 국내에도 부동산 플랫폼들이 훌륭히 제 역할을 하고 있다. 하지만 국내 최초의 부동산 중개 앱인 직방이 2012년에 서비스를 제공하기 시작했다는 점을 생각해 보면 이런 편의성 높은 서비스가 생긴지는 당연시될 만큼 오래되지는 않았다. 이런 부동산 중개 앱 생기기 전에는 전월세로 내 집 하나 찾는 데 어떠한 과정을 거쳐야 했을지 한번 상상해 보자.

어느 추운 겨울날, 지호라 불리는 한 남성 직장인이 서울에 위치한 새로운 아파트를 찾기 위해 분주히 움직인다. 갓 취업한 신입사원으로서 도시 한복판에 자리 잡고 싶었던 그는, 무거운 코트를 입고 강남의 번화가를 거닐며 부동산 중개사무소를 찾았다. 퇴근 후, 빽빽하게 찬 지하철을 타고 첫 번째 방문한 중개사무소에서 젊은 남성은 중년의 중개인을 만났다. 김 사장이라 불리는 이 중개인은 경험이 풍부한 이로서 지호의 예산과 요구 사항을 꼼꼼히 듣고는 두꺼운 파일을 펼쳐 보였다. 파일 속에 가득한 매물 정보 (그중 사진은 단 한 장도 없었지만) 중 몇몇을 가리키며 설명을 했다.

"이 아파트는 정말 좋아요. 방도 넓고, 지하철역에서 가깝죠. 직장에서 도보로 15분 거리에 있는 신축 아파트입니다."

"여기, 이 아파트 어떠세요? 깨끗하고, 주변에는 카페와 식당도 많아요. 젊은 직장인들에게 인기가 많죠." 중개인의 말에 지호는 고개를 끄덕였지만, 마음 한구석에는 의문이 남았다. 그래서 김 사장과 함께 해당 아파트들을 방문하기로 했다. 둘은 차를 타고 차가운 겨울 바람을 맞으며 아파트로 향했다. 아파트 탐방 후, 김 사장은 지호에게 계약 조건과 관련된 세부사항을 설명했다.

하루 종일 걸어 다니며 지칠 대로 지친 지호는 그 다음 날에도 다른 중개사무소를 찾아가 다른 전월세 옵션을 살폈다. 이번에는 아파트가 아닌 빌라와 오피스텔을 옵션으로 살펴봤다. 이때도 똑같이 퇴근 후, 찬 바람을 맞으며 각 집을 둘러보며 중개인한테서 매물의 장점을 들었다. (빌라의 경우, 차에서 내려 여러 군데를 돌아다녀야 했다.) 마음에 드는 선택지가 없는 것은 아니었지만, 실제로 거주한 사람의 경험 등의 추가 정보 없이 결정해야 했기 때문에 마음 한편으로는 불안감도 컸다. 집으로 돌아오는 길, 지호는 혼자 중얼거렸다. "괜찮긴 한데 정말 이곳이 좋은 선택일까?" 진호는 자신의 선택이 최선이었는지, 아니면 더 나은 선택이 있었는지 고민하며 내일도 또 다른 부동산을 찾아가야 하나 고민하며 잠이 들었다.

이처럼 전통적인 오프라인 부동산 시장은 제한되고 띄엄띄엄한 데이터, 번거로운 과정, 중개인 및 매물 종류에 따라 크게 달라지는 가격, 계약 등의 문제가 가득하다. 이 때문에 2010년에 설립된 후, 2012년부터 O2O 서비스 제공을 시작한 국내 최초 부동산 플랫폼, 직방의 솔루션은 의미가 있다. 디지털 부동산 플랫폼으로의 진화, 이른바 프롭테크 (PropTech)는 중요한 전환점이었다. 프롭테크는 "Property Technology"의 줄임말로, 부동산 산업에 혁신적인 기술을 적용하여 서비스를 개선하거나 새로운 서비스 모델을 창출하는 분야를 의미한다. 프롭테크는 주로 IT 정보기술, 빅데이터, 인공지능(AI), 가상현실(VR) 등을 활용하여 부동산의 구매, 판매, 관리, 임대 등 전반적인 부동산 거래와 관리 프로세스를 혁신하는 데 중점을 둔다. 국내에서는 직방이 이 분야의 선두주자로, 큰 데이터를 활용하여 전통적인 부동산 시장에서 흔히 볼 수 있는 정보의 비대칭성 문제를 완화했다. 아파트에서 사무실 공간에 이르기까지 다양한 부동산 목록을 포함시키고 사용자 중심의 기능, 예를 들어 고급 필터 검색 및 시각적 탐색 도구를 통합함으로써 소비자가 부동산과 상호 작용하는 방식을 재정의했다.

추가로, 앞서 언급했던 O2O 서비스란 "Online to Offline"의 약자로, 온라인과 오프라인을 연결하는 비즈니스 모델을 의미한다. 이 서비스는 소비자들이 온라인에서 정보를 검색하고, 상품이나 서비스를 예약하며, 실제로는 오프라인에서 상품을 구매하거나 서비스를 이용할 수 있게 하는 시스템이다. 예를 들어, 온라인에서 식당 예약을 하고 실제로 그 식당에서 식사를 하는 경우, 온라인 쇼핑 플랫폼에서 상품을 검색하고 주문한 후 가까운 매장에서 직접 픽업하는 경우 등이 O2O 서비스에 해당한다. 이러한 서비스는 편리함을 제공하며, 소비자와 비즈니스 사이의 경계를 허물어 더욱 효율적인 소비 활동을 가능하게 한다. 직방의 경우에는 부동산 시장에 특화된 O2O 서비스를 제공한다. 이런 온라인 플랫폼을 통해 사용자들은 쉽게 접근할 수 있는 다양한 부동산 정보와 검색 도구를 제공받고, 실제로 부동산을 방문하거나 계약을 진행하는 오프라인 활동까지 연결을 하게 된다. 구체적으로 직방이 제공하는 O2O 서비스는 다음과 같다:

1. 온라인 매물 정보 제공: 사용자는 직방 앱이나 웹사이트를 통해 아파트, 빌라, 오피스텔 등 다양한 유형의 부동산 매물 정보를 검색하고, 사진, 가격, 위치, 면적 등 상세한 정보를 온라인에서 확인할 수 있다.

2. 오프라인 방문 예약: 온라인에서 매물에 대해 관심을 가진 사용자는 앱을 통해 직접 방문을 예약할 수 있다. 이후 실제 매물을 보기 위해 해당 부동산에 방문하는 과정이 이어진다.

3.중개 서비스 연결: 사용자가 매물에 대해 더 자세한 상담이 필요하거나 계약을 원할 경우, 직방은 사용자를 해당 지역의 부동산 중개인과 연결해 준다. 이는 오프라인에서의 상담 및 계약 진행으로 이어진다.

4. 계약 및 거래 지원: 사용자가 매매나 임대를 결정한 후에는 계약 과정을 오프라인에서 진행하게 된다. 이 과정에서 직방은 필요한 경우 계약 관련 정보나 절차에 대한 온라인 지원도 제공한다.

이렇게 직방은 온라인에서 시작해서 오프라인으로 연결되는 과정을 통해 부동산 거래의 효율성을 높이고, 사용자가 보다 쉽고 편리하게 부동산을 찾고 거래할 수 있도록 돕는다. 이러한 서비스 모델은 전통적인 부동산 시장의 접근 방식을 훨씬 간결하고 편리하게 하며 시장의 투명성과 접근성을 증진시킨다. 물론, 이 서비스 제공하려는 단계부터의 과정이 순조롭지는 않았다. 왜냐면 시장에 대한 투명성을 제공한다는 것은 각 매물에 대한 데이터를 모아야 하기 때문이다. 직방은 다양한 주택 유형에 대해 사진을 포함한 다양한 정보를 축적하는 데 어려움을 겪을 수밖에 없었다. 초기에는 주택 소유주로부터 사진을 찍을 권한을 얻는 것 자체가 큰 장애물이었다. 주택 소유주들을 설득하는 과정은 독점적 관계를 방지하는 규제 때문에 더욱 어려웠다. 한국 부동산 관련 규제 중에는 특정 중개업자가 지역이나 특정 부동산 매물에 대해 독점적으로 중개하지 못 하게 하는 사항이 있기 때문이다. 그럼에도 불구하고 직방이 부동산 데이터를 효과적으로 수집하기 위해 다음과 같은 몇 가지 창의적인 접근과 전략적 파트너십을 적극 활용했다:

1. 기술 활용: 모바일 앱과 웹사이트를 통해 사용자와 직접 연결하

는 기술을 활용했다. 이를 통해 소유주들을 설득하여, 그들이 직접 매물 정보를 입력하고 사진을 업로드할 수 있는 시스템을 구축했다. 이를 통해 전통적인 중개 방식에 의존하지 않고도 매물 데이터를 직접 수집 및 업데이트할 수 있었다.

2. 사용자 참여 장려: 집주인들뿐만이 아니라 집에 거주하는 이들까지도 직방의 사용자로서 경험을 공유할 수 있다. 이들은 매물 사진을 업로드할 수 있는 기능을 제공하여, 실 거주자의 리뷰와 평가를 데이터에 포함시켰다. 이러한 '크라우드소싱' 방식은 매물 데이터의 양과 질을 대폭 향상시킬 수 있었다.

3. 교육 및 인센티브 제공: 부동산 소유주와 중개인들을 대상으로 교육 세션을 제공하여 플랫폼의 이용 방법과 이점을 설명하였다. 또한, 데이터를 제공하는 소유주나 중개인에게 인센티브를 제공하여 플랫폼 사용을 장려하였다.

4. 법적 규제와 협력: 법적 규제를 철저히 준수하면서도, 관련 법률과 정책 변화에 적극적으로 대응하기 위해 업계 단체와 협력하였다. 이를 통해 신뢰성을 높이고, 정책 결정 과정에 영향을 미치려 시도하며, 부동산 시장에서의 디지털 혁신을 촉진하는 정책을 지원하였다.

5. 호갱노노 인수: 직방은 2018년에 부동산 정보 제공 플랫폼인 호

갱노노를 인수함으로써, 이 플랫폼이 보유한 방대한 데이터와 분석 도구를 활용할 수 있게 되었다. 호갱노노는 학군, 동네 분석, 갭가격 추이, 부동산 수익률 등 다양한 정보를 제공하는 서비스로, 이를 통해 직방은 데이터 기반을 크게 확장하며 사용자의 신뢰를 더 모을 수 있었다.

이러한 다각도의 접근 방식은 직방이 한국의 복잡한 부동산 시장에서 데이터를 효과적으로 수집하고, 사용자와 소유주, 그리고 중개인 모두에게 가치를 제공하는 서비스로 성장하는 데 중요한 역할을 했다. 또한, 직방은 공개된 데이터와 공공 데이터를 활용하여 부동산 시장의 트렌드를 분석하고, 이를 기반으로 사용자에게 유용한 정보를 제공했다. 더 나아가 사용자들로부터 수집된 피드백을 활용하여 서비스를 개선하고 매물 데이터의 정확성을 더욱 높이는 노력도 기울였다. 직방은 네이버 부동산과 같은 기존 서비스들이 다루지 않는 부분, 특히 원룸 및 오피스텔 정보까지 강조하여 정보의 풍부성을 높였다. 이런 꼼꼼하고 다양한 접근은 사용자들로부터 긍정적인 반응을 이끌어냈으며, 한국 부동산 시장에서 디지털 혁신을 이끌고 시장의 전체적인 투명성을 높이는 데 기여하였다.

2) 메타버스를 통한 혁신적 원격 근무 환경 구축

　직방은 한국의 부동산 시장에 주요 변화를 가져온 대표 프롭테크 기업으로, 그 시작은 2010년으로 거슬러 올라간다. 직방의 창업자 안성우 대표는 서울대 계산통계학과 출신으로, 회계사, 게임 개발자, 삼일회계법인 및 벤처투자 심사역 등 다양한 분야에서 경험을 쌓은 후 부동산 정보 부족 문제를 해결하고자 직방을 창업하였다. 그는 직방 창업 이전에 전자 상거래 서비스 실패를 경험한 바 있으며, 이러한 실패에서 배운 교훈을 바탕으로 직방을 성공적으로 이끌었다. 처음에는 '채널 브리즈(Channel Breeze)'라는 이름으로 시작된 직방은, 당시 8명의 직원과 함께 부동산 매물의 사진 및 가격 정보를 게시하는 단순한 리스트 앱에서 출발했다. 2012년에는 '직방'으로 새롭게 브랜딩을 하며 본격적으로 원룸 매물 중개 서비스를 제공하기 시작했고, 네이버 부동산 등 기존 플랫폼들이 제공하지 않는 정보를 적극적으로 다루면서 시장에서 빠르게 입지를 다졌다. 그 후 몇 년간 직방은 급격한 성장을 경험했다. 하지만 급증하는 인기와 동시에 새로운 숙제들도 몰려왔다.

부동산 시장, 특히 온라인 부동산 플랫폼 시장은 경쟁이 치열하다. 직방은 경쟁사들과의 차별화를 추구하며, 자신만의 독특한 브랜드 가치와 서비스를 강조하기 위해 이미지 재정립이 필요했다. 사용자들의 니즈와 선호 또한 원룸에 많이 집중했던 직방과 달리 시간이 지남에 따라 변했기에, 이러한 변화에 맞춰 더 나은 사용자 경험을 제공하기 위해 서비스와 브랜딩을 업데이트할 필요가 있었다. 무엇보다 부동산 플랫폼을 사용하는 많은 사용자들이 허위 매물로 인한 불편을 경험하는 사건도 점점 느는 추세였다. 직방은 이러한 문제를 해결하기 2016년부터 '3C 마케팅 전략'을 채택하고, 이를 통해 브랜드 이미지를 재정립하기 시작했다. 이 전략은 다음과 같은 세 가지 주요 구성요소로 이루어져 있다.

- Collaboration(협업): 다양한 부동산 전문가 및 인플루언서들과 협력하여 자체 YouTube 채널, "직방TV"를 통해 부동산 관련 콘텐츠를 제작했다. 이러한 협업을 통해 제공되는 콘텐츠는 사용자들에게 실질적인 정보를 제공하며, 직방 서비스의 신뢰성과 전문성을 강화했다.

- Core-Targeting(핵심 대상 세분화): 특정 TV 프로그램에 PPL 광고를 집행하는 등, 자신들의 타겟 고객층을 정교하게 분석하고 세분

화하여 마케팅 활동을 진행한다. 예를 들어, 〈구해줘 홈즈〉와 같은 프로그램을 통해 자연스럽게 직방의 서비스를 소개하며 실제 사용자의 증가를 이끌어 냈다.

- Contents(콘텐츠 제작): 자체적인 빅데이터랩을 운영하며, 부동산 시장의 다양한 데이터를 분석하여 전문적인 콘텐츠를 제작했다. 이를 통해 사용자들에게 정확하고 유용한 부동산 정보를 제공하며, 시장 내에서의 정보 비대칭성 문제를 해소하는 결과를 가져왔다.

거기다가 2016년 6월부터 서비스의 슬로건을 변경하며 아파트 서비스를 적극적으로 홍보하기 시작했고, 소비자 타겟층 또한 원룸이나 오피스텔 중심에서 아파트로 확대되었다. 이런 노력과 변화 덕에 직방은 2017년에는 앱 다운로드 수가 1,700만 회를 넘어서며 명실상부한 부동산 앱으로 자리매김했고, 2020년과 2021년에는 각각 10.3%와 21.8%의 매출 성장률을 기록하며 기업 가치를 2조 5,000억 원까지 끌어올렸다. 국내뿐만 아니라 해외에서 기반까지 다질 수 있게 된 직방은 2022년 1월에는 삼성 SDS의 홈 IoT 사업 부문의 지적 재산과 영업권을 인수, 더 나아가 2023년 2월에는 사우디의 국가 주택 기업과 협약을 체결하여 사우디 왕국의 부동산 시장 디지털화를 목표로 삼았다. 이러한 국제적 파트너십은 직방이 글로벌 시장에서도 그 영향력을 확장할 수 있는 발판을 마련해 주었다.

직방은 부동산 시장은 물론 (프롭"테크"라는 아이덴티티에 걸맞게) IT 기술 발전에도 적잖이 수고를 들인다. 직원의 거의 1/3이 IT 개발에 힘쓰게 하여 최신 기술을 적극적으로 도입하고 있다. 이를 통해 서비스를 개선하고, 기술적 혁신을 브랜드 이미지에 반영하여 현대적이고 혁신적인 회사 이미지를 구축하려 했다. 이처럼 기술 혁신 및 여러 새로운 기술을 도입에 중점을 두어 나온 서비스가 바로 3D 매물과 메타버스 투어이다. 직방은 3D 매물을 표준으로 삼고 있으며, 이는 매물의 시각적인 검토를 더욱 풍부하고 생생하게 만들어 준다. 사용자는 직방 모바일 앱에서 아파트, 매매, 전/월세 또는 신축 분양 등을 관심 있는 것을 검색하여 선택한 후, '3D 단지투어' 버튼을 클릭하면 해당 기능에 접속할 수 있다. 그럼 사용자는 아파트 동과 호수를 선택하여 내부를 3D로 확인할 수 있다. 내부를 자세히 보기 위해 방향을 조정하거나 확대/축소도 가능하다. 거기에 일조량 버튼을 가지고 계절별 또는 시간대별로 아파트 내 일조량을 확인할 수 있다. 또한, 직방은 메타버스 플랫폼을 통한 투어 기능을 도입하여 사용자들이 실제로 현장에 가지 않고도 매물을 체험할 수 있게 했다. 이러한 혁신적인 접근은 특히 코로나19 팬데믹 상황에서 매우 유용하게 작용했다. 메타버스 투어는 매물을 그냥 3D 형식으로 보이는 것이 아닌 사용자가 가상의 공간에서 아파트 단지를 방문하듯이 탐색할 수 있게 해 준다. 사용자는 메타버스 내에서 아파트의 조망권이나 일조량 등을 현장에 있는 것마냥 체크할 수 있으며, 다양한 계절과 시간에 따른 환경 변화도 경험할 수 있다. 이 기능은 특히 분양권 매수 시나 아직 건설되지 않은 새 아파트의 사전 체험에 유용하다. 이러한 기능들은 집을 구매하거나 임대하기 전에 실제와 가까운 경험을 제공함으로써, 사용자가 보다 정보에 기반한 결정을 내릴 수 있도록 돕는다. 특히, 3D 투어는 직방 앱에서만 제공되므로, 웹사이트에서는 이용할 수 없다.

직방의 부동산과 기술력 접목 중 눈에 띄는 다른 일면이 바로 스마트 홈 제품들이다. 직방의 스마트 홈 제품군에는 '삼성 도어락', '삼성 월패드', '삼성 로비폰' 등이 포함되어 있다. 이들 제품은 직방이 삼성 SDS의 홈IoT 사업 부문을 인수하면서 스마트홈 시장에 본격 진출하면서 추가된 것이다. 이러한 제품들은 특히 사용자의 편의성과 심미적 요소를 강조하는 디자인으로 주목받고 있으며, 직방은 이를 통해 스마트홈 시장에서의 경쟁력을 강화하고 있다. 해당 라인업 중 삼성 도어락은 2004년에 처음 출시된 이후로 국내 디지털 도어락 시장에서 지속적으로 높은 점유율을 유지하고 있다. 해당 제품은 원격으로 잠금 해제가 가능하며, 사용자가 외부에서도 집의 보안 상태를 확인하고 제어할 수 있다. 월패드와 로비폰 또한 아파트와 같은 대규모 주거 단지를 대상으로 한 클라우드 기반 스마트홈IoT 서비스의 일환으로 개발되었다. 월패드는 가정 내에서 중앙 제어가 가능한 터치스크린 디바이스로, 조명, 난방, 에어컨 등 집안의 다양한 기능을 제어할 수 있다. 또한, 외부 카메라와 연동하여 보안 감시 기능을 수행할 수 있다. 마지막으로 로비폰은 건물 내의 공동 출입구 관리를 위해 사용되며, 방문자 관리와 건물 출입 통제를 원활하게 할 수 있는 시스템이다. 직방의 스마트 홈 제품들은 현재 연간 1,000억 원 이상의 매출을 기록하고 있으며, 이는 삼성SDS로부터 사업 부문을 인수한 이후에도 매년 증가하고 있는 추세이다. 이 제품 라인업에 더불어 직방이 보유한 스마트 홈 기술들을 하나로 통합해 주는 서비스이며, 이는 직방에서 새롭게 출시한 제품군의 브랜드이다. 소마는 사용자의 집을 더 연결된, 편리하고, 지능적인 공간으로 만들기 위해 설계되었다.

하지만 직방의 기술력 발전에 있어 가장 흥미롭게 들리는 제품은 바로 직방 기업 내부에서도 사용되는 메타버스 플랫폼으로 보여진다. 직방은 글로벌 메타버스 플랫폼인 '메타폴리스(Metapolis)'를 통해 직원들에게 원격 근무 도구를 제공하고 있다. 오늘 날에는 '소마(Soma)'라고 불리는 이 플랫폼은 디지털 시티를 구현하는 것을 목표로 하며 사용자가 아바타를 통해 현실처럼 상호 작용할 수 있는 환경을 제공한다. 소마는 직방을 단순한 부동산 중개 플랫폼에서 종합 프롭테크로 발전하는 결정적인 서비스라 볼 수 있다. 기업들이 가상공간에서 근무할 수 있는 환경을 제공하며 전통적인 원격 근무 도구의 한계를 극복하려는 목적을 가지고 있다. 사실 메타버스하면 그 쓰임새가 잘 상상이 안 가는 경우가 많을 테니 설명하자면 소마는 다음과 같은 특징과 기능을 갖추고 있다:

- 사양 및 기능:
  ○ 소마는 실시간으로 아바타가 서로 상호작용할 수 있는 메타

버스 환경을 제공한다. 이 플랫폼은 사용자가 아바타를 통해 가상 공간에서 만나고, 커뮤니케이션하며, 협업할 수 있게 해준다.

- ○ 사용자는 아바타를 생성하고, 다양한 가상 환경에서 이동하며, 팀 회의나 프레젠테이션을 진행할 수 있다.
- ○ 특히, 메타폴리스는 최대 300명의 사용자가 동시에 활동할 수 있는 가상의 건물 층을 제공하여 대규모 회의나 행사를 용이하게 한다.

- 사용 방법:
  - ○ 사용자는 소마 플랫폼을 설치하고 로그인하여 아바타를 생성하면 이를 통해 다양한 가상 공간을 탐험하고, 필요에 따라 다른 사용자들과의 상호작용을 시작할 수 있다.
  - ○ 회의, 네트워킹 세션, 협업 작업 등 다양한 업무 활동을 메타버스 내에서 진행할 수 있다.
  - ○ 업무 효율성 면에서는 전통적인 비디오 회의의 한계를 넘어서는 새로운 수준의 상호작용과 협업을 가능하게 함으로써 업무 효율을 높이는 데 기여한다. 특히, 가상 현실에서의 실시간 대화와 상호작용은 참여도를 높이고, 창의적인 아이디어 교환을 가능케한다.
  - ○ 이 메타버스에 실제로 접속하기 위한 한 방법은 컴퓨터 화면을 통한 상호작용이다. 이 방식에서는 사용자들은 일반적인

컴퓨터와 모니터를 사용하여 가상 공간에 표현된 아바타를 통해 다른 사용자들과 소통을 한다. 키보드, 마우스, 터치패드 등을 사용하여 아바타를 조종하고, 가상 환경 내에서 대화를 진행할 수 있다. 소마의 경우, 실시간 음성 대화 기능을 제공할 수도 있어 사용자들이 자연스럽게 음성으로 소통할 수 있다.

○ 두 번째 상호작용 방식은 당연히 VR(가상현실) 헤드셋이다. 이는 더 몰입감 있는 경험을 원하는 사용자들은 VR 헤드셋을 착용하여 메타버스 플랫폼에 접속할 수 있다. VR 헤드셋을 사용하면 시각적으로 더 생생하고 입체적인 가상 환경을 경험할 수 있으며, 헤드셋에 내장된 마이크와 스피커를 통해 음성으로 소통하게 된다. 이 방식은 사용자에게 실제와 유사한 대화 환경을 제공하며, 손동작 인식 기능을 통해 자연스러운 제스처와 몸짓도 가능하게 한다.

• 타기업에게도 제공 가능:
  ○ 직방은 소마를 다른 기업에게도 제공하고 있으며, 많은 기업들이 이 플랫폼을 원격 근무 도구로 활용하고 있다. 기업들은 소마를 통해 비대면 상황에서도 효과적인 커뮤니케이션과 협업이 가능하도록 지원받고 있다.
  ○ 이러한 소마의 구현은 직방이 기술적 혁신을 통해 부동산 업계뿐만 아니라 원격 근무 솔루션 시장에서도 경쟁력을 갖출

수 있게 해 주었다.

2024년에는 직방이 이 가상오피스 플랫폼의 유료 입주사 모집을 시작했으며, 아워홈(식품 업체)과 같은 기업들이 소마를 통해 (한국어는 물론 영어, 스페인어, 중국어, 프랑스어, 독일어, 이탈리아어, 일본어, 인도네시아어, 베트남어, 포르투갈어, 러시아어까지 지원하는) 원격근무 환경을 구축하였다. 그 외에도 직방은 이미 20여 개 기업이 입주한 소마에서의 성공적인 운영 경험을 바탕으로 국제적인 확장을 추진하고 있으며, 다양한 기업과의 협업을 통해 글로벌 디지털 시티로서의 입지를 강화하고자 한다. 소마와 유사한 다른 가상 오피스 플랫폼으로는 '개더타운(GatherTown)'이 있으며, 이는 줌(Zoom)의 메타버스 버전으로도 불린다.

직원들이 메타버스 근무 환경을 사용하는 것은 직방만이 시도하는 것이 아니라 눈길이 가는 서비스이다. 국내외를 가리지 않고 여러 기업에서 시도하는 변화라 의견이 다양하고 주요 장단점이 존재 하나 사실 원격 근무보다는 출퇴근을 하는 직원들이 훨씬 많은 국민들에게는 여전히 생소하게 다가 올 수 있을 것 같다. 저자도 원격 근무라는 환경에 있어 메타버스의 진가가 가장 돋보인다고 생각한다. 하지만 동시에 원격 근무 말고는 딱히 그 사용하고 싶다는 생각이 쉬이 들지는 않는다. 메타버스 근무 환경을 구현하면 분명 공간적 제약에서 해소가 되고 지리적 장벽 자체가 제거되어 전 세계 어디서나 실시간으로 협력할 수 있게 된다. 이것은 확실히 원격 근무가 많이 일반화된 현대 해외에서는 특히나 큰 장점으로 작용한다. 무엇보다 사용자가 다양한 디바이스를 통해 언제 어디서나 메타버스에 접속할 수 있으니, 일과 생활의 균형을 개선하는 데 도움을 줄 수도 있다. 하지만 국내에서 이런 새로운 형식의 근무 환경이 도입되는 것이 순조로울까 싶은 생각이 든다. 왜냐면 메타버스를 사용하기 위해서는 안정적인 인터넷 연결은 둘째 치고 고성능의 하드웨어가 필요하기 때문이다. 이러한 요구 사항을 충족시키지 못할 경우 접근성에 제한이 생길 수 있다. 게다가 가장 꺼려지는 점은 비록 메타버스가 가상의 협업을 가능하게 하지만, 실제 대면 상호작용을 완벽하게 대체할 수는 없다는 점이다. 직원들에게 새로운 협업 도구와 환경을 제시한답시고 몰입감 떨어지는 아바타 형태로 실질적인 관계 구축에 과연 전세계적으로 얼마나 자연스럽게 받아들여질까 하는 호기심 반 의심 반의 생각이 든다.

3) 직방은 홈그라운드인 부동산에서 난항을 겪는 중

　다방면에서 시장을 넓히는 계획을 펼치고 있으나 직방은 2024년에 매출은 증가했으나, 삼성SDS 홈 IoT 사업 인수로 인한 부담과 명확한 사업 모델 부재로 영업 손실을 기록했다. 그러나 가장 큰 문제는 주력 사업인 부동산중개 매물 광고는 성장 한계에 직면했고, 홈 IoT 사업도 아직 수익성이 부진하다는 것이다. 또한, 공인중개사들과의 갈등도 심화되었다. 공인중개사 입장에서 볼 때, 직방의 상황은 상당히 복잡한 문제들이 얽혀 있다. 원래 직방은 부동산 매물을 온라인에 광고하고 공인중개사로부터 광고 수수료를 받는 사업 모델을 가지고 있었다. 그러나 최근 부동산 시장의 침체와 함께 매물 거래량이 감소하면서 이러한 비즈니스 모델에서 발생하는 수익도 줄어들었다.

　하지만 보다 더 큰 갈등 원인은 직방이 새로운 사업 모델을 통해 부동산 중개업에 직접 개입하려고 시도하고 있다는 것이다. 바로 전통적인 부동산 중개 방식을 디지털화하려는 시도 중 하나인 '온택트부동산중개파트너스(On-tact Partners)' 모델 때문에 이러한 주장들이 공인중개사들 사이에서 발발하고 있다. 온택트부동산중개파트너스 모델은 공인중개사에게 디지털 컨설팅 교육을 제공하고, 교육받은 중개사가 직방의 3D 및 VR 기술을 활용하여 비대면 부동산 거래를 진행할 수 있게 한다. 이 모델에서는 거래가 성사될 경우, 직방과 중개사가 거래 수수료를 반씩 나누게 된다. 그러나 이러한 직방의 결정은 많은 공인중개사들 사이에서 불안, 불만을 조성했다. 공인중개사들은 직방이 중개업에 직접 개입하려는 움직임을 보이면서, 전통적인 중개 사업 모델을 위협하고 있다고 느낀다. 직방은 중개업에 직접 진출하는 것이 아니라고 주장하며 업계와의 상생을 강조한다. 그러나 중개사들의 시선에는 자신들의 수익을 앗아 가고 있는 형태로 비춰진 것이다. 이로 인해 많은 중개사들이 '탈직방 러시'를 통해 직방을 떠나고 있으며, 이는 직방에 대한 불만과 함께 광고 수수료가 비싸다는 점도 한몫하고 있다. 결과적으로, 공인중개사들은 직방이 시장에서의 지위를 이용하여 중개 업계의 기존 질서를 변화시키려 하고 있다 주장하며, 이것이 결국 전통적 중개 사업의 어려움으로 이어지고 있다. 한마디로, 공인중개사들은 직방이 중개 수수료를 분할하여 수익을 공유하려 하면서, 기존 중개 사업 모델과 경쟁을 유발하는 동시에 중개사들의 독립적 업무 수행을 저해한다는 인식이 갈수록 깊어졌고 그로 인해 직방의 광고 모델이 수익 감소를 겪고 있다.

기업과 사용자 간의 문제만 있었다면 그다지 문젯거리가 될 이유는 없었을 것이다. 그러나 현재 직방이 홈그라운드인 부동산 시장에서 겪는 갈등은 여기서 끝이 아니다. 직방은 다른 비슷한 프롭테크 기업들의 '청년공인중개사협회(청공협)'를 창립하여 기존 한국공인중개사협회(한공협)와 경쟁하고 있다. 청공협은 프롭테크 기업들의 지원을 받으며 현대 기술을 활용한 부동산 중개 방식을 적극적으로 도입하고자 하는 신설 협회라고 볼 수 있다. 이 협회는 전통적인 중개 방식에서 벗어나 다양한 산업과의 연계를 통해 미래 시장을 연구하고 공정한 기회를 제공하겠다는 목표로 설립되었다. 청공협은 당연히 공인중개사들에게도 현대적인 도구와 기술을 활용한 중개 방식을 권장한다. 반면, 한공협은 오랜 역사를 가진 법정 단체로서, 전통적인 부동산 중개 업계를 대표하며, 회원들의 권익 보호와 업계의 질서 유지를 목표로 활동하고 있다. 한공협은 중개사들의 윤리 의식을 제고하고, 부동산 시장의 건전한 발전을 도모하며, 회원들의 권익을 보호하는 다양한 정책을 추진하고 있다. 또한, 이들은 부동산 거래를 더 잘 규제하면 윤리적 기준을 준수하도록 보장하는 데 도움이 될 것이라고 강조한다. 이처럼 추구하는 목표와 기본 인식의 차이 때문에 현대적인 한공협과 전통적인 한공협과의 대립 구도가 형성되는 것은 불가피했다. 이는 부동산 중개 업계 내에서 두 협회 체제로 인한 분열을 촉진하고 있으며, 일부 공인중개사들은 이로 인해 직방과의 관계를 재고하는 상황까지 가게 되었다. 이러한 상황은 공인중개사들과 프롭테크 기업 간의 갈등을 심화시키고 있으며, 신규 사업 모델과 협회의 법정 단체화 추진이 중개사들의 업무 환경과 수익성에 큰 영향을 미치고 있다.

이 두 협회의 대립은 부동산 중개 업계 내의 갈등을 넘어 정치적 문제로 번져 가고 있다. 최근 정치권에서는 한공협을 법정 단체로 만들려는 법안을 추진 중인데, 이는 협회 가입을 의무화하고 협회에 강력한 규제와 감독 권한을 부여하는 것을 골자로 하고 있다. 한공협의 법적 지위를 강화하려는 이러한 움직임은 회원의 감독과 규율을 강화하여 소비자를 비윤리적인 부동산 관행으로부터 보호하려는 시도로 보인다. 의도가 어찌되었건, 이 법안은 프롭테크 기업들과 그들이 지원하는 청공협에 당연히 불리하게 작용할 수 있다. 그럼 그로 인해 청공협과 한공협 간의 경쟁이 더욱 첨예해질 것 역시 당연한 수순이다. 이에 청공협 측은 한공협을 법적 단체로 만들려는 제안된 규제가 혁신을 억제하고 새로운 진입자들의 운영 자유를 제한할 수 있다고 주장한다. 그들은 이러한 규제가 전통적 기준을 강요함으로써 현대 비즈니스 관행과 일치하지 않을 수 있으며, 결국 경쟁과 혁신을 제한하는 독점적인 성격을 띨 수 있다는 것이다. 더 나아가, 이 법안은 일부에서는 부동산 플랫폼 업체들을 규제하는 수단으로 변질될 수 있다는 우려를 낳고 있다. 사실 현재 정치적 상황에 따르면, 이 법안은 공인중개사 업계의 표를 확보하기 위한 정치적 수단으로 사용되고 있으며, 실제로 이 법안을 둘러싼 정치적 이해관계가 복잡하게 얽혀 있다. 특히, 공인중개사협회의 법적 단체화를 반대하는 측에서는 이를 기존 사업자를 보호하고 신사업을 억제하는 수단으로 보고 있으며, 이러한 법안이 최종적으로 어떤 형태로든 통과된다면 부동산 중개 업계에 큰 변화를 가져올 것으로 보인다.

이러한 잠재 문제 때문에 오죽했으면 해당 법안이 세간에서는 "직방금지법"이라 불릴 정도다. 직방금지법이란 부동산 플랫폼인 직방과 같은 업체들의 활동을 제한할 수 있는 규제 조치를 비공식적으로 설명하는 데 사용되곤 한다. 이 용어는 새로운 기술이나 비즈니스 모델이 전통적인 산업을 혼란에 빠뜨려 법적 개입이 이루어져 그 활동을 제한하거나 통제하는 수 많은 다른 사례를 연상케 한다. 정말 국내외로 다양하게 반복된 역사라고 할 수 있는데 예시를 몇 개 들자면 다음과 같다:

- 한국: '타다' 차량 호출 서비스
  - 상황: 대한민국에서 차량 호출 서비스 '타다'는 기존 렌터카 서비스 규정을 이용한 독특한 모델을 제공하였지만, 전통 택시 업계의 심각한 반발을 받았다.
  - 법적 개입: 대한민국 정부는 타다와 같은 차량 호출 서비스의 운영을 제한하는 규정을 통과시켰으며, 렌터카 운영의 구실 하에 사실상 그들의 비즈니스를 제한하는 제한을 부과했다.

- 미국: 에어비엔비(Airbnb)와 단기 임대 규정
  - 상황: 에어비엔비 플랫폼은 주택 소유자들이 자신의 집이나 방을 임대할 수 있게 함으로써, 전통적인 호텔 산업에 큰 영향을 미치고, 지역 주택 시장과 규제에 문제를 일으켰다.
  - 법적 개입: 뉴욕, 샌프란시스코 등 세계 여러 도시들은 단기

임대를 규제하는 다양한 법률을 시행했다. 이러한 규제에는 재산을 임대할 수 있는 일수를 제한하고 호스트가 도시에 등록해야 하는 요구 사항이 포함된다.

- 유럽연합: GDPR 및 디지털 정보
  ○ 상황: 개인 데이터를 광범위하게 수집하고 처리하는 디지털 플랫폼의 등장은 프라이버시와 데이터 보호에 대한 우려를 낳았다.
  ○ 법적 개입: 유럽연합은 데이터 프라이버시에 대한 엄격한 지침을 제공하는 일반 데이터 보호 규정(GDPR)을 제정하여, 구글, 페이스북 및 기타 기술 대기업들이 사용자 데이터에 의존하는 것에 큰 영향을 미쳤다.

- 전세계: Uber와 지역 택시 규정
  ○ 상황: 모바일 앱을 기반으로 한 우버의 차량 공유 모델은 전통적인 택시 서비스와 직접 충돌하여, 시위와 법적 도전을 야기했다.
  ○법적 개입: 많은 도시와 국가들이 차량 공유를 다루기 위해 규정을 만들거나 수정했다. 일부 장소에서는 우버의 운영을 금지하거나 심각하게 제한하는 반면 다른 곳에서는 조정된 규제 프레임워크로 그들을 환영하고 있다.

직방금지법에 대한 개념은 직방과 같은 플랫폼들이 전통적인 부동산 관행에 해를 끼칠 수 있는 방식으로 시장 역학을 변화시킨다는 전통적인 부동산 중개사와 일부 정치 그룹들의 우려에서 비롯된다. 이러한 플랫폼들은 종종 기술을 사용하여 비용을 절감하고, 매물 접근성을 넓히며, 거래 과정을 간소화하는데, 이는 전통적인 부동산 사업에 충분히 위협적으로 보이는 경쟁사나 다름없다. 이 법에 대한 논란이나 토론은 혁신과 규제 사이의 균형에 초점을 맞출 것이다. 더 엄격한 규제를 지지하는 사람들은 이러한 규제가 필요하다고 주장하며, 부정 행위를 방지하고 부동산 시장의 질서를 유지하기 위해서라고 본다. 반면, 규제에 반대하는 사람들은 이러한 규제가 혁신을 억제하고, 소비자 선택을 제한하며, 디지털 플랫폼이 가져오는 효율성을 방해할 수 있다고 생각한다. 물론 직방금지법이 아직 구체적인 법안이 통과된 것은 아니지만, 규제 조치에 대한 논의는 전통적인 비즈니스 모델과 시장에 새롭게 진입하는 디지털 참여자들 간의 지속적인 긴장을 반영한다. 이러한 논의는 디지털 변혁이 확립된 산업에 영향을 미칠 때 발생하는 보다 광범위한 도전을 나타내기도 한다.

직방 현재의 상황과 이에 따른 정치적 갈등으로 인해 여러 가지 중대한 영향을 받게 될 가능성이 농후하다. 그중 첫째가 직방을 포함한 신규 부동산 플랫폼들이 더 많은 규제와 제약을 받는 것이다. 이러한 변화는 직방의 사업 모델과 혁신적 서비스 제공에 직접적인 영향을 줄 수 있다. 그럼 경쟁의 장을 평등하게 만들 수 있지만, 동시에 업계 내 혁신과 효율성 향상을 늦출 수도 있다. 둘째, 직방의 시장 내 입지에 영향을 미칠 수 있다. 법안과 관련된 논란이 계속되면서, 직방과 같은 기업들이 공인중개사들과의 관계에서 신뢰를 잃거나 업계 내에서의 협력 관계를 유지하는 데 어려움을 겪을 수 있다. 이는 고객 기반과 사업 확장에도 부정적인 영향을 끼칠 가능성이 있다. 셋째, 정치적 갈등은 직방의 브랜드 이미지에 영향을 줄 수 있다. 공인중개사협회와의 갈등이 공론화되면서 소비자들 사이에서 직방에 대한 인식이 부정적으로 변할 수 있다. 하지만 어쩌면 가장 저자에게 와닿는 문제는 직방과 같은 플랫폼에 제한을 두면, 쉽고 효율적인 부동산 검색 및 거래 옵션이 줄어들어 소비자 선택권이 제한될 수 있다는 것이다. 이는 전통적인 방식의 부활로 이어질 수 있으며, 이는 모든 소비자에게 (특히, 플랫폼 및 테크를 통한 현대화를 선호하고 이에 훨씬 익숙한 젊은 세대에게) 이로울 수 없다. 이러한 상황을 통해 직방은 기존 사업 전략을 재검토하고, 업계와의 관계를 개선하기 위한 방안을 모색할 필요가 있다. 법적 환경과 업계 표준이 변화함에 따라, 직방이 어떻게 적응하고 혁신을 계속 이어 갈지가 중요한 과제가 될 것이다.

06

시장을 뒤흔든 가격 파괴의 아이콘,
일상 속 최적의 쇼핑 솔루션

1) 소비자 중심 설계를 토대 티몬이 제시한 뉴노멀, 매일이 타임 세일
2) 그룹 구매를 통한 소셜 커머스 시장 개척기, 그 이후의 경영 변화
3) 파란만장한 국내 이커머스 대 소셜 커머스 경쟁 및 공생?

1) 소비자 중심 설계를 토대 티몬이 제시한 뉴노멀, 매일이 타임 세일

　서울에서 음악을 사랑하는 대학생 민지는 평소 좋아하는 K-pop(케이팝) 그룹이 있다. 하지만 그 그룹이 매번 콘서트를 열 때마다 티켓 가격이 부담되어 항상 관람하는 것을 망설였다. 그렇게 마음이 돈 걱정과 팬심 사이에서 갈등을 하다 공연 관람 기회를 번번히 놓쳐야 했던 중, 티몬(Ticket Monster, TMON)에서 그룹의 콘서트 티켓을 40% 할인된 가격으로 판매하는 이벤트를 발견했다. 민지는 이 기회를 놓치지 않고 즉시 티켓을 구매했고, 그 결과 그녀는 오랜 꿈이었던 아이돌 그룹의 라이브 공연을 직접 경험할 수 있었다. 콘서트 당일, 민지는 기대감으로 가득 차서 공연장에 도착했다. 무대에서는 그녀가 좋아하는 아티스트들이 열정적으로 공연을 펼쳤고, 티몬 덕분에 저렴한 가격에 티켓을 구매한 민지는 공연을 몇 배로 즐길 수 있었다. 라이브 공연을 통해 아티스트와 팬들 간의 강력한 에너지를 직접 느끼면서, 그녀는 평생 잊지 못할 추억을 만들었다. 이는 아티스트도 마찬가지였다. 공연 후, 아티스트들은 관객의 뜨거운 반응에 매우 만족했다.

티몬을 통해 많은 팬들이 저렴한 가격에 티켓을 구매할 수 있어서인지 평소보다 많은 관람객이 자리를 메우고 있는 것에도 크게 기뻐했다. 이 정도로 눈에 띄는 결과를 예상하지 못했던 K-pop 그룹의 에이전시 회사 직원들은 이를 통해 더 많은 팬들에게 인지도를 올릴 수 있는 새로운 길이 열렸다고 확신했다. 그들은 추후에도 기회가 된다면 다른 그룹의 컴백(come-back) 시즌에도 티몬을 통해서 마케팅을 해볼까 하는 선택지를 콘서트가 진행되는 동안 자연스레 고민하기 시작했다.

티몬, 2012년에 설립된 대한민국 최초의 소셜 커머스 기업으로서, 출발 당시에 독특한 발상을 토대로 시작되었다. 기존의 이커머스 모델을 넘어서 소비자에게 더 많은 혜택과 편리함을 제공하고자 하는 티몬의 접근 방식은, 매일 다양한 상품을 초저가에 제공하는 독특한 '데일리딜 서비스'로 구현되었다. 이 서비스는 소비자들이 기존에 접하기 어려웠던 가격대의 상품을 접할 수 있는 기회를 제공함으로써, 쇼핑에 대한 새로운 기대를 만들어 냈다. 티몬의 비즈니스 전략은 초기부터 간단하지만 강력했다. 소비자들이 원하는 것은 저렴한 가격과 편리한 쇼핑 경험이었으며, 티몬은 이를 무시할 수 없는 '가격 타격력'과 '그룹 구매 모델'을 통해 해결했다. 초저가 모델은 소비자들의 관심을 즉각적으로 끌었고, 특히 캐슬프라하와의 계약처럼 대형 할인을 성공적으로 시행함으로써 소비자들 사이에서 빠르게 입소문을 탔다. 꽤나 파격적인 이 모델은 티몬이 단기간에 시장에서 돋보이게 만들었고, 벤처캐피털들의 주목을 받는 계기를 마련했다. 티몬의 성공은 소셜커머스 시장에 새로운 기준을 설정했으며, 경쟁업체들도 이러한 모델을 따르기 시작했다.

　여기서 잠시 소셜 커머스(Social Commerce)란 무엇인지, 그리고 이커머스(E-commerce)와는 어떤 차이가 존재하는지 설명하겠다. 소셜커머스는 주로 소셜 네트워킹 기능을 활용하여 상품이나 서비스를 판매하는 방식이다. 이 모델은 고객 간의 상호작용과 공유를 통해 제품이나 서비스가 홍보되고 판매되는 것을 중시한다. 예를 들어, 그룹 구매 할인이나 공동 구매를 촉진하여 소비자들이 더 낮은 가격에 제품을 구입할 수 있도록 돕는다. 고객들이 제품을 구매하도록 유도하기 위해 소셜 미디어 플랫폼을 적극적으로 활용하며, 사용자들이 제품에 대한 리뷰를 공유하거나 추천할 수 있는 기능을 제공한다. 그에 반해 똑같이 플랫폼을 사용한 다는 점에서 동일하나 구매 방식이 확연히 다른 이커머스 기업이 있다. 이커머스는 전자 상거래의 일반적인 형태로, 웹사이트를 통해 상품이나 서비스를 판매하는 것을 말한다. 이커머스 플랫폼은 소비자가 직접 상품을 검색하고 구매할 수 있는 온라인 상점으로 운영된다. 소셜 커머스와는 달리, 이커머스는 소셜 네트워킹 요소보다는 검색 엔진 최적화(Search Engine Optimization, SEO), 고객 서비스, 상품의 다양성 및 가용성에 더 중점을 둔다. 고객은 다양한 판매자의 제품을 비교하고 선택할 수 있는 더 넓은 옵션을 가지고 있으며, 종종 보다 개인화된 쇼핑 경험을 제공받을 수 있다. 정리하자면 소셜커머스는 소셜 미디어와 그룹 구매 메커니즘을 활용하여 사용자 간의 상호작용을 바탕으로 한 판매를 강조하는 반면, 이커머스는 전통적인 온라인 스토어를 통해 다양한 제품을 판매하며, 검색 및 비교 쇼핑에 더 초점을 맞춘다고 볼 수 있다.

위와 같은 차이로 인해 소셜커머스와 이커머스가 집중적으로 사용하는 전략도 다르다. 이커머스는 앞서 언습했던 SEO에 많은 노력을 기울인다. SEO란 웹사이트나 페이지가 검색 엔진에서 더 높은 순위를 차지하도록 최적화하는 과정이다. 이는 검색 엔진 결과 페이지(search engine results page, SERP)에서의 가시성을 높여 더 많은 방문자를 유도하는 데 중요한 역할을 한다. 그러기 위해 SEO 전략은 다음과 같은 요소들을 포함한다:

- **키워드 최적화**: 웹사이트의 콘텐츠에 포함된 키워드가 대상 사용자가 검색할 가능성이 높은 용어와 일치하도록 한다. 이는 콘텐츠의 제목, 메타 태그, 설명 및 본문에 적절한 키워드를 포함시키는 작업을 포함한다.

- **콘텐츠의 질과 관련성**: 고품질의, 관련성 높은 콘텐츠를 제공함으로써 사용자의 관심을 끌고 검색 엔진에서의 순위를 높인다. 콘텐츠는 독창적이고 유익해야 하며, 사용자의 질문에 답하거나 유용한 정보를 제공해야 한다.

- **사이트 구조 최적화**: 웹사이트의 구조가 검색 엔진에 의해 쉽게 인덱싱될 수 있도록 최적화한다. 이는 정리된 URL 구조, 적절한 내부 링크 구성, 그리고 사용자 및 검색 엔진에 친화적인 네비게이션을 포함한다.

SEO는 기술적 요소와 콘텐츠 전략이 조화를 이루어야 효과적이다. 이는 이커머스 사업에서 경쟁력을 유지하고 온라인 가시성을 높이기 위한 필수적인 방법 중 하나이며 티몬 같은 기업에게도 유용하다. 하지만 티몬과 같은 소셜커머스 플랫폼은 소셜 미디어 플랫폼과의 연계를 더 강조하는 편이다. 사용자들이 자신의 구매 경험을 공유하고 친구들과 상호작용할 수 있는 기능을 통해, 자연스럽게 제품의 입소문을 퍼트릴 수 있기 때문이다. 이 역시 추가적인 방문자와 매출로 직결될 수 있다. 더불어 소셜커머스 플랫폼에서는 고객 데이터를 분석하여 이 정보를 바탕으로 개인화된 마케팅 메시지와 프로모션을 제공하여 사용자 경험을 최적화하고, 효과적인 타겟 마케팅을 수행한다.

예시를 들어 보자면 이커머스 측에서는 쿠팡, 마켓컬리 등이 있다. 이 기업들은 실로 광범위한 상품을 직접 판매하는 전자 상거래 플랫폼이다. 다양한 카테고리의 제품을 자체적으로 관리하고 판매하며, 로켓 배송. 새벽 배송 등과 같은 자체 배송 네트워크를 통해 빠른 배송을 제공하는 것이 특징이다. 이 플랫폼은 상품 검색과 비교가 용이하며, 사용자는 다양한 제품 중에서 원하는 상품을 선택할 수 있다. 쿠팡은 현존하는 국내 이커머스(가령, 네이버 쇼핑)과는 달리 개별 판매자보다는 회사가 직접 제품을 소싱하고 판매하는 방식을 택하고 있으며, 이는 제품의 품질 관리와 일관된 고객 서비스를 가능하게 한다. 국내 소셜커머스의 스타트를 본격적으로 끊어 준 티몬은 그룹 구매를 기반으로 하는 소셜커머스 플랫폼이다. 그래서 여러 사람이 모여서 동시에 같은 제품을 구매함으로써 대량 구매의 이점을 살려 할인 혜택을 받을 수 있다.

티몬은 주로 타임 세일, 데일리 딜 등 제한된 시간 동안 특정 상품에 대해 큰 할인을 제공한다. 이러한 프로모션은 소셜 네트워크를 통해 홍보되며, 사용자 간의 공유를 촉진한다. 티몬은 상품의 다양성보다는 특정 상품에 대한 대규모 할인에 초점을 맞추고 있으며, 이는 단기간 내에 높은 판매량을 생성할 수 있도록 한다. 그러다보니 이커머스 계열의 기업보다 지역 상인과의 협업 또한 중요시 여긴다. 지역 상인들과 협력하여 다양한 서비스와 상품을 할인된 가격에 제공하면서 지역 경제와의 연계성을 강화하기도 한다.

해외에서도 두 분야의 기업은 상당히 뿌리를 내린 참이다. 이커머스 기업 측에서는 대표적으로 미국의 아마존 (Amazon)이 있고 이는 책에서 전자제품, 식료품에 이르기까지 다양한 제품을 취급하는 유명한 플랫폼이다. 뿐만 아니라, 아마존은 AI 및 로봇 기술을 통합하여 운영을 간소화하고 고객 경험을 개선하는 데 선도적인 역할을 하고 있다. 중국의 알리바바(Alibaba) 역시 타오바오(Taobao)와 티몰(Tmall)과 같은 여러 이커머스 플랫폼을 운영하며, 중국 시장을 지배하고 전 세계로 확장하고 있다. 알리바바는 물류 및 결제 서비스를 통합하여 수백만 사용자의 쇼핑 경험을 향상시키고 있다. 또 다른 예시로 미국의 이베이(eBay)가 빠질 수 없다. 이베이는 온라인 경매 사이트로 시작하여 소비자와 기업이 서로에게 직접 판매할 수 있는 주요 이커머스 플랫폼으로 발전했다. 현재는 새 제품부터 중고품에 이르기까지 다양한 제품을 제공하는 것으로 알려져 있다.

해외의 소셜커머스 기업 중 대표주자를 뽑자면 중국의 핀두오두오(Pinduoduo)가 있는데 소셜 네트워크 요소를 온라인 쇼핑과 결합한 소셜 커머스의 대기업이다. 더 많은 사람이 제품을 구매할수록 가격이 떨어지는 그룹 구매를 장려하여 사용자 참여를 활용해 판매를 촉진한다. 물론 전국적인 스케일을 자랑하는 것이라면 인스타그램 샵스(Instagram Shops)가 빠질 수 없다. 인스타그램은 사진 공유 앱에서 강력한 소셜 커머스 플랫폼으로 발전하여 인스타그램 샵스를 통해 기업은 디지털 매장을 만들 수 있다. 그리고 사용자는 앱 내에서 직접 제품을 탐색하고 구매할 수 있다. 인도에 있는 미쇼(Meesho)라는 소셜 커머스 플랫폼은 개인과 소규모 비즈니스가 소셜 채널을 통해 온라인 상점을 시작할 수 있도록 한다. 주로 인도의 2, 3등급 도시를 대상으로 하며, 특히 여성을 포함한 미시 기업가를 지원함으로써 포괄적인 경제 성장을 촉진한다.

티몬의 경우, 한국 소셜커머스 시장에 혁신을 가져온 대표적인 사레이다. 티몬의 창업 배경에는 창업자 신현성의 미국 경험이 큰 영향을 미쳤다. 그는 미국 펜실베이니아 대학교(유펜: University of Pennsylvania)에서 공부하고, 경영 컨설팅 회사 맥킨지 앤드 컴퍼니에서 일한 후, 대학 시절 웹 배너 제공업체와 사용자 간 중개 비즈니스를 시작해 구글에 매각한 경험이 있다. 그 뒤, 신성윤, 이지호, 유민주, 권기현 다섯 명의 유펜 대학 동기들과 KAIST 출신 친구들과 함께 미국에서의 다양한 경험을 바탕으로 한국에 적용할 서비스 아이디어에 영감을 받아 티몬을 창업했다. 그러다 창업 이후 CEO에서 물러나 티몬 이사회 의장직을 맡았으며, 후임 CEO로 유한익이 선임되었다.

참고로, 유한익 대표는 추후 2022년에 티몬에서 대표직을 내려놓고 다른 기업의 창업자이자 대표자로서 활동하게 된다. 그는 티몬에서의 경력을 바탕으로 한국의 전자 상거래 분야에서 새로운 프로젝트를 추진하였다. 티몬을 떠난 후 그는 새로운 전자 상거래 스타트업 RXC를 개척하는 데 중요한 역할을 하였고, 2022년에는 이 스타트업이 공식적으로 출시되기 전에 대형 투자자들과 벤처 캐피탈 펀드로부터 약 200억 원(약 1,750만 달러)의 시드 펀딩을 확보하는 성과를 이루었다. 이 자금은 아모레퍼시픽, 매일유업, F&F와 같은 대기업뿐만 아니라 LB인베스트먼트, 미래에셋 벤처 투자와 같은 벤처 캐피탈로부터 조달되었다. 유한익 대표의 이러한 활동은 그가 티몬에서 쌓은 경험을 바탕으로 새로운 기업에서도 혁신적인 사업 모델을 성공적으로 구현하고 있음을 보여 준다.

2) 그룹 구매를 통한 소셜 커머스 시장 개척기, 그 이후의 경영 변화

　이렇게 한 팀을 중심으로 만들어진 티몬은 한국에서 최초로 소셜 커머스 모델을 도입하여, 소비자와 제품을 연결하는 새로운 방식을 제시했다. 물론, 초반 신현성과 그의 팀은 강남역에서 시작하여 음식점과 카페를 대상으로 쉽지 않은 영업 활동을 펼쳐야 했다. 초기에는 명함 한 장 없이, 그리고 웹사이트 주소만 가지고 시작했기 때문에 여러 어려움을 겪었다. 티몬은 그때 당시, 소셜 커머스라는 새로운 개념을 도입했기 때문에 초기에는 많은 소비자들과 상점 주인들이 이 새로운 비즈니스 모델과 플랫폼을 신뢰하지 못했다. 특히, 높은 할인율을 제공한다는 점에서 일부 의구심을 받았다.

　무엇보다 공동 구매(혹은, 그룹 구매)라는 개념과 50% 할인이라는 파격적인 전략에 대한 소비자와 상점 주인들의 부담감이 컸다. 그러나 이들은 포기하지 않고 티몬의 초기 상품 전략인 '부담 없는 가격'과 '독특한 경험 제공'에 중점을 두며 지속적으로 영업 활동을 이어 갔다.

요즘이야 온라인 플랫폼을 기반으로 한 50% 할인 이벤트에 대해 보는 것이 흔해졌지만 이런 시도가 흔치 않았던 당시에는 얘기가 달랐다. 티몬의 제안은 많은 사업자들에게 당연히 리스크는 높고 돌아오는 이득은 별로 없는 것처럼 들렸을 것이다. 그러나 할인 이벤트 전략은 특히 새로운 비즈니스 모델이나 서비스를 시장에 도입할 때 효과적으로 사용된다. 여기에는 몇 가지 주요 이유가 있다. 신현성 창업자 또한 그의 비즈니스 모델에 있어 안전하고도 확실한 메리트가 있음을 이 이유들을 가지고 강조 및 설득했을 것이다.

- **브랜드 인지도와 시장 침투**: 티몬 같은 소셜 커머스 플랫폼은 새로운 고객을 유치하고 빠르게 시장에 자리 잡기 위해 할인 이벤트를 사용한다. 큰 할인은 소비자들 사이에서의 관심을 빠르게 끌어모으며, 입소문을 통해 브랜드 인지도를 높이는 데 큰 도움이 된다. 이는 티몬을 통해 자신들의 새로운 서비스 및 제품을 처음 출시하는 기업에게도 적용된다.

- **고객 유치와 장기적인 고객 관계 구축**: 초기 할인은 새로운 고객을 끌어들이는 데 효과적이다. 한 번 플랫폼을 사용해 본 고객은 만족할 경우 재방문할 가능성이 높다. 즉, 초기의 일시적인 손실이 장기적인 고객 관계와 더 높은 생애 가치를 창출할 수 있다.

- **판매량 증가**: 티몬 같은 플랫폼을 통해 서비스나 제품을 저렴하

게 내놓는 기업의 경우, 대량의 할인은 단기간 내에 높은 판매량을 유도할 수 있다. 이는 재고 관리 및 매출 증대에 도움이 되며, 일반적으로 높은 할인에도 불구하고 총 매출에서는 이득을 볼 수 있다.

- **시장 데이터와 고객 피드백 확보**: 이러한 이벤트를 통해 티몬과 제품을 제공한 기업은 고객 반응과 선호도에 대한 중요한 데이터를 수집할 수 있다. 이 데이터는 향후 마케팅 전략과 제품 개선에 귀중한 정보를 제공한다.

- **그룹 구매 모델을 통한 위험 분산**: 파격적인 할인 이벤트에 대한 안전 장치 역할을 하기에 가장 핵심 요소가 되는 수익 모델 컨셉이다. 이러한 소셜 커머스 모델에서는 할인된 가격이 '특정 참여 인원에 도달해야만 할인이 활성화'되기 때문에, 사업자는 실제로 큰 손해를 보지 않다. 즉, 정해진 일정 수의 고객이 상품 구매에 동의하고 구매를 완료해야만 할인이 적용된다. 충분한 수의 구매가 이루어지지 않을 경우 할인 거래는 활성화되지 않는다.

이런 모델은 소셜 커머스 플랫폼이 상품 또는 서비스를 할인된 가격에 제공할 수 있게 하면서도, 사전에 정해진 최소 구매 수량을 충족시켜야만 실제로 거래가 성사되기 때문에 비즈니스 리스크를 줄이는 데 도움이 된다. 충분한 수의 사람들이 참여하지 않으면 판매자는 상품을 정가로 판매하거나 전혀 판매하지 않을 수 있고, 이에 대해 티몬은 할인된 상품의 비용을 부담하지 않는다. 따라서 만약 충분한 구매자가 모이지 않을 경우, 거래를 취소하고 이미 결제를 한 고객들은 전액 환불을 받게 처리할 수도 있다. 이는 거래의 안전성을 보장하며, 판매자와 구매자 모두에게 위험을 줄이는 방법이다.

비록 낯선 컨셉이라 해도 여러 이점들을 갖춘 전략을 어필한 결과, 티몬은 첫 번째 상품으로 제시할 수 있었던 것이 바로 상술했던 '캐슬프라하'의 할인 이벤트였다. 이 이벤트는 2010년 5월 10일에 티몬이 처음으로 시도한 대규모 할인 프로모션으로, 서울의 유명한 체코 맥주집인 캐슬프라하와 협력하여 진행되었다. 캐슬프라하는 홍대, 이태원, 강남역에 위치한 인기 맥주집으로, 티몬은 이들과의 협력을 통해 매력적인 할인을 제공하기로 결정했다. 이 이벤트에서 캐슬프라하는 프리마토르 여섯 병과 소시지 세트를 원래 가격 50,000원에서 50% 할인된 25,000원에 판매했다. 당연히 소비자들에게는 매우 매력적으로 보이는 제안이었기에 티몬과 캐슬프라하는 대규모 트래픽과 판매량을 달성하게 되었다. 이 할인 이벤트는 1,000매 이상의 폭발적인 판매를 기록했다. 참고로, 트래픽(traffic)은 웹사이트나 앱 등 디지털 플랫폼을 통해 사용자가 생성하는 데이터 양이나 방문자 수를 의미한다. 특히 소셜커머스 시장에서 티몬과 같은 기업에게 트래픽은 매우 중요한 요소로 여겨진다. 사실 앱을 통해 서비스나 제품을 판매하는 회사(예: 쿠팡, 마켓컬리 등)이 대다수인 오늘날에 트래픽을 중요치 않게 여기는 곳 없다고 봐도 무방할 정도이다. 이만큼 트래픽이 여러 업계 사이에서 포괄적으로 주요 요소라 손꼽히는 이유는 다음과 같다:

- **매출 증대**: 트래픽이 많은 사이트는 더 많은 고객이 방문한다는 것을 의미하며, 이는 곧 더 많은 제품 판매 기회를 의미한다. 고객들이 제품 페이지를 클릭하고, 구매를 결정하는 과정에서 발생하는 트래픽은 직접적인 매출로 연결될 수 있다.

- **시장 영향력 강화**: 높은 트래픽은 해당 플랫폼이 시장에서 큰 영향력을 가지고 있음을 나타낸다. 이는 브랜드 인지도와 명성을 강화하고, 추가적인 비즈니스 기회를 창출하는 데 도움이 된다.

- **광고 수익 증가**: 웹사이트 트래픽이 많을수록 광고주들은 그 플랫폼을 통해 광고를 하고자 하는 유인이 커진다. 이는 광고 수익의 증가로 이어지며, 소셜커머스 플랫폼의 경우 다양한 브랜드의 프로모션과 협업을 통해 추가 수익을 창출할 수 있다.

- **데이터 분석 및 개선**: 트래픽 데이터를 분석함으로써 기업은 고객의 행동 패턴, 선호도, 사이트 내에서의 이동 경로 등을 파악할 수 있다. 이 정보는 사용자 경험을 개선하고, 마케팅 전략을 더 효과적으로 수립하는 데 중요한 기초 자료가 된다.

트래픽을 많이 모으는 데 성공한 이 첫 이벤트 덕에 티몬의 시장 진입과 브랜드 인지도 확립 및 확산을 제대로 해 주었고 이 오프닝을 시작으로 티몬은 고객들의 이목을 끌었다. 또한, 티몬의 서비스에 대한 신뢰 구축하는 데에 탄탄한 기반을 마련해 주었다. 그 덕에 티몬은 캐슬프라하 이벤트 이후에도 여러 가지 제품과 서비스를 파격적인 할인 및 그룹 구매 옵션으로 제공할 수 있었다. 이러한 제품에는 주로 레스토랑 식사, 뷰티 서비스, 여행 패키지 등이 포함되어 있었다. 그 중 구체적인 성공 예시를 또 하나 들자면 사까나야 초밥 할인 이벤트가 있다. 티몬이 2012년 7월에 사까나야 초밥과의 계약을 통해 3일간 50% 할인 쿠폰을 제공했으며, 이 쿠폰은 1,080장 이상 판매되어 예상을 뛰어넘는 성과를 보였다. 요식업계 외에도 티몬과 협력을 통해 마케팅 효과와 고객 유치에 나선 곳은 많았다. 그 중 스파 및 뷰티 서비스 측면에서도 티몬은 다양한 협력을 통해 마사지, 페이셜 트리트먼트, 헤어 케어 서비스 등을 할인된 가격으로 제공하며 높은 판매량을 기록했다. 국내외 여행지 숙박과 패키지 여행 또한, 할인 가격으로 제공하여 이벤트마다 수백에서 수천 건의 예약을 도달하며 큰 성공을 거두었다. 티몬 플랫폼에서 판매된 데일리 상품 리스트는 멈출 줄 모르며 플랫폼 이용자들이 늘수록 더욱 다양해져 갔다. 그중 또다른 예시로 등장했던 상품들 중에는 '데일리'라는 카테고리에서 흔히 볼 수 없는 호화 레저 서비스 및 현대 요트 같은 상품들도 있었다.

이처럼 다양한 상품에 스포트라이트를 비출 때마다 티몬은 시장에서 좋은 반응을 얻은 것들의 경우, 유사 상품이나 서비스를 더 많이 소싱하여 수요를 충족시켰다. 예를 들어, 스파 서비스 할인이 인기를 끌면 관련 서비스를 늘리는 전략을 취했다. 반대로 성과가 미흡한 상품일 경우 기대에 미치지 못하는 판매를 보인 셈이니, 지역별로 상품 구성을 다양화하고 시스템을 재구성하여 다양한 고객의 요구를 충족시키려 했다. 예를 들어, 특정 지역에서 패키지 여행 상품 및 서비스가 부진하다면, 그 지역의 고객들을 위해 더 접근하기 쉬운 레저 활동을 제공할 수 있다. 이러한 전략을 통해 티몬이 단순히 상품을 늘 동일한 방식으로 플랫폼에 올려 선보이는 것이 아닌 시장 변화에 능동적으로 대응하고, 고객의 다양한 요구에 맞춰 서비스를 조정했다. 또한, 이를 통해 티몬은 고객 만족도를 높이고 지속적인 성장을 도모할 수 있는 기회를 확보하게 되었다. 티몬의 이러한 다양화 및 상품에 개별 맞춤화된 할인 이벤트는 고객 유치 및 브랜드 인지도 증대에 크게 기여했다. 또한, 이러한 전략은 소비자들에게 저렴한 가격으로 다양한 서비스와 제품을 경험할 수 있는 기회를 제공함으로써 고객 만족도를 높이는 데도 효과적이었다. 이는 나중에 투자자들의 관심을 끄는 결과까지로 이어졌으며, 추가 자금 조달과 기업 성장이라는 결과로도 이어지게 된다.

실제로 티몬은 모바일 앱을 출시한 2011년에 대략 월 8,900만 달러 이상의 거래를 기록했다. 상반기에는 매출액이 1,000억 원을 넘어서며 국내 소셜 커머스 시장에서 1위 기업으로 자리매김했다. 2011년 8

월에 미국 소셜커머스 기업 리빙소셜(LivingSocial)과의 합병을 성공적으로 마쳤다. 그러나 2013년에 리빙소셜이 자금난을 이기지 못하고 티몬의 경영권을 그루폰(Groupon)에 넘기고, 티몬은 글로벌 시장에서의 확장 계획을 수정해야만 했다. 참고로, 리빙소셜은 미국에 기반을 둔 소셜커머스 회사이며, 그루폰도 비슷한 업체이다. 리빙소셜은 주로 지역별 할인 및 프로모션을 제공하여 사용자들이 레스토랑, 이벤트, 여행 등 다양한 서비스를 할인된 가격에 이용할 수 있도록 서비스를 제공했다. 동시에 딜, 이벤트, 경험 등을 지역 커뮤니티에 소개하며, 고객과 지역 비즈니스 간의 상호작용을 촉진하는 것을 목표로 했다. 티몬과 상당히 비슷한 계열이었던 리빙소셜은 2007년에 설립되어 빠르게 성장했으나, 시장 경쟁이 치열해지고 수익성 문제로 어려움을 겪다가 결국 2016년에는 경쟁업체인 그루폰에 의해 인수되었다. 이로 인해 그루폰은 더 넓은 시장 점유율을 확보하고 서비스 범위를 확장하는 데 도움을 주었다. 이 과정에서 신현성 의장을 상대로 '먹튀 논란'이 제기되기도 했다. 이는 합병 과정에서 투자받은 자금, 특히 3,000억 원에 대한 의혹과 관련이 있다. 신현성 의장은 이 논란을 부정하고, M&A가 회사 성장을 위한 전략이었다고 주장하면서 회사를 안정적으로 운영하기 위해 노력했다. 여기서부터가 티몬 경영에 있어 가장 다채롭고 정신없는 변화의 시작이다.

3) 파란만장한 국내 이커머스 대 소셜 커머스 경쟁 및 공생?

우선 '먹튀 논란'이란 한국에서 기업이나 개인이 투자자로부터 자금을 받은 후, 그 기대에 부응하지 않고 사업을 중단하거나 자금을 회수한 상황을 지칭할 때 사용되는 용어이다. 신현성 의장에 대한 '먹튀 논란'은 티몬과 리빙소셜 간의 합병 및 이후 경영권 이전 과정에서 주로 제기되었다. 신현성 의장과 티몬은 리빙소셜과의 합병을 통해 글로벌 시장으로의 확장을 모색했으나, 리빙소셜이 자금난에 시달리며 경영권이 그루폰으로 넘어가는 사태가 발생했다. 이 과정에서 티몬은 리빙소셜과의 합병으로 인해 투자받은 자금을 제대로 활용하지 못한 채 사업 계획이 변경되거나 중단된 것으로 보여지며, 이에 대한 논란이 일어났던 것이다. 또한, 티몬이 초기에 큰 성공을 거두며 많은 투자를 유치했지만, 기대만큼의 수익을 내지 못하고 경영 상황이 나빠진 것도 '먹튀 논란'을 불러일으킨 요인으로 작용했다. 신현성 의장은 이러한 논란을 부인하면서, 합병과 투자 유치가 당시의 경영 상황과 시장 환경에 따른 필요한 전략이었다고 주장했다. 이와 같은 논란은 비즈니스 세계에서 투자와 리스크 관리의 중요성을 다시 한번 상기시켜 주며, 기업 경영에서 투명성과 책임이 다시금 강조되는 사건이 되었다.

여하튼 말도 많고 탈도 많았던 합병의 결과, 2015년에 신 의장은 글로벌 사모펀드 콜버그크래비스로버츠(Kohlberg Kravis Roberts, KKR & Co) 등과 함께 경영권을 인수했다. 그러나 시간이 흘러 2022년 6월, 티몬의 CEO 유한익이 공식적으로 사임하였다. 그 뒤, 티몬은 2022년 8월에는 싱가포르의 전자 상거래 기업 큐텐(Qoo10)이 티몬 인수 계획을 발표했다. 이 계약에 따라 티몬의 두 주요 주주인 앵커에퀴티파트너스(Anchor Equity Partners)와 KKR은 큐텐의 물류 계열사인 큐익스프레스(Qxpress)가 발행한 새 주식으로 티몬의 81.74% 지분을 교환하기로 합의했으며, 나머지 지분은 현금으로 지급되었다. 나머지 지분은 한국 자동차 부품 제조업체인 (주)풍성이 주도하는 컨소시엄이 소유하게 되었다.

이쯤 되면 큐텐이라는 회사에 대해 간단한 소개를 하지 않고는 넘어가기가 힘들다. 큐텐은 싱가포르에 기반을 둔 글로벌 전자 상거래 플랫폼으로, 주로 아시아 시장에 집중하고 있다. 이 회사는 구영배 대표에 의해 설립되었으며, 그는 이전에 한국에서 지마켓(Gmarket)을 창립한 인물로 잘 알려져 있다. 지마켓은 후에 미국의 이베이(eBay)에 의해 인수되었다. 큐텐은 다양한 국가에서 운영되고 있으며, 특히 인도네시아, 중국, 홍콩, 말레이시아 등 동남아시아 국가에서 강력한 입지를 구축하고 있다. 회사는 온라인 쇼핑 플랫폼을 통해 다양한 제품을 소비자에게 제공하고, 국제적인 판매를 확대하고 있다. 큐텐은 2023년 가량부터 한국 전자 상거래 시장 내 인수에 활발했다. 개중에는 티몬에 더불어, 숙박 예약 앱 야놀자로부터 인터파크 커머스의 전체 지분을 약 1,500억 원(약 1억 1,490만 달러)에 구매했다. 또한, 다른 국내 온라인 쇼핑 플랫폼인 위메프(Wemakeprice)의 86% 지분을 인수했다.

위메프는 한국의 주요 온라인 쇼핑 플랫폼 중 하나로, 다양한 소비재부터 전자제품, 패션 아이템, 여행 및 레저 서비스까지 폭넓은 제품과 서비스를 할인된 가격으로 제공하는 것으로 알려져 있다. 2010년에 설립된 이 회사는 고객에게 더 저렴한 가격으로 제품을 제공하기 위해 티몬과 마찬가지로 '소셜 커머스' 모델을 사용했다. 위메프는 효과적인 마케팅 전략과 사용자 친화적인 플랫폼을 통해 빠르게 성장했으며, 한국 내에서 강력한 온라인 쇼핑 목적지로 자리 잡았다. 이런 기업까지 대부분 인수한 큐텐의 전략은 주로 다양한 제품을 경쟁력 있는 가격과 빠른 배송으로 제공하는 것에 초점을 맞추고 있으며, 이를 통해 사용자 만족도를 높이고 시장 점유율을 증가시키려고 노력하고 있다. 이와 같은 전략은 특히 국경을 넘나드는 거래에 있어서 중요하며, 큐텐은 이를 통해 아시아 전자 상거래 시장에서 중요한 역할을 하고 있다.

지금까지 언급되었던 이 인수 거래들은 한국의 공정거래위원회 (Fair Trade Commission, FTC)에 의해 승인되었다. 공정거래위원회는 이 거래가 시장 경쟁에 큰 영향을 미치지 않을 것이라 판단하였으며, 큐텐의 시장 점유율이 크게 증가하지는 않을 것으로 보고 있다. 실제로 인수 후, 큐텐의 한국 온라인 오픈 마켓 내 점유율은 티몬 및 다른 국내 회사들을 포함하여 약 8.35%가 불과하다. 국내 시장 점유율에 대한 맥락을 위해 설명하자면, 2022년에는 네이버 쇼핑이 지역 온라인 오픈 마켓에서 42.41%의 지배적인 점유율을 보유했으며, 쿠팡은 15.91%, 11번가는 12.74%를 차지했다. 이 수치는 인수에도 불구하고 큐텐이 시장을 지배하지 않고 건전한 경쟁 환경을 유지할 것임을 보여 주며, 네이버와 쿠팡과 같은 강력한 기존 플레이어의 우위를 강조한다.

끊임없이, 그리고 (적어도 일반인들 기준에서는) 정신없이 바뀌는 위의 판도를 보면 정말 한국의 전자 상거래 시장은 경쟁이 치열하기 그지없다는 것을 여실히 보여 준다. 하지만 그 와중에도 저자의 눈에는 소셜 커머스 기업들이 이커머스 기업에 비해 밀리는 현상이 자주 발생하는 것으로 보여진다. 이에 대해서는 다음과 같은 몇 가지 주요 원인이 있지 않나싶다:

- **제품 다양성과 가용성**: 이커머스 플랫폼은 일반적으로 다양한 종류의 제품을 넓은 범위에서 제공한다. 반면, 소셜 커머스는 특

정 시간에 제한된 제품을 할인 가격으로 제공하는 것이 일반적이기 때문에 소비자가 원하는 시간에 원하는 제품을 항상 찾을 수 있는 것은 아니다. 이러한 점이 소셜 커머스의 한계로 작용할 수 있다.

- **서비스 및 제품 제공 기간의 일관성**: 많은 이커머스 기업들은 자체 배송 네트워크와 고급 물류 시스템을 구축하여 신속하고 효율적인 배송 서비스를 제공한다. 또한, 종종 더 안정적인 고객 서비스와 후속 조치까지 준비되어 있다. 반면에 소셜커머스 플랫폼은 종종 다양한 공급업체에 의존하여 진행되는 이벤트 등에 있어 일관성에서 차이가 날 수 있다.

- **브랜드 인지도와 시장 점유율**: 큰 이커머스 회사들은 강력한 브랜드 인지도와 마케팅 전략을 통해 시장에서 돋보일 수 있다. 소셜 커머스 플랫폼은 일반적으로 더 작은 예산과 제한된 자원으로 운영되므로, 시장에서 같은 수준의 인지도를 얻기가 더 어려울 수 있다.

- **경제 규모의 이점**: 이커머스 회사들은 대규모로 운영되며 경제 규모의 이점을 누릴 수 있다. 이를 통해 제품 비용을 낮추고, 더 나은 가격과 서비스를 고객에게 제공할 수 있다. 소셜 커머스는 이러한 규모의 이점을 활용하기 어려울 수 있다. 특히, 새로운

또는 중소 규모의 플랫폼의 경우 더욱 그렇다.

이러한 요인들이 소셜 커머스 기업들이 이커머스 기업에 비해 시장에서 경쟁하는 데 있어서 어려움을 겪는 주요 원인들이라 생각된다. 하지만 위의 이유들보다도 저자가 생각하는 가장 근본적인 원인은 하나 더 있다. 바로, 개인화를 통한 고객 충성도와 반복 구매에서의 차이다. 이커머스 플랫폼들은 종종 개인화된 쇼핑 경험, 빠른 배송 서비스, 쉬운 반품 정책 등을 통해 고객 충성도를 높이는 전략을 사용한다. 또한, 이커머스 플랫폼들은 고객 관계 관리(Customer Relationship Management, CRM) 시스템을 기반으로 개인화 마케팅 전략을 진행하는 것이라 고객 충성도를 구축하는 데 더 효과적이다. 반면 소셜 커머스는 할인과 딜에 더 초점을 맞추기 때문에 이러한 서비스 측면에서 상대적으로 약할 수 있다. 물론, CRM 등의 시스템은 소셜커머스에도 사용할 수 있으며, 실제로 많은 소셜커머스 기업들이 CRM 시스템을 활용하여 고객 관리 및 마케팅 전략을 강화하고 있다. 그러나 소셜 커머스에서 CRM의 사용이 전통적인 이커머스 플랫폼만큼 적용이 용이하거나 보편적이지 않은 경우도 있다.

우선 소셜커머스는 종종 단발성 거래나 제한된 기간의 프로모션에 중점을 두기에 고객 데이터의 특성이 다르다. 이런 경우 고객 데이터가 더 파편화되거나 단기적이어서 전통적인 이커머스 플랫폼에서처럼 깊이 있는 고객 관계를 구축하는 데 한계가 있을 수 있다. 거기에다 소셜커머스는 고객 간의 상호작용과 소셜 네트워킹 기능을 중요시한다. 즉, 고객과의 상호작용에도 이커머스 계열과는 차이가 있다는 뜻이다. 이는 전통적인 CRM 시스템이 제공하는 기능보다는 소셜 미디어 관리 도구와 통합되는 경우가 많다. 마지막으로 기술적 통합의 복잡성도 한몫하는 요소이다. 이게 무슨 말이냐면, 소셜커머스 플랫폼은 종종 다양한 소셜 미디어 채널과 밀접하게 연동되어 운영된다. CRM 시스템을 효과적으로 통합하고 운영하기 위해서는 기술적인 조정이 필요하며, 이게 때때로 상당히 복잡한 작업이 될 수 있다.

물론 이커머스와 소셜커머스는 전자 상거래 시장에서 무조건 경쟁 구도를 가지진 않는다. 정확히는 서로 경쟁하면서도 상호 보완적인 관계를 유지하고 있다고 저자는 본다. 소셜 커머스는 이커머스 플랫폼이 제공하지 못하는 고객 참여와 상호작용을 제공하며, 이커머스는 더 넓은 제품 선택과 보다 전통적인 온라인 쇼핑 경험을 제공한다. 이 두 모델의 융합은 향후 소비자의 쇼핑 습관과 기업의 마케팅 전략에 지속적으로 영향을 미칠 것이다. 이에 대한 대표적인 예는 미국이나 싱가포르와 같은 국가에서도 다양한 모습으로 나타난다. 미국에서는 소셜 커머스가 큰 성장을 이루고 있으며, 이커머스 시장 내에서 중요한 역할을 하고 있다. 예를 들어, 미국의 소셜커머스 판매는 2025년까지 1,000억 달러를 넘어설 것으로 예상되며, 이는 전년 대비 22.4%의 성장률을 보일 것으로 판단된 것이다. 소셜 미디어 플랫폼을 통한 판매는 소비자를 이커머스 쪽으로 연계해서 바로 구매 경험을 향상시킨다. 또한, 사용자가 소셜 미디어를 통해 이커머스 제품에 쉽게 접근할 수 있게 만든다. 소셜커머스는 온라인 쇼핑 경험 자체를 소셜화하게 해 주어, 사용자들이 상품 정보를 공유하고 추천하는 형태로 진행도 가능하다. 싱가포르의 경우, 디지털 서비스의 사용률이 높은 국가로, 이커머스와 소셜커머스 모두 활성화되어 있다. 싱가포르의 이커머스 시장은 지속적으로 성장 중이며, 2026년까지 100억 달러에 이를 것으로 예상된다. 소셜커머스도 비슷한 추세를 보이며, 특히 모바일 쇼핑의 증가와 함께 더욱 성장하고 있다. 싱가포르에서는 소셜 미디어를 통해 제품을 소개하고 판매하는 것이 일반적이며, 이는 특히 젊은 소비자들 사이에서 인기가 높다.

이런 판국에서 티몬의 미래는 한국 전자 상거래 시장의 발전과 밀접하게 연결되어 있다. 큐텐과의 합병을 통해 더욱 강화된 글로벌 네트워크와 자원을 활용할 기회를 얻었으니 말이다. 이러한 변화는 티몬이 국내외 시장에서 어떤 새로운 전략을 선보일지, 어떻게 경쟁력을 강화해 나갈지에 대한 기대감을 높인다. 과연 티몬이 기술 혁신과 소비자 경향 변화를 어떻게 자신의 전략에 효과적으로 통합할지, 그리고 이를 통해 시장에서 어떤 새로운 위치를 차지할 수 있을지 궁금하기도 하다. 또한, 글로벌 시장으로의 확장이 티몬의 성장 전략에서 어떤 역할을 할지, 그리고 이 과정에서 어떤 도전과 기회가 나타날지 관찰하는 것도 매우 흥미로운 일일 것이다. 티몬이 이커머스와 소셜커머스의 경계를 넘나들며, 어떻게 더 혁신적이고 고객 중심의 서비스를 제공해 나갈지 지켜보는 것은 다른 한국 전자 상거래 산업의 미래를 가늠하는 중요한 키가 될 수도 있지 않을까란 생각도 든다. 소셜 커머스라는 새로운 비즈니스 모델을 처음 소개한 것이 티몬인 만큼 시장에서의 수용성에 대한 불확실성을 극복한 경력도 있는 기업이다. 그러니 티몬에 대해서는 희망적인 미래가 머릿속에서 더 잘 그려지긴 한다.

07

크림, MZ세대를 성공적으로 겨냥한
리셀링 시장의 대표 주자

1) 중고 + 한정판 거래의 증가에 의해 새로이 주목받은 리셀링, 크림이 진출할 시장

2) 온오프라인, 국내외 구별없이 빠르게 성장해 나가다

3) 불안한 국내의 유니콘 시장에서 안정적인 자회사 전략으로 기반을 다지다

1) 중고 + 한정판 거래의 증가에 의해 새로이 주목받은 리셀링, 크림이 진출할 시장

최근 한정판 스니커즈에 대한 관심이 높아지는 가운데, 안심하고 한정판 제품을 구하는 것이 쉽지 않다는 문제에 직면한 지훈이 있다. 직거래에 익숙했던 그는 요즘 들어 점점 어려워지는 진품 감별에 골머리를 썩히던 차에 친구 민영에게 걱정거리를 토로했다.

"너 요즘 신발 어디서 사니? 요즘 나이키 한정판 구하기가 너무 힘들어."

"너 크림 써 봤어? 요즘 난 크림에서만 사. 한정판 스니커즈부터 스트릿웨어까지 다 있더라고. 거기서는 진품 검증까지 다 해 주니까 안전하게 거래할 수 있어. 한 번 써 봐."

지훈은 민영의 추천을 받고, 바로 크림 앱을 다운로드한 후, 최근 발매된 나이키 한정판 스니커즈를 찾기 위해 앱을 열었다. 간단한 회원가입을 마친 지훈은 탐색 창에서 원하는 스니커즈를 검색했다. 예상보다 훨씬 다양한 제품들이 눈에 들어왔다.

"와, 여기 한정판 스니커즈가 진짜 많네. 이게 다 진품이라고?"

"응, 크림은 모든 상품을 철저히 검증해 줘. 가품 걱정 없이 믿고 살 수 있어."

지훈은 가장 마음에 드는 신발을 골라 결제를 진행했다. 며칠 후, 기다리던 신발이 도착했다. 박스를 열어 보니 화면에서 봤던 것만큼 깔끔하게 보관된 신발과 함께 크림의 진품 인증서가 동봉되어 있었다. 딱 봐도 좋은 품질과 상태에 지훈은 간만에 만족스러웠다. 이렇게 고품질의 거래를 편하게 마음 놓고 사는 것이 아주 오랜만이었다. 서비스에 크게 만족하던 지훈은 최근 크림에서 오프라인 매장을 오픈했다는 소식을 들었다. 지훈은 호기심을 참지 못하고 크림의 오프라인 매장을 방문하기로 했다. 주말이 되어 잠실 롯데월드몰에 위치한 크림 오프라인 매장을 찾았다.

매장에 들어서자, 다양한 한정판 스니커즈와 스트릿웨어가 전시되어 있었다. 지훈은 마치 박물관에 온 듯한 기분으로 매장을 둘러보았다. 매장 한쪽에는 '드롭 존'이 있었다. 여기서는 고객이 직접 제품을 등록하고 전문가가 상품의 정품 여부와 상태를 검수한 후 거래 가능 여부를 결정하는 공간이었다. 지훈은 자신이 오래도록 아껴 두었던 한정판 스니커즈를 등록해 보기로 했다.

"안녕하세요. 이 신발을 판매하려고 합니다. 검수 부탁드려요."

매장 직원은 친절하게 지훈의 신발을 받아 정밀하게 검수하기 시작했다. 그 과정에서 지훈은 '쇼룸'으로 발길을 옮겼다. 쇼룸에서는 다양한 한정판 제품들이 전시되어 있었고, 제품들은 주기적으로 변경되며 신상품들이 전시되었다. 그러는 와중 절차를 마친 매장 직원이 안내를 했다.

"지훈님, 신발 검수가 완료되었습니다. 이 신발은 정품으로 확인되었고, 상태도 매우 양호합니다. 이제 크림 플랫폼에서 판매 등록하실 수 있습니다."

그날, 지훈은 매장에서 특별 이벤트도 경험했다. 매장에서는 특정 시간에 한정판 스니커즈를 할인된 가격에 구매할 수 있는 '드롭 이벤트'가 진행 중이었다. 지훈은 운 좋게 드롭 이벤트에 참여하여 원하던 한정판 스니커즈를 저렴한 가격에 구매할 수 있었다.

지훈은 크림 오프라인 매장을 방문한 경험을 통해 크림에 대한 신뢰를 한층 더 높이게 되었다. 앞으로도 크림을 통해 다양한 한정판 제품을 주기적으로 거래할 계획을 세웠다.

최근 몇 년간 한국에서 리셀링 시장의 성장은 눈에 띄는 추세이다. 리셀링(Reselling)이란 소비자가 이미 구매한 상품을 다른 소비자에게 다시 판매하는 것을 말한다. 여기까지 들어 보면 당근마켓에서 중고거래를 하는 것과 별반 다르지 않게 들릴 것이다. 하지만 리셀링의 경우, 거래가 되는 상품에 있어 일반 중고거래와 큰 차이가 있다. 일단 소비자가 이미 소유한 제품을 다른 소비자에게 다시 판매하는 것을 의미한 리셀(resell)이라는 단어를 썼지만 사실 리셀링 제품은 반드시 중고일 필요는 없으며, 미사용 상태의 한정판 제품도 포함된다. 당근마켓 같은 중고 거래 플랫폼에서의 주요 상품은 가전 제품, 가구, 의류, 생활용품 등 다양한 일반 및 일상 물품이 대부분이다. 무엇보다 딱히 거래하는 물건에 대한 검증 시스템이 있지는 않다. 사실 그럴 필요가 없는 것이 당근마켓 같은 서비스의 경우, 사용자들이 직접 만나 거래를 진행하기 때문이다. 그러니 당사자들끼리 검증을 즉석에서 할지언정 플랫폼 자체에서 상품의 진품 여부나 상태를 검증하지 않는다. 그냥 동네 주민들이라는 사실이 주는 안도와 거래 당사자 간의 신뢰에 기반하여 거래 여부를 결정짓게 된다. 달리 말하자면, 이러한 지역 기반의 중고 거래 플랫폼은 상품을 직접 확인하고 거래할 수 있는 장점이 있지만, 진품 여부에 대한 보장이 없는 단점이 있다. 구찌, 조던 운동화 같은 고가의 브랜드 및 사치품을 당근마켓에서 사고팔지 말라는 법은 당연히 없다. 하지만 그 상품들이 다 거래값을 할 만큼의 품질인지 진품인지 판단하는 것은 오롯이 당사자가 감당해야 할 책임이라는 것이다.

그에 반면, 리셀링 시장에서는 주로 한정판, 인기 상품, 또는 구하기 어려운 제품이 거래되며, 일반적으로 원래 판매 가격보다 높은 가격에 거래된다. 더불어, 대량 생산된 제품보다 개성적이고 특별한 상품을 선호하는 소비 트렌드와 밀접하게 연관되어 있다. 이 때문에 해당 시장은 주로 온라인 플랫폼을 통해 이루어지며, 신뢰성과 진품 여부를 확인하는 절차가 상당히 중요한 요소로 작용한다. 거래되는 흔한 품목 중 예를 들자면, 한정판 스니커즈와 명품 거래가 주를 이루고 있으며, 이는 글로벌 패션과 스트릿웨어 문화의 영향을 크게 받았다. 이러한 성장에는 한정판 제품에 대한 높은 수요와 당근마켓 등을 통해 흔해진 개인 대 개인(Consumer-to-Consumer, C2C) 거래의 확대가 큰 역할을 했다. 고가의 한정판 거래를 다루는 국내 리셀링 시장은 2008년 4조 원에서 2020년 24조 원까지 급성장했다. C2C 시장의 규모 또한, 2020년 약 5,000억 원(약 346.2백만 달러) 규모로 평가되며 2022년에는 대략 1조 원으로 성장하였으며, 이는 명품부터 의류, 전자 제품까지 다양한 카테고리로 확대되고 있다. 이는 글로벌 리셀링 시장의 성장 속도와 비교할 때 매우 빠른 편이다. 글로벌 리셀링 시장은 2023년 193.7억 달러 규모였으며, 2027년까지 연평균 성장률(CAGR) 12% 이상을 기록할 것으로 예상된다. 이러한 성장은 소비자들이 독특하고 한정된 제품을 선호하는 트렌드에 의해 촉진되었다. 언뜻 들어 봐도 사실 명품, 한정판 등에 관심이 없는 이들이라면 리셀링이라는 시장이 듣기에는 익숙하지만 흔하게 접할 일은 별로 없었을 것이다. 당장 필자만 해도 스트릿웨어라는 단어를 보았을 때 생소하다는 감정밖에 안 들었다.

트랜드 좀 더 민감한 이들이라면 알겠으나 필자 같은 독자들을 위해 설명하자면 스트릿웨어(Streetwear)는 1980년대와 1990년대에 힙합, 스케이트보드 문화, 서핑 문화, 그리고 일본 스트릿 패션에서 영감을 받아 탄생한 패션 스타일이다. 이 스타일은 일반적으로 편안하고 실용적인 옷을 중심으로 하며, 도시와 젊은이들 사이에서 매우 인기가 있다. 스트릿웨어는 특정한 브랜드와 아이템으로 정의되며, 그 중 일부는 실로 컬트적인 인기를 끌고 있다. 편안함과 실용성이 주요 특징이다보니 스트릿웨어는 일상 생활에서 편안하게 입을 수 있는 옷들로 구성된다. 그래서 후드티, 그래픽 티셔츠, 운동화, 스냅백, 그리고 청바지 등이 대표적이라 볼 수 있다. 그리고 옷에 강렬한 그래픽 디자인을 많이 사용한다. 브랜드 로고, 슬로건, 아티스트의 작품 등이 옷에 프린트되며, 이는 브랜드 정체성을 강조하는 요소로 작용한다. 무엇보다 스트릿웨어 브랜드는 리셀링 시장에 자주 등장하는 상품에 걸맞게 종종 한정판 상품을 출시하여 희소성이 강조된다. 이는 소비자들 사이에서 높은 수요를 일으키며, 리셀링 시장에서 높은 가격으로 거래되기도 한다.

스트릿웨어를 대표하는 브랜드로는 (그나마) 많이 한국들이 들어봤을 슈프림(Supreme)이 있고, 그 외에도 베이프(A Bathing Ape), 오프 화이트(Off-White), 스투시(Stussy) 등이 있다. 이들 브랜드는 전 세계적으로 큰 인기를 끌고 있다. 문화적 영향에 있어서도 스트릿웨어는 힙합, 스케이트보드, 그래피티, 서핑 등과 밀접하게 연결되어 있다. 이는 특정 라이프스타일과 태도를 반영하며, 젊은 세대에게 강한 공감을 불러일으킨다. 그 덕에 스트릿웨어는 이제 글로벌 패션 시장의 중요한 부분으로 자리 잡았고, 전 세계적으로 다양한 문화와 결합하며 독특한 스타일을 만들어 내고 있다. 또한, 한정판 상품과 컬래버레이션 아이템은 높은 가격에 거래되며, 리셀링 시장에서 중요한 역할을 하고 있다.

리셀링의 대표 제품뿐만이 아니라 글로벌 리셀링 시장의 대표적인 예시를 하나 들자면, StockX가 있다. StockX는 한정판 스니커즈, 스트릿웨어, 전자제품 등을 거래하는 온라인 플랫폼이다. 이 회사는 특히 한정판 스니커즈 시장에서 강력한 입지를 구축하고 있다. StockX는 독특하게도 주식 시장과 유사한 거래 방식을 도입하여 투명한 가격 형성과 거래 과정을 보장한다. 판매자와 구매자는 입찰 및 요청 가격을 설정할 수 있으며, 양측의 가격이 일치할 때 거래가 성사된다. 이러한 투명한 거래 시스템 덕분에 거래의 공정성을 높이고, 시장 가격을 명확히 확인할 수 있게 한다. 또한, 모든 제품은 StockX의 검증 센터를 거쳐 진품 여부를 확인받는다. 이를 통해 가품 거래를 방지하고, 소비자에게 신뢰를 제공한다. 제품이 검증되면, 검증 스티커가 부착되어 구매자에게 배송된다. 해당 기업의 시스템이 제대로 확립된 것을 증명하듯 StockX는 미국을 기반으로 시작했지만, 현재는 유럽, 아시아 등 다양한 지역에서 서비스를 제공하고 있다. 이를 위해 각 지역에 검증 센터를 운영하며, 지역별 특화된 서비스를 제공한다. 한국에서도 심지어 StockX의 서비스를 이용할 수 있으며, 현지 검증 센터를 통해 빠르고 안전한 거래가 가능하다. 초기에는 주로 한정판 스니커즈에 집중했지만, 현재는 스트릿웨어, 전자제품, 럭셔리 시계 등 다양한 카테고리로 확장되었다. 이는 다양한 소비자층을 확보하고, 리셀링 시장을 더욱 다각화하는 데 기여한다.

이처럼 전 세계 젊은이들 사이에 글로벌 트렌드로 퍼지게 된 고가,

한정판 제품에 대한 열기는 한국에도 등장했다. 그리고 이러한 수요를 발판 삼아 등장한 것이 국내 리셀링 플랫폼, 크림(Kream)이다. 크림은 한국에서 가장 주목받는 리셀링 플랫폼 중 하나로, 특히 한정판 스니커즈와 스트릿웨어 거래를 중점으로 운영된다. 또한, 크림은 검증 시스템을 통해 진품만을 거래하도록 하여 소비자 신뢰를 구축하고 있다. 크림의 주요 성장 요인을 꼽자면 당연히 K-pop 아이돌, K-드라마, K-패션 등에 속한 유명 인사들을 빼놓을 수 없다. 한국의 리셀링 시장 자체가 국내의 유명 인사들의 영향을 많이 받았다 해도 과언이 아니다. 이들은 소셜 미디어를 통해 자신만의 스니커즈 컬렉션을 선보이면서, 팬들 사이에서 비슷한 스타일을 추구하는 경향이 높아졌다. 또한, 나이키, 아디다스, 이지와 같은 브랜드의 한정판 출시가 큰 관심을 불러일으키며 리셀 시장을 활성화시키고 있다. K-pop 아이돌과 유명 연예인들이 착용하는 한정판 스니커즈나 스트릿웨어는 팬들 사이에서 큰 인기를 끌며, 이로 인해 리셀링 시장의 수요가 급증한다. 이러한 현상은 글로벌 시장에서도 일부 나타나지만, 한국에서는 특히 강력하게 작용한다.

2) 온오프라인, 국내외 구별없이 빠르게 성장해 나가다

그 외에도 한국의 리셀링 시장은 전세계와 비교했을 때도 몇 가지 독특한 특징을 가지고 있는데 그중 하나가 바로 지역 기반 거래 활성화이다. 한국은 지리적으로 작은 국가라는 점이 어드벤티지로 작용하여, 지역 기반 거래가 매우 활성화되어 있다. 당근마켓과 같은 플랫폼을 통해 지역 내에서 중고 상품을 직접 거래하는 문화 자체가 무척 익숙하고 발달해 있다. 무엇보다 한국에서는 대부분의 리셀링 거래가 온라인 플랫폼을 통해 이루어진다. 이는 미국 등 다른 국가에서 여전히 오프라인 거래가 중심인 글로벌 시장에서는 드문 현상으로, 지역 커뮤니티 기반의 신뢰와 연결성을 중요시하는 한국의 특징이다.

다소 특수하고 조금 더 스케일이 작은 시장이기는 하지만 인기와 수요가 급증하고, 온라인 거래 인프라가 매우 잘 갖춰진 나라에서의 리셀링 업계는 무언가를 시작해 보기 충분히 좋은 무대였다. 그래서 김창욱 대표는 큰 마음을 먹고 2010년에 크림을 설립하여 국내에서 가장 먼저 리셀링에 특화된 서비스를 시작했을 것이다. 크림은 한국의 대표적인 한정판 리셀링 플랫폼으로, 판매자와 구매자 간의 안전하고 투명한 거래를 지원하며, 빠른 배송 서비스와 독자적인 SNS 채널을 통해 브랜드 이미지를 구축하고 있다. 주요 특징으로는 한정판 제품 거래의 편리성을 손꼽을 수 있는데, 크림은 리셀 시장의 성장에 따라 한정판 제품을 쉽고 편리하게 거래할 수 있는 환경을 제공한다. 소비자는 크림을 통해 희귀한 상품을 손쉽게 구할 수 있으며, 판매자는 자신이 소유한 한정판 상품을 적정한 가격에 판매할 수 있다. 또한, 앞서 언급했듯, 판매자와 구매자 간의 거래를 중개하며, 보다 안전하고 투명한 거래를 지원한다. 모든 상품은 거래 전에 크림의 검증 센터를 통해 진품 여부를 확인받으며, 이는 가품 거래를 방지하고 소비자 신뢰를 구축하는 데 기여한다. 크림은 일반적으로 5~7일이 소요되는 배송 시간을 단축하여 빠른 배송 서비스를 제공한다. 이는 소비자 만족도를 높이는 데 중요한 요소로 작용하며, 특히 한정판 상품을 빠르게 받아 보고자 하는 소비자들에게 큰 장점으로 작용한다.

크림이 다른 국내 전자상 거래 플랫폼과 비교했을 때, 가장 눈에 띄는 특징은 크림이 MZ세대(밀레니얼 세대와 Z세대)를 주요 고객 타겟으로 삼고 있다는 점이다. 2021년 기준으로 크림의 가입자 수는 160만 명 이상이며, 이 중 80%가 20~30대이다. 젊은 세대가 한정판 상품에 대한 높은 관심을 가지고 있을 테니 자연스레 크림의 주요 고객층인 것이다. 이 때문에 크림은 독자적인 SNS 채널을 통해 고객과 활발한 소통을 이어 가며, 브랜드 이미지를 강화하고 있다. 이처럼 SNS 채널과 브랜드 이미지 확립에 집중한 덕에 크림은 소비자와의 직접적인 소통을 이어 가며 브랜드 충성도를 높이고, 신규 고객을 유치한다. 국내에서 두터워진 인기에 크림은 창립 당시에 네이버 컴퍼니빌더 스노우의 자회사, 즉, 네이버의 손자회사로서 200억 원의 투자금을 유치하였다. 그런 뒤, 창립 6개월 만에 추가 투자 유치에 성공하였고, 2021년에는 알토스벤처스, 소프트뱅크벤처스, 미래에셋캐피탈 등으로부터 1,000억 원 규모의 시리즈B 투자를 유치하여, 2021년 10월 14일에 누적 투자금액이 1,400억 원을 달성했다고 밝혔다. 또한, 서비스 시작 1년 반 만에 스니커즈 리셀 시장에서 점유율 1위 플랫폼으로 성장했다. 후에 시리즈 C 펀딩에서는 1억 6,800만 달러를 성공적으로 유치했으며, 이를 통해 글로벌 시장으로의 확장을 모색하고 있다. 개중 일본, 말레이시아 등 아시아 시장에서의 투자와 파트너십을 통해 글로벌 리셀링 시장에서도 경쟁력을 높이고 있다.

크림의 창업자인 김창욱 대표는 동시에, 네이버의 자회사인 스노우(Snow)의 CEO이기도 하다. 스노우는 네이버에서 스핀오프된 회사로, 주로 사진 및 비디오 편집 앱을 개발하여 운영하고 있다. 그는 초기에는 한정판 스니커즈와 스트릿웨어를 거래하는 작은 온라인 플랫폼으로 시작했다. 그러다 제품 검증과 신뢰 구축에 집중하여 빠르게 성장할 수 있었다. 특히, 초기 투자자들을 설득하기 위해 직접 한정판 스니커즈를 구매하고 검증하는 과정을 시연까지 했다고 한다.

2020년부터 시작되었던 이 노력 덕에 2021년에도 앞서 언급했던 빠른 성장을 일궈 내었고 이 성장세는 2022년과 이후에 접어들어서도 늦춰질 기미를 보이지 않았다. 그 기세를 몰아붙인 크림은 2022년 11월 29일에 잠실 롯데월드몰 2층에 '크림'의 오프라인 공간을 오픈했다. 이는 롯데백화점이 유통사 최초로 크림과 협력하여 오프라인 공간을 선보인 사례이다. 이 공간은 한정판 스니커즈와 스트릿웨어를 전시하고 판매하는 장소로, 고객들이 직접 방문하여 상품을 확인하고 구매할 수 있는 기회를 제공했다. 고객들은 이 오프라인 공간에서 '드롭 존'을 통해 자신이 사고자 하는 상품을 직접 등록할 수 있다. 이곳에서 크림의 전문가들이 상품의 정품 여부와 컨디션을 검수하여 거래 가능 여부를 결정하기에 소비자들이 안심하고 거래할 수 있다. 또한, '쇼룸'이라는 섹션도 있는데 다양한 한정판 상품들이 전시되며, 주기적으로 변경된다. 이 쇼룸은 단순한 상품 전시를 넘어, 브랜드 체험과 고객 참여를 촉진하는 공간으로 활용된다. 크림은 이런 오프라인 매장에서 고객 참여 이벤트를 자주 개최하기도 한다. 예를 들어, 특정 한정판 상품의 드롭 이벤트나 유명 연예인과의 콜라보레이션 상품 출시 등 다양한 이벤트를 통해 고객들과의 소통을 강화하고 있다.

크림은 훌륭한 국내 배달 및 물류 인프라 덕에 빠른 배송을 자랑함에도 굳이 비용이 훨씬 더 들어갈 수밖에 없는 오프라인 매장을 열었다는 점이 의아해 보일 수 있다. 하지만 여기서도 크림 같은 리셀링 기업은 중고거래 플랫폼들과 취급하는 제품의 결이 아예 다르기 때문에 이런 전략을 선택했을 가능성이 높다. 그렇기에 크림은 아무리 온라인 플랫폼을 통해 성공을 거두었음에도 불구하고, 다음과 같은 이유로 인해 오프라인 매장을 구축했을 것이다:

1. **소비자 경험 강화**: 오프라인 매장은 소비자들에게 직접 제품을 확인하고 체험할 수 있는 기회를 제공한다. 특히 한정판 상품의 경우, 소비자들은 제품의 상태, 독특한 디자인와 진품 여부를 직접 확인하고 구매하기를 원한다. 이를 통해 온라인에서는 얻기 힘든 신뢰와 만족도를 높일 수 있다.

2. **옴니채널 전략 구현**: 옴니채널 전략은 온라인과 오프라인의 경계를 허물고, 소비자에게 일관된 쇼핑 경험을 제공하는 것이다. 크림의 오프라인 매장은 이러한 옴니채널 전략을 구현함으로써, 소비자들이 언제 어디서나 크림의 서비스를 이용할 수 있도록 한다. 이는 고객 유입을 늘리고, 충성 고객을 확보하는 데 도움이 된다.

3. **고객 참여와 커뮤니티 형성**: 오프라인 매장은 다양한 이벤트와 활동을 통해 고객 참여를 유도할 수 있는 공간을 제공한다. 좀 전에 예시로 들었던, 한정판 상품 출시, 콜라보레이션 전시 등의 이벤트를 여는 것이 가능해진다. 이러한 활동은 소비자들 사이에서 커뮤니티를 형성하고, 브랜드에 대한 강한 애착을 형성하게 한다.

4. 물류 및 검수 효율성 개선: 오프라인 매장은 상품의 검수와 물류 효율성을 높이는 데 기여할 수 있다. 소비자들이 매장을 통해 직접 상품을 등록하고 검수받는 과정을 통해, 온라인만으로 운영할 때 발생할 수 있는 물류 지연이나 검수 문제를 줄일 수 있다.

5. 시장 차별화 및 경쟁력 강화: 많은 온라인 리셀링 플랫폼들이 존재하는 가운데, 오프라인 매장은 크림을 차별화하고 경쟁력을 강화하는 요소가 된다. 특히 고가의 한정판 상품을 다루는 시장에서는 오프라인 매장이 중요한 차별화 포인트가 될 수 있다.

이처럼 리셀링 시장의 대가인 크림에게 있어 오프라인 매장 구축은 단순한 판매 채널의 확장을 넘어, 더욱 견고한 시장 입지를 장기적으로 구축하게 해 주는 무대이다. 그만큼 오프라인 중심의 리셀링은 매장, 이벤트, 검증 서비스를 통해 소비자들에게 직접적인 구매 경험을 제공하며, 신뢰성과 체험적 요소를 강조할 수 있기 때문이다. 이러한 방식은 온라인 거래와는 전혀 다른 메리트를 제공하며, 특히 고가의 한정판 상품 거래에서 큰 역할을 한다. 실제로 전세계적으로 내로라하는 다른 리셀링 기업에서도 오프라인 매장을 통한 이점을 제대로 파악하고 실행 중이다. 거의 전문 매장 및 부티크로서 기여하고 있는 이 매장들 중에서도 한정판 스니커스를 주로 취급하는 곳들만 모아 봐도 그 수가 적지 않다. 예시로,

- 플라이트클럽(Flight Club): 미국 뉴욕에 위치한 플라이트클럽은 (나이키, 아디다스, 이지, 에어조던 등의) 유명한 스니커즈 리셀 기업으로 웹사이트로 운영도 되지만 매장도 보유하고 있다. 거의 스니커즈 계에서는 명예의 전당급이라고 불러도 이상할 것이 없는 대표적인 리셀샵이 운영되고 있다고 보면 된다. 해당 매장에서는 고객들이 직접 방문하여 다양한 한정판 스니커즈를 구매할 수 있으며, 이러한 매장은 높은 품질의 제품과 정품 신뢰성을 보장하기 위해 철저한 검증 과정을 거친다.

- 솔드아웃(SoldOut): 한국 성수동 등에 위치한 솔드아웃은 오프라인 매장들을 통해 고객들에게 직접 한정판 스니커즈 구매는 물론 드롭, 슈케어서비스(Shoe Care Service: 스니커즈나 다른 신발의 세척, 복원, 관리 서비스), 매주 새로운 브랜드팝업(Brand Pop-up: 특정 브랜드가 단기간 동안 매장 내에서 임시로 운영되는 공간) 같은 다양한 이벤트도 진행한다. 추가로 설명하자면, 드롭(drop)이란 한정판 상품이나 새로운 컬렉션이 특정 날짜와 시간에 출시되는 것을 의미한다. 나이키, 아디다스와 같은 유명 브랜드에서는 인기 있는 한정판 스니커즈를 드롭 방식으로 출시하여, 큰 관심을 불러일으킨다. 소비자들은 이런 한정판이 드롭하면 날짜, 시간에 맞춰 매장이나 온라인 플랫폼에서 해당 상품을 구매하기 위해 대기하는 경우가 빈번하다.

- 스니커콘(Sneaker Con): 글로벌 스니커 이벤트인 스니커콘은 매장은 아니고 오프라인 박람회라고 하는 것이 더 정확하다. 이 박람회는 (뉴욕, 디트로이트, 런던, 상하이, 호놀룰루 등) 30곳 이상의 전 세계 주요 도시에서 개최되며, 수많은 리셀러와 구매자들이 모여 한정판 스니커즈를 거래한다. 이러한 이벤트는 대규모의 상품 전시와 직접적인 거래가 이루어지며, 네트워킹과 커뮤니티 형성을 촉진한다. 해당 이벤트는 2024년 하반기에 서울에서도 첫 개최가 될 예정이다.

이만큼이나 리셀링은 젊은 층을 사로잡고 있으며 그중 국내에서 큰 유명세를 차지하는 크림은 2023년에, 크림은 알토스벤처스로부터 500억 원의 투자를 유치하며, 기업가치가 1조 206억 원으로 평가받았다. 이로 인해 크림은 유니콘 기업으로 등극하였고, IPO에서 긍정적인 평가를 받을 전망이다. 거기다 크림의 자회사 '팹'은 2023년 12월 딜리버리히어로로부터 20억 원 규모의 투자를 유치하며, 총 50억 원의 자금을 확보했다. 크림은 유니콘 기업으로 등극한 후, 다양한 글로벌 시장으로의 확장을 모색하고 있다. 일본, 싱가포르, 태국 등 아시아 시장에서의 투자와 파트너십을 통해 글로벌 리셀링 플랫폼으로 성장하고 있다. 물론 유니콘이 되기 전부터도 국내외 시장 점유율에 대한 크림의 작업은 꽤 오랫동안 차근차근 진행되어 왔다. 2021년 7월에는 일본 1위 한정판 거래 플랫폼인 스니커덩크를 운영하는 스타트업 '소다'에 300억 원을 투자하였다. 2022년에는 국내 최대 스니커즈 커뮤니티인 나이키매니아를 인수하여 시장 점유율을 높였다. 이는 크림의 국내 시장 지배력을 강화하는 데 기여했으며, 2023년에는 소다 지분 49.7%를 확보하기 위해 추가로 157억 원을 투자하기로 결정했다. 추가고 크림은 같은 해에 중고명품 플랫폼 '시크'를 인수하고, 자회사 '팹'을 통해 중고명품 시장으로 사업 영역을 확대했다. '시크'는 누적 거래액 1,000억 원을 돌파하는 등 성공적인 플랫폼으로 평가받고 있다.

3) 불안한 국내의 유니콘 시장에서 안정적인 자회사 전략으로 기반을 다지다

　일반 사람들에게는 쉬이 접하기 힘든 제품을 취급하는 기업에서 위와 같은 실적을 내는 것을 보면 문득 크림 어떤 방식으로 수익을 내는 것일까 하는 궁금증이 생긴다. 우선 이에 대해 설명하기 앞서 다시 한번 강조하지만 리셀링은 무조건 다른 구매자가 '사용'했던 제품을 취급하는 것이 아니라 대부분 '미사용' 제품을 포함한다. 그리고 이런 리셀링은 본질적으로 낮은 가격에 제품을 구매하여 높은 가격에 판매하여 이익을 얻는 것을 의미한다. 특히 한정판 상품의 경우, 구매 후 사용하지 않고 보관한 제품이 리셀링 시장에서 거래된다. 유래를 살펴보면 리셀링은 사실 중고품 상점이나 벼룩시장에서 많이 이루어졌던 일반적인 행위에서 시작했다. 즉, 사람들이 더 이상 필요하지 않은 물건을 다른 사람에게 팔면서, 자연스럽게 형성된 전통적인 재판매 시장이라고 보면 된다. 그런데 현대에 와서는, 특히 한정판 제품의 인기로 인해 리셀링은 브랜드 리셀링이라는 매우 전문화, 특수화되고 조직화된 시장이 된 것이다. 한정판 제품의 경우, 출시 후 바로 매진

되기 때문에 리셀링 시장에서 다시 거래된다. 이러한 제품들은 높은 수요와 명성으로 인해 재판매 시에도 프리미엄 가격에 거래될 수 있다. 이 리셀링은 추후 온라인 플랫폼의 발달로 전 세계 어디서든 리셀링이 가능해졌고, 한정판 스니커즈, 스트릿웨어, 명품 등이 주로 거래되는 형태로 시장이 새롭게 변화한 셈이다.

꽤나 마이너한 제품을 다룬다는 특징을 감안하면서 리셀링 기업인 크림을 보면 나름의 비즈니스 전략과 시장 분위기가 어떻게 형성되어 있는지 감이 오기 시작할 것이다. 우선 그중 몇 가지를 꼽자면 다음과 같다:

- **재고 부담 없음**: 한정판 전략은 재고 부담이 없는 것이 큰 이점 중 하나이다. 대부분의 온오프라인 매장에서는 항상 재고를 충당할 때 제품을 얼마나 만들어야 할까 하는 고민에 빠지지만 만약 제품이 한정판일 경우, 이에 대해 전혀 신경 쓸 필요가 없다. 오히려 재고가 낮아 희소성이 높을 수록 그 브랜드의 고급진 이미지와 우월성을 높이며 소비자의 관심을 집중시킬 수 있다.

- **수요와 공급의 불균형을 토대로 형성된 높은 가격**: 한정판 상품은 공급이 제한되어 있어 수요와 공급에 따라 가격이 결정되며, 이로 인해 가격이 기본적으로 매우 높게 형성될 수 있다. 이 제한적인 공급량 때문에 가격이 급등한다 해도 판매에 크게 문제

가 되는 않는다. 예를 들어, 인기 있는 유명 브랜드의 한정판 스니커즈나 스트릿웨어 제품은 출시 즉시 매진되는 경우가 자주 있으며, 이는 리셀 시장에서 높은 가격이 그만큼 일반적이기 때문이라는 것을 입증한다.

- **소비자의 심리적 요인**: 당연히 고가의 한정판 제품일수록 소비자의 심리적인 만족감이 크게 기여한다. 소비자들은 한정판을 소유함으로써 얻는 자부심 때문에 높은 가격을 지불한다. 특히, 유명 셀럽이나 인플루언서들이 착용한 제품일 경우, 그 가치가 더욱 높아져 높은 가격에도 구매가 빠르게 지속적으로 이어진다. 이 말고도 소비자의 심리로 작용하는 또다른 요인이 바로 시간과 노력이다. 한정판 제품을 구매하기 위해 소비자들은 대기열에 서거나 온라인 드롭 이벤트에 참여하는 등 많은 시간과 노력이 필요하다. 이러한 과정에서 제품을 획득한 리셀러들은 자신들의 노력에 대한 대가로 높은 가격에도 망설임없이 구매를 결정할 수 있다.

- **검증 및 인증 비용**: 리셀 플랫폼에서 제공하는 진품 검증 및 인증 서비스는 추가 비용이 발생할 수 있다. 이는 소비자들이 가품에 대한 우려 없이 안심하고 거래할 수 있도록 도와준다. 이것이 크림을 포함한 리셀링 기업의 수익 모델이다. 크림은 2023년에 수익성 개선을 위해 거래 수수료 인상도 하였다. 현재로서는

2022년 10월부터 2023년 8월까지 8번의 거래 수수료 인상을 통해 최대 8.8%로 조정했다. 더불어 인수한 시크 수수료 역시 인상하여 판매·구매 수수료를 3%로 올리고 검수비 3만 원을 적용했다.

- <u>광고 및 프로모션 및 프리미엄 서비스</u>: 크림은 플랫폼 내에서 다양한 브랜드와의 협력을 통해 광고 및 프로모션을 진행하며, 이를 통해 수익을 창출한다. 브랜드 팝업이나 드롭 이벤트와 같은 활동이 이에 해당한다. 또한, 크림은 빠른 배송과 같은 프리미엄 서비스를 제공하며, 이에 따른 추가 요금을 부과한다.

크림이 한국 유니콘으로 등재된 연도는 2023년인데 정확한 날짜는 2023년 12월 26일에 등재 발표가 나왔다. 어떻게 보면 굉장히 아슬아슬하게 2023년에 한국 유니콘 스타트업이 되었는데 더 놀라운 사실은 크림 외에 유니콘 기업이라는 타이틀을 달성한 기업이 하나밖에 없다. 이게 왜 놀라운지는 국내의 유니콘 기업에 대해 2021년부터 살펴보면 잘 와닿을 수 있다. 2021년에는 적잖은 한국 스타트업들이 유니콘 지위를 획득하여, 국내의 스타트업 생태계가 크게 성장하고 있음을 보였다. 그해의 주요 유니콘을 몇몇 정리하자면 직방(한국의 부동산 검색을 간소화하는 앱), 마켓컬리(신선식품을 배달하는 전자 상거래 플랫폼), 두나무-업비트(암호화폐 거래소 업비트를 운영하는 기업) 등등, 총 15개가 있다. 2022년의 경우, 상반기에는 5개의 새로운 기업이 유니콘 지위에 도달했으며, 연말까지 총 23개의 유니콘 기업이 생겼다. 이들 기업은 메가존 클라우드(Megazone Cloud, 클라우드 서비스 제공업체), 시프트업(Shift Up, '데스티니 차일드'로 유명한 게임 개발 스튜디오), 아이지에이웍스(IGAWorks, 모바일 마케팅을 위한 빅데이터 플랫폼 제공업체), 오아시스 마켓(Oasis Market, 온라인 및 오프라인 신선 식품 배달 서비스)와 호텔 예약 플랫폼인 GC 컴퍼니(여기어때)이다.

그리고 바로 작년인 2023년에는 금리 상승과 투자 심리 악화로 인해 새롭게 유니콘에 등재된 기업 수가 감소했다. 전 세계적인 경제 불확실성으로 인해 자금 조달과 평가액이 감소되고, 투자 환경이 악화되면서 성장세가 둔화된 것이다. 때문에 그해에 유니콘 지위를 달성한 몇 안 되는 주목할 만한 스타트업들 중 대표적인 곳이 트릿지(Tridge, 농산물 데이터 및 미디어 플랫폼)와 이번 글의 주제 기업인 럭셔리 리셀링 플랫폼, 크림 등이다. 거기에다가 전 세계적으로 2023년에 새로 등재된 유니콘들을 살펴보던 정보기술(IT) 및 소프트웨어 기업이 전체 유니콘의 약 48%를 차지하며, 가장 많은 유니콘이 속한 산업이다. 그리고 핀테크, 엔터프라이즈 서비스, 블록체인, 물류, 사이버 보안, 인공지능(AI) 산업이 최근 가장 빠르게 성장하고 있다. 기타 산업으로는 에너지, 생명 과학, 항공우주 산업도 유니콘의 활동으로 인해 크게 변하고 있다. 세계 경제의 전망과 유니콘에서 각 업계가 차지하는 비중을 보면 리셀링이 주력인 크림이 어떻게 유니콘 지위를 획득하는 데 성공했을까?

    그 이유를 몇 가지로 분석할 수 있는데 네이버의 지원이 가장 핵심적이다. 상술했듯이, 크림은 네이버의 자회사인 스노우에서 2016년 8월 1일에 분사한 기업이다. 스노우는 주로 사진 및 비디오 편집 애플리케이션을 개발하고 운영하는데 대표 앱인 'SNOW'는 얼굴 인식 스티커와 GIF 지원 채팅 기능을 포함한 셀카 앱이다. 이 앱은 특히, 젊은 세대 사이에서 인기를 끌며, 한국, 일본, 중국 등 아시아 지역에서 많은 사용자층을 확보하고 있다. 스노우가 운영하는 또 다른 앱인 B612도 인기 있는 셀카 앱으로, 다양한 필터와 스티커를 제공하여 사용자들이 쉽게 사진을 꾸밀 수 있도록 도와준다. 마지막으로 푸디(Foodie)라는 앱은 음식 사진을 더욱 맛있게 찍을 수 있도록 이에 특화된 필터와 편집 도구를 제공한다.

    이처럼 스노우는 주로 사진 및 비디오 편집 앱을 운영하는 회사로, 리셀링과 직접적인 관련이 없어 보일 수 있다. 그러나 크림이 스노우에서 분사한 데는 몇 가지 중요한 이유가 있다. 일단 스노우의 기존 사진 및 비디오 편집 서비스 외에도 다양한 사업 영역에서 혁신을 추구하고 있었다. 크림은 이 과정에서 한정판 리셀링 시장의 가능성을 발견하고 새로운 사업 기회를 모색하게 되었다. 그만큼 한정판 스니커즈와 스트릿웨어에 대한 수요가 국내에서 급증하고 있었기 때문이다. 크림은 이러한 시장 수요에 생긴 공백을 메우는 식으로 대응하기 위해 설립되었다. 무엇보다 기존의 중고 거래 플랫폼들이 주로 일반 상품을 다루기 때문에 크림은 한정판 제품에 특화된 서비스를 제공하여 시장에서 차별화된 포지션을 빠르게 차지할 수 있으리라는 확신도 있었을 것이다.

네이버는 한국의 대표적인 IT 기업으로, 다양한 분야에서 혁신적인 서비스를 제공하며 탄탄한 재정적 기반을 가지고 있다. 그러니 네이버는 크림의 모회사인 스노우에 당연히 막대한 투자를 했다. 이러한 자금 지원은 크림이 빠르게 성장하고 시장에서 경쟁력을 갖추는 데 큰 도움이 되었다. 또한, 강력한 IT 인프라와 기술적 노하우를 보유하고 있는 네이버이기에 크림은 이러한 기술적 자원을 활용하여 플랫폼의 안정성과 보안을 강화하고, 사용자 경험을 개선할 수 있었다. 뿐만 아니라, 네이버가 가진 매우 강력한 브랜드 파워를 기반으로 크림은 시장에서 신뢰를 얻고, 빠르게 인지도를 높일 수 있었다. 또한, 네이버는 글로벌 시장에서도 다양한 비즈니스를 운영하고 있으니, 크림은 이를 활용하여 해외 시장으로 확장할 수 있었고, 특히 아시아 시장에서의 확장에 큰 도움이 되었다. 이처럼 네이버의 다양한 지원은 크림이 빠르게 성장하고 유니콘 지위를 달성하는 데 중요한 역할을 했다. 여기에다가 한정판 스니커즈와 스트릿웨어에 대한 수요는 전 세계적으로 꾸준히 증가하고 있다. 특히 젊은 세대는 독특한 패션 아이템을 선호하며, 이를 통해 자신만의 스타일을 표현하고자 한다. 크림은 이러한 트렌드를 잘 활용하여 한정판 리셀링 시장에서 빠르게 자리 잡을 수 있었다.

　이처럼 네이버의 분사 (자회사 형태로 특정 서비스를 제공하는) 전략을 사용하는 이유는 사업 다각화도 있지만 전문성 강화, 유연한 운영, 그리고 투자 유치와 가치 증대도 있다. 네이버는 특정 서비스에 특화된 자회사를 운영함으로써 해당 분야의 전문성을 강화할 수 있다. 게다가 자회사 형태로 운영하면 본사의 복잡한 의사 결정 구조에서 벗어나 더 빠르고 유연한 운영이 가능하다. 이전에 마켓컬리에 대해 설명했을 때 해당 기업이 스타트업이기에 새벽배송이라는 차별화된 전략을 쿠팡 같은 대기업보다 빠르게 낼 수 있었다고 했는데 크림도 비슷하다고 생각하면 된다. 그만큼 스타트업은 빠르게 변화하는 시장 환경에 대응하는 데 유리하다. 또한, 자회사는 독립적인 법인으로서 외부 투자 유치가 용이하여, 이를 통해 자금 조달과 기업 가치 증대를 도모할 수 있다. 자회사가 외부 투자 유치에 용이한 이유는 독립적인 법인 기업은 자체 재무제표와 재무 구조를 갖추고 있기 때문이다. 이는 투자자들이 (네이버같은 대기업의 재무제표를 통째로 봐야 하는 대신) 해당 소규모인 자회사의 재무 상태와 성과를 명확히 파악할 수 있게 해 준다. 무엇보다 자회사는 독립적으로 운영되기 때문에, 부모 회사의 재무 상태와 무관하게 자금을 조달할 수 있다. 이는 부모 회사가 자회사에 대한 재무적 리스크를 분산시키는 효과가 있으며, 투자자들도 이를 긍정적으로 평가한다. 이러한 전략은 네이버의 크림뿐만 아니라 구글의 알파벳, 페이스북의 메타, 아마존의 AWS

등과 같은 글로벌 기업에서도 성공적으로 활용되고 있다. 유사 사례를 살펴보면 대표적으로 다음과 같은 기업이 있다:

- **구글/알파벳(Alphabet)**: 2015년, 구글은 알파벳이라는 지주 회사 구조로 전환하였다. 이를 통해 구글 본체는 검색 및 광고 비즈니스에 집중하고, 다른 자회사들은 각각의 혁신적인 프로젝트를 독립적으로 운영할 수 있게 되었다. 예를 들어, 자율주행차 개발 자회사인 웨이모(Waymo), 생명과학 자회사인 베릴리(Verily) 등이 있다.

- **페이스북/메타(Meta)**: 페이스북은 2021년 메타로 사명을 변경하며, 소셜 네트워크 플랫폼 외에도 VR/AR 기술 개발, 메타버스 구축 등 다양한 분야에 집중할 수 있는 자회사를 설립하고 운영하고 있다. 이는 각 비즈니스 유닛이 독립적으로 성장할 수 있게 하려는 전략의 일환이다.

- **아마존(Amazon)**: 아마존도 클라우드 컴퓨팅 자회사인 AWS (Amazon Web Services)를 독립적으로 운영하여 클라우드 서비스 시장에서 강력한 입지를 구축하고 있다. AWS는 아마존의 전자 상거래와 별도로 운영되며, 독립적인 사업 전략을 펼치고 있다.

이런 전략을 통해 크림은 다소 사그라들었던 국내 유니콘 시장에서 생소한 서비스를 가지고 안정적인 운영과 성장을 이룰 수 있었다. 이러한 성공은 한국을 넘어 글로벌 시장에서도 주목받고 있으며, 크림은 아시아 시장을 시작으로 전 세계로의 확장을 모색하고 있다. 한정판 스니커즈와 스트릿웨어에 대한 글로벌 수요가 지속적으로 증가하고 있는 만큼, 크림은 이 기회를 통해 더 큰 성장을 이룰 것으로 기대된다. 크림의 여정은 이제 막 시작되었다. 앞으로도 더 많은 소비자들에게 신뢰할 수 있는 리셀링 경험을 제공하며, 글로벌 시장에서의 성공을 이어 나갈 것이다. 크림이 만들어 갈 새로운 리셀링 시대를 기대해 본다.

08

오늘의 집, 인테리어 플랫폼의 새로운 기준

1) 온라인 플랫폼을 통한 새로운 쇼핑 경험 제공, 오늘의 집의 접근법

2) 맞춤형 인테리어 서비스를 성공으로 이끈 탁월한 경영 전략

3) 구매자는 물론 판매자 시선에서 바라보는 오늘의 집의 국내외 현황

1) 온라인 플랫폼을 통한 새로운 쇼핑 경험 제공, 오늘의 집의 접근법

정 씨는 최근 이사를 하고 자신의 새 아파트를 꾸미는 데 푹 빠져 있다. 평소 인테리어에 크게 개의치 않았던 그였지만, 코로나로 인해 재택근무를 시작한 후부터 하루 종일 집에 틀어박혀 있느라 없던 관심이 생긴 것이다. 그렇게 반쯤 강제로 접하게 된 인테리어 세계를 탐험하는 과정에 정 씨는 집 꾸미기에 생각보다 재미를 느끼기 시작했다. 여러 가지 아이디어를 찾기 위해 인터넷을 검색하던 중, 그는 오늘의 집을 발견했다. 그의 인테리어 여정은 본격적으로 여기서 시작되었다.

어느 날, 정 씨는 친구의 집들이에 다녀왔다. 친구의 거실은 모던한 스타일로 꾸며져 있었고, 특히 "오, 괜찮은데?"라는 생각이 절로 들게 할 만큼 눈에 띄는 소파와 커피 테이블이 있었다. 정 씨는 그런 소파와 테이블을 자신의 집에도 놓고 싶어졌다. 그는 스마트폰을 꺼내 오늘의 집 앱을 열었다. 이미 알고 있었던 이미지 검색 기능을 이용해 친구 집에서 찍은 사진을 업로드했다. 앱은 곧바로 유사한 제품들을 찾아주었고, 정 씨는 친구의 소파와 비슷한 디자인의 소파를 몇 초 만에 찾을 수 있었다. 다양한 가격대와 색상의 옵션이 나와 있어 선택의 폭이 넓었다. 정 씨는 여러 가지 옵션을 비교해가며, 가장 마음에 드는 제품을 찾았다. 리뷰를 통해 실제 사용자들의 경험도 확인할 수 있었던지라 제품에 대한 신뢰감은 높았다.

소파를 주문한 뒤, 정 씨는 내친 김 오늘의 집의 '노하우' 탭을 살펴보기 시작했다. 여기에는 인테리어 전문가들이 공유한 다양한 팁과 DIY 방법이 가득했다. 그는 자신의 거실을 꾸미는 데 필요한 작은 소품과 꾸미기 아이디어도 여기서 얻을 수 있었다. 더욱 놀라운 점은, 원하는 아이디어를 클릭하면 바로 해당 제품을 구매할 수 있는 페이지로 연결된다는 것이었다.

배송도 편리했다. 정 씨는 지정일 배송 서비스를 이용해 자신이 원하는 날짜에 소파를 받을 수 있었다. 바쁜 일정 속에서도 인테리어를 완성할 수 있어 만족스러웠다. 소파가 도착한 날, 배송기사들이 직접 소파를 설치해 주어 번거로움도 없었다.

몇 달이 지난 후, 정 씨는 오늘의 집을 통해 가구와 소품을 구매하는 것을 넘어, 인테리어 전문가와 상담할 수 있는 '전문가 집들이' 서비스를 이용하기로 했다. 이 서비스는 전문가가 실제로 꾸민 집을 둘러보고, 비슷한 스타일로 자신의 집을 꾸밀 수 있도록 도와주는 서비스였다. 그는 전문가와의 상담을 통해 자신의 취향에 맞춘 맞춤형 인테리어를 완성할 수 있었다.

시간이 지날수록, 정 씨의 집은 점점 더 자신만의 개성을 반영한 공간으로 변해 갔다. 오늘의 집을 통해 얻은 다양한 아이디어와 제품들이 그의 집을 특별하게 만들었다. 이제는 친구들이 그의 집을 방문할 때마다 "이 집 정말 멋있다.", "집에서 일할 맛나겠다."라는 말을 듣는 것이 일상이 되었다. 오늘의 집은 정 씨의 인테리어 여정을 성공적으로 도와주었고, 그는 이 플랫폼을 통해 집을 꾸미는 즐거움을 알게 되었다. 인테리어의 세계는 생각보다 훨씬 흥미롭고, 초보인 그조차도 알고 싶은 모든 것을 어렵지 않게 찾을 수 있게 해 주는 곳이었다.

홈 인테리어에 관심은 많으나 안목에 자신이 없는 사람들에게는 오늘의 집은 한 번쯤은 접해 봤을 플랫폼일 것이다. 오늘의 집은 2013년 이승재 대표가 버킷플레이스라는 회사를 설립한 후 개발한 앱으로 개인의 취향을 반영한 맞춤형 인테리어 서비스를 제공하며 빠르게 성장했다. 초기 2014년에는 일상을 공유하는 콘텐츠와 인테리어 커뮤니티로 시작했지만 2016년부터는 커머스 비즈니스를 시작하면서 급성장하였다. 현재는 가구, 소품 판매와 시공 서비스까지 확장하며 다양한 고객의 요구를 충족하고 있다. 이러한 성공은 사용자 중심의 맞춤형 서비스와 풍부한 콘텐츠 제공에 기인한다.

당시에 인테리어 시장은 노후 아파트나 주택 리모델링 수요 증가로 성장하고 있으며, 홈퍼니싱과 인테리어 시장은 꾸준한 상승세를 보이고 있다. 사회적 거리 두기와 원격 근무 증가로 인해 인테리어 장식 시장의 수요도 증가하고 있다. 2013년 당시, 한국의 아파트 건설은 급속한 경제 성장과 함께 1970년대부터 본격화되었고, 많은 아파트들이 약 20년 만에 리모델링이 필요하게 되었다. 2012년 기준으로, 전체 아파트의 약 42%가 평균 20년 이상 된 상태였다. 이는 노후 아파트의 리모델링 수요가 증가하는 주요 원인이었다. 또한, 코로나19 팬데믹 이후 많은 사람들이 집에서 보내는 시간이 늘어나면서, 집을 더 편안하고 아름답게 꾸미려는 수요가 크게 증가했다. 이에 따라 한샘몰과 현대 리브아트 같은 경쟁사들도 강력한 매출을 기록하게 되었다. 이는 사람들이 집에서 업무 공간을 꾸미고, 더 나은 생활 환경을 만들기 위해 인테리어에 투자하는 경향을 반영한다. 이로 인해 오늘의 집의 경쟁사인 한샘몰과 현대 리브아트 등도 무시 못 할 매출을 꾸준히 기록하고 있다.

이때 잠깐 국내의 인테리어 시장를 좀 더 제대로 설명하기 위해 오늘의 집 경쟁사들을 간략히 소개하겠다. 한샘몰은 한국에서 가장 큰 가구 브랜드인 한샘의 온라인 쇼핑몰로, 다양한 가구와 인테리어 제품을 제공한다. 해당 기업은 1970년에 설립되었으며, 주방 가구로 시작하여 현재는 거실, 침실, 욕실 등 모든 공간을 위한 가구와 인테리어 소품을 판매한다. 한샘몰은 사용자가 온라인으로 쉽게 가구를 비교하고 구매할 수 있도록 돕고 있으며, 홈 인테리어와 리모델링 서비스까지 제공하고 있다. 최근 롯데쇼핑(Lotte Shopping)과의 협력으로 더욱 주목받고 있는데 롯데쇼핑은 2022년에 한샘의 지분 약 30%를 인수하면서 전략적 파트너가 되었다. 이로 인해 한샘은 롯데그룹과의 협력을 통해 더 많은 고객을 유치하고, 제품과 콘텐츠의 시너지를 창출하고 있다. 한샘의 가구와 인테리어 제품은 롯데백화점, 롯데몰, 롯데마트 등에서 판매되고 있으며, 롯데그룹의 다양한 자원과 연계하여 시장 점유율을 확대하고 있다. 현대 리바트의 경우, 현대백화점 그룹의 자회사로, 가구와 인테리어 소품을 전문으로 하는 회사이다. 현대 리바트는 주방, 거실, 침실, 사무실 등 다양한 공간을 위한 가구와 인테리어 솔루션을 제공하며, 고품질의 제품과 혁신적인 디자인으로 유명하다. 현대 리바트는 특히, B2B 시장에서도 강세를 보이고 있으며, 다양한 기업과 협력하여 사무실 및 상업 공간의 인테리어를 제공하고 있다. 현대백화점과의 긴밀한 협력을 통해 오프라인 매장을 확대하고 있으며, 현대백화점 그룹의 유통망을 활용하여 더 많은 고객에게 다가가고 있다. 이 회사는 또한 친환경 제품 개발과 지속 가능한 경영을 중요시하며, 친환경적인 가구와 인테리어 제품을 시장에 공급하고 있다.

두 기업 모두 국내의 이름난 대기업을 기반 삼아 상당한 입지를 다루고 있는데 이와 같은 어드벤티지가 없던 오늘의 집이 내세운 첫 번째 차별 포인트가 바로 온라인 플랫폼이다. 한샘몰과 현대 리바트도 앞서 소개했듯 온라인 판매점이 없는 것은 아니지만 오프라인 매장을 통한 판매에 중점을 둔다. 사실 오늘의 집 이전의 인테리어 시장은 주로 오프라인 매장을 통해 운영되어 왔다고 보는 것이 정확하다. 고객들은 인테리어 소품과 가구를 직접 보고 구매해야 했으며, 시공 서비스도 각각의 업체를 직접 찾아야 했다. 그러나 오늘의 집은 이러한 과정을 모두 한 곳에서 해결할 수 있도록 온라인 플랫폼을 제공함으로써, 사용자들이 더 편리하게 인테리어를 계획하고 실행할 수 있도록 했다. 오늘의 집이 강조하는 두 번째 차별 포인트는 사용자 참여와 콘텐츠 중심의 사업 운영이다. 그만큼 사용자들이 직접 올린 인테리어 콘텐츠와 전문가들의 인테리어 노하우를 통해 풍부한 정보를 제공하는 것이 오늘의 집의 핵심 기능 중 하나다. 이를 통해 사용자는 다양한 아이디어를 얻고, 이를 기반으로 자신의 집을 꾸밀 수 있다. 반면, 한샘몰과 현대 리바트는 사용자 참여보다는 롯데/현대의 브랜드 중심의 제품과 서비스를 제공한다.

　오늘의 집은 이러한 오프라인 위주의 시장 상황을 배경으로 인테리어 원스톱 플랫폼을 지향하며 성장해 왔다. 그래서 단순히 가구와 소품 판매/배송에서 만족하지 않고 더 나아가 부분 시공부터 전체 리모델링 서비스, 이사 서비스까지 제공하고 있다. 사용자들의 다양한 취향을 고려하여 쉽게 인테리어를 구현할 수 있는 정보와 레퍼런스를 제공하여 고객 만족도를 높이고 있다. 여기에 마지막 차별점이라 볼 수 있는 디지털 도구 및 기능까지 활용하니 일반 사용자들도 부담없이 인테리어에 접할 수 있게 된 것이다. 참고로, 온라인 쇼핑몰이 있다고 해서 해당 기업이 무조건 디지털 기술을 활용했다고 보기는 어렵다. 그보다는 오늘의 집처럼 새로운 검색 기능을 추가하는 것이 차별점 방면에서도 디지털 기술을 한 단계 더 높여 활용한 케이스다.

이미지 검색은 사용자들로 하여금 자신의 취향에 맞는 인테리어를 찾고 구현할 수 있도록 하는데 인테리어 스타일의 사진을 업로드하면 유사한 제품을 쉽게 찾을 수 있게 도와준다. 이 이미지 검색 기능이 특히 인테리어에 문외한인 사용자들에게도 인테리어 경험을 새롭게 접할 수 있도록 변화를 가져왔다. 자신의 취향에 맞는 인테리어 사진을 업로드하면, 가구의 이름, 제조 회상 등을 알 필요도 없이 비슷한 제품을 즉시 검색해 주니 말이다. 또한, 다른 사람들의 아이디어에 자신만의 색깔을 한 스푼 더 보태고 싶은 이들이라면 같은 인테리어를 그대로 도입할 것이 아닌 다양한 옵션 비교까지 선택할 수 있어 사용자 만족도를 크게 높였다. 이러한 기능 덕에 인테리어 초보자부터 전문가까지 모든 사용자가 자신의 취향을 반영한 공간을 쉽게 꾸밀 수 있도록 지원한다.

여기에 다음과 기능들까지 살펴보면 오늘의 집은 사회적 거리 두기와 원격 근무 증가를 크게 염두하여 만든 것이라는 생각이 든다. 해당 플랫폼은 사용자들이 집에서 더 편리하게 인테리어를 계획하고 실행할 수 있도록 다양한 서비스를 추가로 제공되었다. 대표적으로, '노하우' 탭에서는 사용자들이 자신의 취향에 맞는 인테리어 팁과 DIY 방법을 배울 수 있게 하였다. 이 탭은 전문가들이 공유하는 인테리어 노하우뿐만 아니라, 사용자들이 직접 올린 콘텐츠를 통해 다양한 인테리어 아이디어를 얻을 수 있게 한다. 여기에다가 온라인을 통해 쉽게 접근할 수 있는 시공 중개 서비스와 맞춤형 상담 서비스를 통해 집에서 직접 인테리어 전문가와 상담할 수 있도록 하다. 이는 사용자가 집 밖에 나가지 않고도 인테리어를 계획하고 실행할 수 있는 환경을 제공하여 큰 인기를 끌고 있다.

2) 맞춤형 인테리어 서비스를 성공으로 이끈 탁월한 경영 전략

　오늘의 집 창업자인 이승재 대표는 서울대 화학생물공학부를 졸업한 후 친구들과 다른 분야의 스타트업을 운영하면서 셀프 인테리어의 문제점들을 경험했다. 이를 계기로 모든 사람이 쉽게 인테리어를 할 수 있는 서비스를 만들겠다는 아이디어를 떠올리게 되었다. 그래서 2013년에 그는 1,000만원의 자본으로 버킷플레이스를 창업했다. 처음에는 3명의 친구들과 시작한 회사였지만 현재는 150명이 넘는 직원을 보유하고 있으며, 고액을 들어 새롭게 사무실을 단장할 정도로 성장했다. 오늘의 집 앱 출시 초기에는 사용자들이 사진을 올리지 않아 큰 어려움을 겪었다. 설립 후 첫 2년 동안 매출이 0원일 정도로 힘든 시기도 겪었다. 이를 극복하기 위해 오늘의 집은 사용자에게 인테리어와 라이프스타일 관련 콘텐츠를 제공하여 관심을 끌었다. 구체적으로 어떤 콘텐츠를 제공하는지 알아보자면 다음과 같다:

　1. 온라인 집들이: 오늘의 집은 사용자가 자신의 집을 꾸민 사진을

공유하고, 다른 사용자의 집을 둘러볼 수 있는 '온라인 집들이' 기능을 제공한다. 이를 통해 사용자는 서로 영감을 주고받으며 셀프 인테리어 문화를 형성할 수 있었다. 이 기능은 사용자들이 직접 참여하고, 서로의 공간을 공유하며, 개인 공간에 있는 가구나 소품에 태깅된 다양한 제품도 함께 보게 하여 구매를 유도했다.

2. DIY 및 인테리어 노하우: 오늘의 집은 DIY(Do It Yourself) 가이드와 인테리어 노하우를 제공하여 사용자들이 직접 집을 꾸밀 수 있도록 돕는다. 이는 텍스트, 이미지, 동영상 등 다양한 형태로 제공되며, 초보자부터 전문가까지 누구나 쉽게 따라할 수 있는 내용을 담고 있다.

3. 전문가 시공 사례: 전문가들이 진행한 인테리어 시공 사례를 소개하여, 사용자들이 실제 시공 과정과 결과를 확인할 수 있게 한다. 이는 사용자가 원하는 스타일이나 아이디어를 구체화하는 데 큰 도움이 된다. 또한, 이를 통해 신뢰할 수 있는 시공업체를 찾을 수 있도록 돕는다.

4. 인테리어 트렌드 및 리뷰: 최신 인테리어 트렌드와 다양한 제품 리뷰를 제공하여, 사용자들이 최신 정보를 얻고 구매 결정을 내리는 데 도움을 준다. 이는 사용자가 최신 트렌드에 맞춰 집을 꾸미고, 가장 적합한 제품을 선택할 수 있게 한다.

5. **커뮤니티 및 사용자 참여**: 사용자들이 서로의 인테리어 경험을 공유하고, 피드백을 주고받을 수 있는 커뮤니티를 형성하여 적극적인 참여를 유도한다. 이는 사용자들이 자신의 아이디어를 펼치고, 다른 사람들의 조언을 받을 수 있는 공간을 제공한다.

이처럼 오늘의 집은 다양한 형태의 콘텐츠를 통해 사용자들에게 인테리어와 라이프스타일 관련 정보를 제공하고, 적극적인 참여를 유도함으로써 커뮤니티를 활성화한다. 이런 콘텐츠와 커뮤니티 활동을 기반 삼아 사용자들이 자연스럽게 상품을 소개하고 구매로 이어지도록 하는 효과를 유도했다.

사용자들이 본격적으로 구매하기 위해 플랫폼에 들어설 때를 대비해, 오늘의 집은 인테리어 제품을 한 곳에서 비교하고 구매할 수 있는 온라인 쇼핑몰을 운영한다. 이미지 검색 기능 덕에 사용자는 원하는 스타일의 제품을 쉽게 찾을 수 있으며, 이를 통해 사용자의 구매 경험을 향상시킬 수 있었다. 무엇보다 오늘의 집은 주로 30대와 40대 사용자들을 타겟으로 했다. 이 연령층은 인테리어와 라이프스타일에 대한 관심이 높고, 구매력까지 강했기 때문에 앱 내에서 제공되는 다양한 상품을 사는 데에 있어 적극적이었고 플랫폼에 대해 높은 고객 충성도를 보여 준다. 더불어 원스톱 앱답게 시공 중개 서비스까지 사용자와 인테리어 전문가를 연결해 주어 인테리어 공사를 필요로 하는 사용자가 전문가와 쉽게 연결될 수 있도록 한다. 이로 인해 사용자는 물론 인테리어 전문가도 모든 과정의 번거로움을 줄이고 만족도를 높이는 경험을 하게 된다. 이러한 장시간의 노력과 전략적인 커뮤니티 형성 및 플랫폼 기능 구현 덕에 7년이 지난 2020년이 되고 나서야 오늘의 집은 현 명성을 얻게 되었다.

그 결과, 오늘의 집은 2020년 11월에 본드캐피탈(BOND Capital), IMM 인베스트먼트, 미래에셋벤처투자, 미래에셋캐피탈, 네이버 주도로 7,700만 달러의 시리즈 C 자금을 조달하며, 연간 매출이 전년 대비 약 3배 증가하여 759억 원을 기록했다. 2021년에는 약 1,000억 원의 새 자금을 조달하며 회사 평가가 1.5조 원에서 2조 원으로 증가했다. 또한, 가구 및 조명 설치, 배관 서비스를 제공하는 국내 스타트업인 집다를 인수하여 홈 리페어 서비스 시장으로 확장했다. 2022년에는 네이버, 본엔젤스, IMM인베스트먼트 등에서 총 120억 원의 투자를 유치하였고, 사용자들이 찍은 공간 사진이 월 평균 30만 장에 달했다. 올해 누적 거래액이 7,000억 원을 돌파하며 월 평균 거래액이 전년 대비 5배 성장했다. 2023년 하반기에는 월간 흑자 전환을 성공하며 매출액과 거래액이 역대 최대치를 달성했다. 또한, 2천만 이상의 다운로드를 기록하였으며, 1만 개 이상의 판매자가 플랫폼에서 활동하고 있다. 최근 2024년에는 한국을 넘어 미국, 일본, 인도네시아 등 3개국에 해외 서비스 '오하우스(OHouse)'를 선보이며 글로벌 시장에까지 도전하고 있다.

하지만 버킷플레이스는 자체 플랫폼인 오늘의 집뿐만 아니라 내부적으로 무차입경영 전략을 성공적으로 한 케이스라고 볼 수 있다. 무차입경영이란 기업이 외부로부터의 차입, 즉 은행 대출이나 회사채 발행 등을 통한 자금 조달을 최소화하거나 전혀 하지 않는 경영 방식을 의미한다. 이는 금융 비용을 최소화하여 재무 구조를 안정적으로 유지하고자 하는 전략이라고 보면 된다. 무차입경영을 실현하는 기업은 주로 다음과 같은 특징을 가진다:

- **높은 현금 보유량**: 회사가 필요한 자금을 내부 유보금이나 현금성 자산을 통해 충당할 수 있어야 한다. 이는 비상시에 신속하게 대응할 수 있는 유동성을 확보하는 데 도움을 준다. 달리 말하자면 지속적이고 안정적인 현금 흐름을 보유한 기업은 외부 차입 없이도 운영 및 투자를 계속할 수 있다는 뜻이다. 예를 들어, 대형 IT 기업이나 소프트웨어 회사는 높은 수익성과 낮은 자본 지출로 인해 내부 자산으로도 경영을 할 수 있다.

- **높은 수익성**: 안정적이고 높은 수익성을 유지하여, 외부 자금에 의존하지 않고도 필요한 투자를 할 수 있다. 높은 수익성과 낮은 운영비용을 가진 기업이라면 외부 자금 없이도 충분히 성장할 수 있는데 예를 들어, (온라인 플랫폼 같은) 소프트웨어 개발 회사나 서비스 기반 회사는 초기 비용이 낮고, 유지 비용이 적기 때문에 무차입경영이 가능하다.

- <u>보수적인 투자 전략</u>: 위험을 최소화하기 위해 보수적인 투자 및 운영 전략을 유지한다. 재무 안정성을 중요시하는 기업은 이를 통해 금융 리스크를 최소화하고자 한다. 이는 특히 인테리어 업계처럼 유행으로 인해 변동성이 큰 산업에서 유리하다.

무차입경영의 주요 이점으로는 재무 안정성을 뽑을 수 있는데 외부 차입이 없으므로, 금리 인상이나 대출 만기 도래와 같은 금융 리스크에 덜 민감하기 때문이다. 또한, 이자 비용이 발생하지 않으므로, 순이익이 높아질 수 있으며 재무 구조가 탄탄하기 때문에 투자자나 거래처로부터의 신뢰도가 높아질 수 있다. 무차입경영을 사용하는 유명한 글로벌 스케일 기업들 중에는 예시를 들자면 우선 애플(Apple Inc.)이 있다. 애플은 상당 기간 동안 무차입경영을 실천해온 대표적인 회사라 막대한 현금 보유량을 통해 외부 차입 없이 운영하고 있으며, 이는 재무 안정성을 높이는 데 큰 역할을 한다 마이크로소프트(Microsoft) 역시 강력한 현금 흐름을 바탕으로 무차입경영을 실천하고 있다. 이 회사는 자사 운영과 투자에 필요한 자금을 대부분 내부 자원으로 충당하고 있다. 구글(Google, Alphabet Inc.) 또한 엄청난 현금 보유와 강력한 수익성을 바탕으로 무차입경영을 유지하고 있다. 이는 회사가 변동성에 대비하고 안정적인 성장을 지속하는 데 도움이 된다. 오늘의 집은 이러한 무차입경영을 실천하면서 네 차례의 투자 유치를 통해 자금을 확보했다.

그 외에도 기업이 활용한 비즈니스 전략이 여럿 있는데 정리하자면

다음과 같다:

1. **대규모 투자의 부재**: 버킷플레이스는 대규모 투자를 수반하지 않았으며, 온라인 플랫폼의 특성상 큰 생산시설이 필요하지 않아 큰 규모의 자금 유출이 없다. 인수합병 등에 투자한 금액도 상대적으로 적다.

2. **현금 재테크**: 버킷플레이스는 사업경비를 제외한 현금을 지속적으로 금융상품에 투자하여 이자수익을 창출한다. 예를 들어, 2022년에는 1,251억원의 유휴현금을 단기금융상품에 예치하여 45억 원의 이자수익을 올렸다. 이를 통해 현금 보유량을 유지하고 자금을 효과적으로 활용하고 있다.

3. **매출 성장세와 안정적인 현금 유지**: 버킷플레이스는 매년 수백억 원의 순손실을 기록하면서도 매출은 지속적으로 성장하고 있으며, 현금 보유량도 안정적으로 유지하고 있다. 참고로, 이해를 돕기 위한 추가 설명을 하자면 이처럼 매년 순손실을 기록하면서도 매출이 증가하는 것은 초기 성장 단계의 스타트업에서 흔히 볼 수 있는 현상이다. 이는 주로 마케팅, 사용자 확보, 기술 개발 등 장기적인 성장을 위한 투자에 집중하기 때문이다. 즉, 매출로 인한 수익보다 투자 비용이 더 크지만, 이는 장기적인 성장을 위한 전략적 결정이다. 예를 들어, 버킷플레이스는 최근 다양한 투자 유치를 통해 자금을 확보하고 있

으며, 이를 바탕으로 새로운 서비스와 기술을 개발하고 있다. 이는 단기적으로 손실을 기록하더라도 장기적으로는 더 큰 수익을 창출하기 위한 전략이다. 이러한 전략들은 버킷플레이스가 지속적인 성장을 유지하고 재무 구조를 안정적으로 관리하는 데 기여하고 있다. 그리고 이 안정적인 재무 상태가 단기적으로 차입이 필요하지 않은 이유 중 하나이다. 또한, 안정적인 현금 보유는 회사의 재무 건전성을 높여 주주와 투자자에게 신뢰를 준다.

여기서 더 나아가 오늘의 집은 영어권에서는 오하우스로서 인테리어 디자이너가 리모델링 경험을 공유하는 온라인 플랫폼을 운영하고 있다. 그리고 다양한 인테리어 게시물, 직접적인 상품 구매 및 리모델링 매칭 서비스를 제공하며, 시공 중개 서비스뿐 아니라 가구와 소품 판매까지를 통해 사용자들이 개성 있는 공간을 꾸밀 수 있도록 지원하고 있다. 사용자들이 직접 올린 콘텐츠부터 가구, 소품, 전문가 시공 서비스까지 모든 인테리어 영역을 커버하고 있다. 오늘의 집의 성장은 단순한 국내 거래 플랫폼을 넘어 국제적인 사용자에게 다양한 인테리어 경험과 편리한 서비스를 제공할 수 있게 된 것이다. 이러한 접근은 고객 만족도와 충성도를 높이며, 지속적인 성장을 견인하는 원동력이 되고 있다.

참고로, 모든 기업이 버킷플레이스과 같은 경영을 하는 것은 아니다. 무차입경영의 반대인 차입경영도 얼마든지 성공적으로 활용 가능한 전략이다. 차입경영은 외부 자금을 적극적으로 활용하여 사업

을 운영하는 방식인데 이는 주로 다음과 같은 유형의 기업에 적합하다:

- **고성장 기업**: 빠른 성장을 추구하는 스타트업이나 고성장 기업은 외부 자금을 통해 자본을 조달하여 빠르게 시장 점유율을 확대할 수 있다. 예를 들어, 테크 스타트업은 투자자금으로 R&D와 마케팅을 확대하여 빠르게 성장한다.

- **대규모 자본이 필요한 기업**: 인프라, 제조업, 부동산 개발 등 대규모 자본 투자가 필요한 산업에서는 외부 차입이 필수적이다. 예를 들어, 건설 회사는 프로젝트 진행을 위해 대규모 자금이 필요하므로 차입경영이 적합하다.

- **신용등급이 높은 기업**: 신용등급이 높아 저금리로 자금을 조달할 수 있는 기업은 차입경영을 통해 비용을 최소화하면서 자본을 확대할 수 있다. 예를 들어, 대형 금융 기관이나 글로벌 기업들은 낮은 이자율로 대규모 차입을 통해 자본을 효율적으로 활용한다.

차입경영을 사용하는 명성 있는 기업들 중에는 대표적인 예시 중 하나가 테슬라(Tesla Inc.)인데 해당 기업은 신기술 개발과 대규모 생산 설비 구축을 위해 대규모 외부 자금을 차입해왔다. 이러한 차입경영을 통해 빠른 성장과 시장 점유율 확대를 이뤄 냈다. 도요타(Toyota Motor Corporation)도 또 다른 대표 예시인데 세계 최대 자동차 제조 업체 중 하나로, 대규모 생산과 연구개발을 위해 외부 자금을 적극 활용한다. 에어버스(Airbus SE) 또한, 항공기 제조에 필요한 막대한 자본을 조달하기 위해 차입경영을 사용하며, 이를 통해 기술 개발과 생산 능력 확대를 추진하고 있다.

3) 구매자는 물론 판매자 시선에서 바라보는 오늘의 집의 국내외 현황

오늘의 집, 쿠팡, 마켓컬리, 직방 같은 온라인 플랫폼을 이용할 때 우리는 주로 구매자 입장에서 그 기능을 보게 된다. 그러나 이들 플랫폼에서 중요한 또 다른 참여자는 바로 제품이나 서비스를 제공하는 판매자이다. 특히 오늘의 집은 다양한 옵션을 통해 시공업체, 인테리어 가구 제조사 같은 제품 및 서비스 판매자들이 더 많은 고객에게 다가가고, 사업을 확장할 수 있는 기회를 제공한다. 오늘의 집은 제품 등록, 광고 도구, 데이터 분석 도구 등을 제공하여 판매자들이 효과적으로 제품을 홍보하고 판매할 수 있도록 돕는다. 또한, 글로벌 시장에 진출하고자 하는 판매자들을 위해 국제 배송 지원과 현지화된 마케팅 전략도 지원하고 있다. 그런 의미에서, 오늘의 집에서 제공하는 도구와 온라인 무대를 이용해 활약하는 판매자의 모습이 어떨지 한 예시를 통해 상상해 보자.

미영은 서울에서 작은 인테리어 소품 가게를 운영하는 창업가이다.

그녀의 가게, "아름드리 인테리어"는 수제 도자기, 독특한 가구, 그리고 감각적인 인테리어 소품을 판매하고 있다. 하지만 오프라인 판매만으로는 한계가 있어, 미영은 온라인 판매를 통해 더 많은 고객에게 다가가고자 결심한다. 하루는 미영이 친구로부터 오늘의 집에 대해 듣게 된다. 친구의 추천으로 오늘의 집 웹사이트를 방문한 미영은 판매자 등록 절차를 시작한다. 그녀는 필요한 서류를 준비하고, 몇 가지 간단한 단계만 거쳐 판매자 계정을 성공적으로 활성화한다.

계정이 활성화된 후, 미영은 그녀의 가장 인기 있는 제품 몇 가지를 먼저 등록하기로 한다. 그녀는 가게의 대표 제품인 수제 도자기 화병과 독특한 디자인의 원목 책상을 선택한다. 제품 설명을 상세히 작성하고, 고품질의 이미지를 업로드한 후, 가격을 설정한다. 오늘의 집 관리팀의 검토를 거쳐 제품이 승인된다.

제품이 승인된 후, 미영은 오늘의 집에서 제공하는 판매자 교육 프로그램에 참여한다. 이 프로그램을 통해 플랫폼 사용 방법, 효과적인 마케팅 전략, 고객 응대 방법 등을 배우게 된다. 또한, 전담 지원팀이 그녀의 문의를 처리하고, 판매 활동을 돕기 위한 다양한 자료와 가이드를 제공해 준다.

미영은 오늘의 집 내에서 제공되는 광고 도구를 사용하여 그녀의 제품을 홍보하기로 한다. 스폰서 광고를 이용해 더 많은 고객에게 노출시키고, 특별 기획전에 참여하여 판매를 촉진한다. 또한, 오늘의 집이 제공하는 데이터 분석 도구를 사용하여 판매 성과를 분석하고, 최적의 판매 전략까지 세운다. 그렇게 국내에서 나름 제품이 인기를 끌자 이 성공을 바탕으로 미영은 글로벌 시장에도 도전해 보기로 한다. 오늘의 집 글로벌 웹사이트에서 글로벌 판매자 등록 절차를 진행한 후, 영어로 제품 설명을 번역하고, 국제 배송 시스템을 구축한다. 싱가포르, 일본, 미국 등 다양한 국가의 고객들이 그녀의 제품을 구매할 수 있도록 준비한다. 몇 달의 꾸준한 노력 끝에, 미영의 제품은 국외에서도 큰 인기를 끌기 시작한다. 고객들은 아름드리 인테리어의 독특한 디자인과 높은 품질을 칭찬하며 리뷰를 자주 남기기 시작했다. 미영은 오늘의 집을 통해 매출을 크게 증가시키고, 더 많은 고객에게 다가갈 수 있게 되어 이제 글로벌 인테리어 브랜드로 성장할 준비를 할 수 있게 되었다.

미영의 이야기처럼, 오늘의 집은 판매자들이 간단한 절차와 강력한 지원 시스템을 통해 온라인에서 성공적으로 제품을 판매할 수 있도록 돕고 있다. 이는 국내외 판매자들에게 새로운 기회를 제공하고, 고객들과의 연결을 강화하는 중요한 역할을 하는 셈이다. 물론 상단의 예시에서처럼 한 개인보다는 기업이 판매자 역할을 하는 경우가 더 많다. 가령, 오늘의 집의 국내 판매 기업 중 한샘몰이 있다. 해당 기업은 가구 및 인테리어 제품을 오늘의 집 플랫폼에서 한샘 홈이라는 섹션을 통해 홍보하고 판매한다. 한샘몰처럼 오늘의 집의 광고 도구를 적극 활용하여 판매를 촉진하고 있는 해외 판매자로는 힙벤(HipVan)이 있다. 해당 기업은 싱가포르 기반의 온라인 가구 플랫폼으로 오늘의 집을 통해 글로벌 시장에 진출했다. 그 덕에 현지화된 제품 설명과 국제 배송 시스템을 통해 아시아 시장에서의 입지를 강화하고 있다.

참고로, 오하우스(해외에서의 오늘의 집 플랫폼 이름)은 기술 투자와 인프라 강화를 통해 글로벌 사용자가 편리하게 이용할 수 있는 플랫폼을 구축하고 있다. 이는 AR/VR 기술을 포함한 다양한 디지털 툴을 활용하여 사용자가 제품을 보다 쉽게 시각화하고 구매할 수 있도록 돕는 것을 목표로 하고 있다. 그 외에도 광고 마케팅에도 데이터 분석 기술을 사용하는데 그 대표적인 것이 바로 MolocoAI이다. MolocoAI는 머신러닝 기반의 광고 플랫폼으로, 다양한 디지털 광고 채널에서 광고를 최적화하는 데 중점을 둔 프로그램이다. 이 플랫폼은 특히 모바일 애플리케이션 광고에 특화되어 있으며, 광고주들이 더 나은 성과를 얻을 수 있도록 지원한다. MolocoAI는 오하우스가 광고 마케팅을 위해 사용하는 플랫폼이기도 하다. 오하우스 해당 플랫폼을 가지고 사용자 행동 데이터를 분석하여 가장 적합한 광고를 적시에 노출시키는 용도로 사용하다. MolocoAI의 주요 기능을 꼽자면 다음과 같다:

- **머신러닝 기반 타겟팅**: 심층 신경망 기술을 활용하여 사용자 행동 데이터를 분석하고, 가장 적합한 광고를 적시에 노출시킨다. 이를 통해 광고주들은 더 높은 전환율을 기대할 수 있다. 이 기술은 사용자의 검색 및 구매 패턴을 분석하여 맞춤형 광고를 제공함으로써 광고 효율성을 극대화한다.

- **스마트 타겟팅**: 사용자 행동과 관심사에 기반한 스마트 타겟팅 기능을 제공한다. 이는 광고주들이 특정 고객 세그먼트를 정확하게 타겟팅할 수 있게 도와주며, 광고 캠페인의 효과를 높이는 데 기여한다. 예를 들어, MolocoAI는 사용자들이 관심을 가질 가능성이 높은 제품이나 서비스를 자동으로 추천하는 기능을 가지고 있다.

- **자체 관리 캠페인**: 셀프 서비스 인터페이스를 통해 광고주들이 광고 캠페인을 직접 관리할 수 있게 한다. 이는 광고 효율성을 높이고, 광고 비용을 최적화하는 데 도움을 준다. 광고주는 A/B 테스트를 통해 광고 성과를 비교하고, 가장 효과적인 전략을 선택할 수 있다. MolocoAI를 사용한 A/B 테스트 결과, 맞춤형 광고를 본 사용자는 그렇지 않은 사용자에 비해 2.2% 더 높은 구매율을 보였다. 일부 판매자는 광고를 통해 매출이 두 배 증가하거나 광고 비용 대비 세 배의 수익을 얻는 성과를 거두었다.

- **데이터 분석 및 리포팅**: 강력한 데이터 분석 도구를 제공하여 광고 성과를 실시간으로 모니터링하고, 필요한 조정을 할 수 있도록 지원한다. 이 플랫폼은 광고주에게 상세한 리포트를 제공하여, 캠페인의 각 단계에서 발생하는 성과를 분석하고 최적의 광고 전략을 수립할 수 있도록 돕는다.

위의 기술력들을 잘 활용한 덕에 오하우스는 플랫폼에 가입한 판매자들에게 마케팅에 있어 다음과 같은 편의성 및 이점을 제공할 수 있다:

- **높은 전환율**: 맞춤형 광고 제공을 통해 높은 전환율을 보장하며, 이를 통해 광고주는 보다 효율적인 마케팅을 수행할 수 있다.

- **광고 비용 최적화**: 셀프 서비스 인터페이스와 스마트 타겟팅 기능을 통해 광고 비용을 효율적으로 관리할 수 있으며, 불필요한 비용을 줄일 수 있다.

- **실시간 최적화**: 실시간 데이터 분석 및 리포팅 기능을 통해 광고 캠페인을 지속적으로 최적화할 수 있다. 이는 광고주가 변화하는 시장 상황에 빠르게 대응할 수 있게 한다.

이처럼 MolocoAI는 오늘의 집과 같은 플랫폼이 효과적인 광고 캠페인을 운영하는 데 중요한 역할을 하고 있다. 이 플랫폼은 고도의 머신러닝 기술을 바탕으로 스마트 타겟팅과 데이터 분석을 제공하여 광고주의 성과를 극대화하는 데 기여한다. MolocoAI를 통해 광고주들은 더 많은 고객에게 다가가고, 높은 전환율을 달성하며, 광고 비용을 최소화할 수 있다. 물론 버킷플레이스는 향후 더 많은 국가로 확장할 계획을 가지고 있기에 다른 기술 혁신과 인프라 투자에 집중하여 글로벌 경쟁력을 높이고 있다. 그럴 만도 한 것이 조금만 더 넓은 시장으로 나아가면 쟁쟁한 경쟁사가 한 둘이 아니기 때문이다. 그중 예를 들어, 하우즈(Houzz)라는 미국 기반의 인테리어 디자인 및 리모델링 플랫폼이 있다. 이는 전 세계적으로 4천만 명 이상의 사용자와 250만 명 이상의 전문가가 활동하고 있다. 웨이페어(Wayfair) 역시 가구 및 홈 데코 전자 상거래 플랫폼으로, 북미와 유럽 시장에서 강력한 입지를 가지고 있다. 그리고 마지막으로 (온라인 플랫폼이나 온라인 커뮤니티가 주는 아니지만) 이케아, IKEA를 빼놓을 수 없다. 이 스웨덴 기반의 가구 및 홈 데코 기업만 해도 전 세계적으로 50개국 이상에서 매장을 운영하고 있으니 말이다.

다시 기술 혁신 주제로 돌아와서 필자는 이번에는 AR/VR 기술에 한번 초점을 맞추고 싶다. 증강 현실(AR)과 가상 현실(VR) 기술은 근래에 들어 전자 상거래에서 점점 더 중요한 역할을 하고 있으며, 오하우스, 직방과 같은 플랫폼이 글로벌 사용자에게 더 나은 쇼핑 경험을 제공하는 데 핵심적인 역할을 하고 있다. 이러한 기술들은 다음과 같은 방식으로 사용된다:

- **가상 제품 시각화**: AR은 사용자가 스마트폰이나 태블릿을 통해 가상으로 제품을 자신의 실제 환경에 배치할 수 있게 한다. 예를 들어, 사용자는 새로운 소파나 테이블을 자신의 거실에 배치하여 실제로 어떻게 보일지 시각화할 수 있다. 이는 제품 선택에 대한 자신감을 높여 주고, 구매 전후의 불일치를 줄여 준다. 실

제로, AR을 사용한 제품 시각화는 고객의 구매 전환율을 94%까지 높일 수 있다는 연구 결과도 있다.

- **가상 쇼룸**: VR은 사용자가 실제 매장에 있는 것처럼 가상 쇼룸을 탐색할 수 있게 한다. 사용자는 VR 헤드셋을 착용하고, 가상의 매장을 돌아다니며 제품을 탐색하고 구매할 수 있다. 이는 온라인 쇼핑의 몰입감을 높여 주고, 물리적 매장을 방문하지 않아도 되는 장점을 제공한다. 가구 산업에서는 AR 앱을 통해 고객이 가상으로 가구를 배치해 보는 기능이 도입되면서 반품률이 크게 감소하고 고객 만족도가 높아지게 한다.

- **개인 맞춤형 쇼핑 경험**: AR과 AI의 통합을 통해 실시간으로 고객 행동을 분석하고, 개인 맞춤형 제품 추천을 제공할 수 있다. 사용자는 자신의 방 사진을 업로드하고, AR을 통해 다양한 인테리어 스타일과 제품을 시각화할 수 있다. 이를 통해 고객은 자신의 취향에 맞는 인테리어를 쉽게 구현할 수 있다.

- **가상 제품 구성**: AR을 이용하여 고객은 제품을 자신의 공간에 맞게 커스터마이징할 수 있다. 예를 들어, 모듈형 소파의 색상, 재질, 크기를 변경해 보며 최적의 조합을 찾을 수 있다. 이는 제품 선택의 유연성을 높여 주며, 고객 만족도를 크게 향상시킨다.

오하우스는 AR/VR 기술을 통해 고객에게 몰입감 있고 개인화된 쇼핑 경험을 제공함으로써, 인테리어 제품의 시각화, 가상 쇼룸 탐색, 맞춤형 인테리어 제안, 제품 구성, 그리고 고객 지원 및 교육까지 다양한 방식으로 고객 만족도를 높이고 있다. 이러한 혁신적인 접근은 오하우스가 글로벌 시장에서 더욱 경쟁력 있는 브랜드로 성장하는 데 중요한 역할을 할 것이다.

09

무신사, 한국 패션 산업의 새로운 기준,
단순 쇼핑에서 종합 패션 생태계로 발전

1) 패션과 소셜 미디어의 융합, 무신사 앱 플랫폼

2) 무신사를 포함한 국내외 유니콘들이 거쳐 간 투자 유치 과정을 정리해 보자

3) 무신사 같은 기업들은 이처럼 성장하기 위해 어떤 시작과 과정을 거쳐야 했는가?

1) 패션과 소셜 미디어의 융합, 무신사 앱 플랫폼

  서울의 분주한 거리 속, 25세의 소희는 무신사 앱을 열며 하루를 시작했다. 소희는 패션을 사랑하는 젊은 여성으로, 최신 트렌드를 놓치지 않기 위해 무신사를 자주 이용한다. 그녀의 스마트폰 화면에는 다양한 브랜드와 스타일이 가득한 무신사 앱의 메인 화면이 펼쳐졌다.

  소희는 아침 커피를 마시며 무신사 앱에서 오늘의 스타일을 검색했다. 무신사 앱은 소셜 미디어 기능을 포함하고 있어, 소희는 다른 사용자들이 올린 스타일 사진과 리뷰를 보며 영감을 얻었다. 그녀는 특히 무신사 스탠다드의 신상품에 관심이 많았다. 소희는 자신이 좋아하는 몇 가지 아이템을 위시리스트에 추가하며, 다음 쇼핑 계획을 세웠다. 계획을 마친 후, 소희는 무신사 앱에서 진행 중인 라이브 커머스를 시청했다. 오늘은 무신사에서 유명한 디자이너가 자신만의 컬렉션을 소개하는 날이었다. 라이브 방송에서 디자이너는 각 아이템의 특징과 스타일링 팁을 설명했고, 소희는 실시간으로 질문을 던지며 궁금한 점을 해소했다. 다른 사용자들과 실시간으로 소통하며, 소희는 더욱 활발한 커뮤니티의 일원이 되는 기분을 느꼈다.

오후에 소희는 홍대에 위치한 무신사 테라스를 방문했다. 무신사 테라스는 패션과 문화가 어우러진 다문화 공간으로, 소희는 여기서 다양한 팝업 스토어와 이벤트를 즐길 수 있었다. 오늘은 특별히 한정판 스니커즈가 출시되는 날이었기 때문에, 소희는 발빠르게 매장을 찾았다. 매장에서는 온라인에서 본 제품들을 직접 착용해 볼 수 있었고, 소희는 만족스러운 구매를 했다. 집으로 돌아온 소희는 오늘 구매한 아이템들을 착용해 보고, 무신사 앱에 리뷰를 남기기로 했다. 무신사 앱에서는 사용자가 직접 제품 리뷰를 작성하고, 사진을 업로드할 수 있는 기능을 제공한다. 소희는 자신이 구매한 스니커즈와 옷들을 착용한 사진을 찍어, 다른 사용자들에게 도움이 될 수 있도록 상세한 리뷰를 작성했다. 이렇게 작성된 리뷰는 무신사 커뮤니티 내에서 많은 사람들에게 유용한 정보가 된다.

소희는 패션에 대한 열정을 더욱 키우기 위해 무신사 캠퍼스에서 제공하는 온라인 강의를 수강한다. 무신사 캠퍼스는 패션 산업과 전자상거래에 관한 다양한 교육 프로그램을 제공하며, 소희는 이를 통해 패션 트렌드와 디자인에 대한 깊은 지식을 쌓고 있었다. 오늘 강의에서는 최신 패션 트렌드와 이를 활용한 스타일링 팁을 배웠다. 소희는 배운 내용을 바탕으로 자신만의 스타일을 더욱 완성시킬 수 있었다.

소희에게 있어 무신사 앱은 단순한 쇼핑 플랫폼을 넘어, 소희의 일상 속에서 패션을 즐기고 학습하며, 커뮤니티와 소통하는 중요한 공간이었다. 소희는 무신사를 통해 최신 패션 트렌드를 따라가며, 자신만의 스타일을 찾아가는 즐거움을 누리고 있었다.

무신사(Musinsa)는 2001년 조만호 대표가 스니커즈 사진을 공유하는 인터넷 커뮤니티로 시작되었다. 커뮤니티의 이름은 "무한한 신발 사진"을 의미하는 한국어 표현의 약어로, 초기에는 스니커즈 애호가들이 모여 신발 사진을 공유하고 정보를 나누는 공간이었다. 2012년 공식적으로 전자 상거래 기업이 전환 및 설립된 이후, 무신사는 패션에 대한 열정을 바탕으로 다양한 브랜드와 소비자를 연결하는 온라인 플랫폼으로 성장했다. 무신사의 플랫폼에 있어 가장 큰 차별점 중 하나는 소셜 미디어와 유사한 기능을 갖추었다는 점이다. 즉, 무신사는 단순한 온라인 쇼핑몰이 아닌 디자이너와 소비자를 직접 연결해 주는 역할을 한다. 디자이너들은 자신이 만든 의류를 소개하고, 착용법을 보여 주는 사진과 동영상을 업로드하여 소비자들과 소통한다. 특히, 라이브 커머스 기능을 통해 디자이너가 제품을 실시간으로 소개하고, 사용자들이 상품에 대한 질문을 하거나 댓글로 소통할 수 있다. 또한, 무신사의 앱 플랫폼은 사용자 맞춤형 쇼핑 경험을 제공한다. 플랫폼은 사용자들의 취향을 분석하여 개별 맞춤형 추천을 제공하며, 그 덕에 소비자들은 단순히 제품을 구매하는 것에 그치지 않고, 자신만의 스타일을 찾고, 디자이너와 직접 소통하며, 패션 트렌드를 선도할 수 있다. 이는 단순한 쇼핑을 넘어서 패션 커뮤니티의 일원으로서의 경험을 제공한다. 이처럼 다양한 패션 제품이 아닌 패션 컨텐츠까지 적극 활용하여 사용자들의 흥미를 지속적으로 자극 및 패션에 대한 이해와 관심을 높이는 것이 무신사의 특징이다.

온라인 플랫폼에서 거두게 된 관심과 성공 덕에 현재 무신사는 7,000개 이상의 로컬 디자이너 브랜드와 자사 패션 브랜드 '무신사 스탠다드(Musinsa Standard)'를 선보이며 한국 패션 산업의 주요 플레이어로 자리 잡았다. 무신사 스탠다드는 2017년에 런칭된 무신사의 자체 패션 브랜드로, 합리적인 가격에 고품질의 기본 의류를 제공하는 것을 목표로 한다. 해당 브랜드는 현대적이고 실용적인 디자인을 통해 소비자들에게 높은 만족도를 주며, 다양한 연령층에게 인기를 끌고 있다. 이 인기를 증명하듯, 서울의 여러 매장들(홍대, 강남 등)과 부산, 대구, 광주 등지에 매장을 운영하며, 고객들에게 다양한 선택의 폭을 제공한다. 특히 젊은 층에게 인기가 높으며, 기본 아이템을 트렌디하게 재해석한 제품들로 큰 호응을 얻고 있다. 실적 측면에서도 봤을 때 무신사 스탠다드는 기업의 주요 수익원 중 하나로, 특히 2022년에는 연간 매출 2,000억 원을 기록하며 큰 성장을 이뤘다. 이러한 성과는 경쟁력 있는 가격과 품질, 그리고 다양한 마케팅 전략 덕분이다. 무신사는 자사의 온라인 플랫폼을 통해 무신사 스탠다드 제품을 효과적으로 홍보하고 있으며, 팝업 스토어와 오프라인 매장을 통해 고객과의 접점을 넓혀 가고 있다.

수익과는 별개로, 여타 의류 기업과는 다른 무신사의 대표적인 차별점은 바로 (제품을 구매하는 일반 고객들뿐만이 아닌) 제품을 생산하는 디자이너 지원 및 육성에도 중점을 두는 비즈니스 전략이다. 2018년에 무신사는 새로운 디자이너와 브랜드를 금융적으로 지원하기 위해 기업 벤처 캐피탈인 '무신사 파트너스(Musinsa Partners)'를 설립했다. 이 벤처 캐피탈은 유망한 패션 스타트업을 발굴하고, 그들의 성장을 도모하기 위해 자금을 지원하는 것을 목적으로 한다. 이를 통해 무신사는 패션 생태계를 더욱 풍부하게 만들고, 다양한 혁신적 브랜드가 시장에 진입할 수 있도록 돕고 있다.

거기다 2020년에는 무신사 캠퍼스라는 디자이너 육성 프로그램을 실행한다. 이미 서울에 여러 디자인 스튜디오를 개설하여 디자이너들을 의류 제조업체와 연결시킨 무신사 캠퍼스는 학생들을 대상으로 운영하는 교육 및 체험 공간으로, 스타트업 지원, 패션 산업 및 전자 상거래에 관한 교육 프로그램, 연구 및 협업 공간, 채용 프로그램, 커뮤니티 활동 등을 제공한다. 무신사 캠퍼스를 통해 양성된 디자이너들은 무신사의 직원으로 고용되기도 하며, 독립적인 파트너로서 활동하기도 한다. 무신사는 이러한 디자이너들과의 파트너십을 통해 지속적인 혁신을 도모하고, 다양한 패션 아이템을 고객들에게 제공할 수 있다. 이를 통해 무신사는 디자이너와 소비자 모두에게 유익한 생태계를 구축하고 있다. 이러한 교육 지원에 있어 힘을 쏟는다는 점에서 무신사는 단순한 패션 전자 상거래를 넘어서, 디자이너 육성에까지 다양한 활동을 이어 가고 있다. 특히, '무신사 넥스트 패션 장학금'과 같은 프로그램을 통해 미래의 패션 리더들을 육성하고, 새로운 브랜드와 디자이너를 발굴하는 데 집중하고 있다. 이 중 무신사 넥스트의 경우 2022년부터 운영 중인 인큐베이션 프로그램으로 베테랑 패션 브랜드 운영자와 디자이너를 유망한 기업가와 연결하여 프로그램 참가자들의 브랜드 차별화 능력과 제품 큐레이션을 향상시키는 데 기여한다. 2023년에는 벌써 장학금 참가자를 모집을 위해 다섯 번째 라운드를 진행했다.

무신사가 애용하는 또다른 비즈니스 전략 및 서비스로는 정기적 팝업 스토어 개최가 있다. 이를 통해 기업은 고객들에게 직접적인 체험을 제공한다. 2019년에 해당 기업은 서울 홍익대학교 근처에 '무신사 테라스(Musinsa Terrace)'라는 다문화 라운지를 오픈하여 고객들과의 오프라인 상호작용을 촉진하고, 온라인 기반의 패션 브랜드들이 팝업 스토어를 운영할 수 있는 공간을 제공한다. 이 공간은 메인 라운지, 전시 및 이벤트 공간, 상점, 카페, 그리고 야외 공원으로 구성되어 있어 다양한 문화적 경험도 포함한다. 특히, 야외 공원은 서울의 멋진 전망을 제공하여 방문객들에게 특별한 경험을 선사한다. 2023년에는 '24ss Musinsa Season Preview'라는 이벤트를 통해 무신사 테라스에서 30개의 로컬 브랜드가 디자인한 200여 개의 제품을 선보였다. 이는 무신사가 로컬 브랜드와 협력하여 패션 산업을 더욱 활성화하려는 노력의 일환이다. 이러한 행사는 무신사 테라스를 통해 브랜드 인지도를 높이고, 고객과의 유대감을 강화하는 데 중요한 역할을 하고 있다.

또다른 오프라인 예시가 바로, 대구 스토어이다. 이곳에서는 개별적으로 조절 가능한 조명이 장착된 피팅 룸과 고객이 온라인으로 주문한 상품을 당일에 픽업할 수 있는 "픽업 록커(Pop-up locker)" 등을 제공하여 차별화된 쇼핑 경험을 선사한다. 참고로, 팝업 스토어(Pop-up Store)는 임시로 운영되는 소매점이라고 보면 된다. 이는 특정 기간 동안 특정 장소에 임시로 설치되어 운영되는 매장으로, 일종의 이벤트 형식으로 소비자들에게 신선한 쇼핑 경험을 제공한다. 팝업 스토어라는 개념 자체는 1990년대 후반 미국과 유럽에서 시작되었는데 초기에는 주로 패션 브랜드와 소매업체들이 새로운 제품을 홍보하거나 재고를 처분하기 위해 사용되었다. 하지만 현대에 와서는 의류, 기기, 건강, 게임 등 일반 컨슈머를 위한 업계라면 가리지 않고 널리 활용되고 있는 마케팅 전략이다. 이 전략의 장단점을 정리하자면 다음과 같다:

- 장점
  - 비용 효율성: 장기적인 임대 계약 없이 단기간에 운영할 수 있어 비용 부담이 적다.
  - 마케팅 효과: 신제품 출시나 브랜드 인지도를 높이는 데 효과적이다. 한정된 기간 동안만 운영되기 때문에 희소성을 부각시킬 수 있다
  - 소비자와의 소통: 직접적인 소비자 피드백을 받을 수 있어 제품 개선 및 마케팅 전략 수립에 유용하다.

○ 유연성: 다양한 장소에서 다양한 콘셉트로 운영할 수 있어 유연한 마케팅이 가능하다.

- 단점
  ○ 운영의 복잡성: 짧은 기간 내에 설치와 철거, 운영을 모두 관리해야 하므로 복잡하다.
  ○ 불안정한 수익: 장기적인 수익을 기대하기 어렵고, 단기간 내에 목표를 달성해야 하는 부담이 있다.
  ○ 브랜드 이미지 관리의 어려움: 임시 매장이라는 특성상 브랜드의 일관된 이미지 유지가 어려울 수 있다.

위와 같은 장단점을 고려해야 하기에 무신사 같은 기업이 팝업 스토어를 운영할 때 보면 주로 큰 쇼핑몰이나 유동 인구가 많은 지역에 위치하여 높은 방문자 수를 유도한다. 무신사는 이러한 팝업 스토어를 통해 단기적인 매출 증대뿐만 아니라 장기적인 브랜드 인지도 향상, 고객 충성도 강화 등의 효과를 보고 있다. 또한 팝업 스토어에서 얻은 소비자 피드백을 바탕으로 제품 개선과 새로운 마케팅 전략을 수립한다. 이를 통해 지속적으로 소비자의 요구에 맞춘 제품을 제공하고, 무신사 플랫폼의 경쟁력을 강화할 수 있다.

2) 무신사를 포함한 국내외 유니콘들이 거쳐 간 투자 유치 과정을 정리해 보자

　무신사의 경쟁력은 국내뿐만 아니라 글로벌 무대에서도 끊임없이 펼쳐지고 있다. 무신사는 2021년 일본에 첫 해외 자회사를 설립하며 글로벌 시장 진출을 본격화했다. 2022년 9월에는 일본어 쇼핑 앱 출시와 일본 디지털 스토어에서 한국 의류 및 상품 300여 종을 판매하는 등의 현지화 전략을 통해 일본 시장에서도 성공적인 반응을 얻고 있다. 또한, 2022년에는 미국, 캐나다, 호주 및 일부 동남아시아 국가를 포함한 13개 국가에서 이용 가능한 글로벌 웹사이트와 앱을 출시하였다. 해당 사이트에는 현재 글로벌 웹사이트에는 떠그클럽(Thug Club), 써저리(SURGERY), 유스(Youth) 및 마르디 메크르디(Mardi Mercredi)와 같은 300여 개의 로컬 디자이너 브랜드가 소개되어 있다. 특히, 언급했던 떠그클럽 이하 세 기업들은 무신사의 인큐베이션 프로그램으로부터 자금 지원, 멘토링, 작업 공간 제공 등을 통해 런칭할 수 있던 대표 성공 사례 브랜드들이다.

유스의 경우, 독창적인 디자인과 품질을 바탕으로 빠르게 성장하였으며, 한국뿐만 아니라 해외에서도 그 인지도를 넓혀가고 있다. 더불어, 2023년에는 새로운 컬렉션을 발표하며, 지속적으로 혁신적인 패션 아이템을 선보이고 있다. 써저리는 글로벌 시장 중 일본과 유럽에서 좋은 반응을 얻고 있다. 마르디 메크르디는 화려한 플로럴 그래픽과 프랑스적인 감성을 결합한 디자인으로 많은 사랑을 받고 있고 2023년에는 아이브(IVE)의 안유진을 모델로 한 새로운 봄 컬렉션을 발표하며 주목받았다. 이 브랜드는 홍콩의 K11 MUSEA에 첫 부티크를 오픈하며 글로벌 확장을 이어 가고 있으며, 싱가포르에서 팝업 스토어를 운영하며 현지 소비자들과의 소통을 강화하고 있다. 다방면에서 활약하는 브랜드들 덕에 2023년에 무신사의 총 매출은 7,083억 원(약 5억 4천 5백만 달러)으로 2022년에 대비 54% 증가하였다. 이는 럭셔리, 뷰티, 골프, 스포츠, 키즈 카테고리의 수요 증가와 더불어 29CM과 재판매 플랫폼인 솔드아웃(SoldOut)의 성장이 주요 요인으로 작용했다.

2024년에도 무신사는 눈에 띄는 성과를 거두며 계속해서 성장하고 있다. 2024년 2월에는 도쿄에서 두 번째 쇼룸을 성공적으로 개최했다. 이번 쇼룸은 글로니(Glowny), (기준이라는 단어를 뜻하는) Kijun, 락피쉬웨더웨어(Rockfish Weatherwear) 등 7개의 국내 브랜드를 소개하며, 일본 시장에서 K-패션 브랜드들의 인지도를 높이고 현지 바이어들과의 파트너십을 강화하는 데 중점을 두었다. 약 150명의 바이어 가 참석하여 많은 관심을 보였고, 이 중 절반 이상이 제품 구매를 결정하였다. 이 쇼룸은 무신사가 일본 시장에 K-패션을 효과적으로 소개하는 중요한 계기가 되었다.

온라인 스니커즈 커뮤니티에서 시작한 무신사가 온오프라인, 글로벌 등 여러 방면에서 수익 구조를 성공적으로 다각화한 덕에 투자자들의 신뢰를 얻어 2019년에 1,000억 원을 조달한 시리즈 A 펀딩을 완료하였다. 그리고 2021년에는 1,300억 원을 조달한 시리즈 B 펀딩까지 완료했다. 최근 2023년에는 콜버그크래비스로버츠(Kohlberg Kravis Roberts, KKR & Co. Inc.) 및 웰링턴매니지먼트(Wellington Management Co.)이 이끄는 콘소시엄으로부터 1,897만 달러를 조달한 시리즈 C 펀딩을 완료했다. 이때, KKR의 아시아 태평양 파트너인 무쿨 차울라(Mukul Chawla)는 "무신사는 차별화된 시장을 통해 고객들에게 고품질의 전자 상거래 경험을 제공하고 있으며, K-패션 시장에서의 선두주자로 자리매김하고 있다."고 평가했다.

이러한 평가 및 투자 유치는 무신사의 지속적인 성장을 가능하게 하며, 글로벌 시장에서의 경쟁력을 강화하는 데 기여하고 있다. 또한 2023년, 패스트컴퍼니(Fast Company, 뉴욕을 기반으로 한 세계적인 비즈니스 미디어 브랜드)가 주관하는 '세계에서 가장 혁신적인 기업' 중 하나로 선정되기도 했다. 이처럼 무신사는 물론 다른 성공적인 국내 기업들은 다양한 투자자들의 지속적인 지원과 자금 유치 덕분에 유니콘으로 거듭나는 것이 가능했다. 수많은 기업의 성장 과정에서 이루어진 (그리고 앞으로도 계속 이뤄질) 투자 유치의 중요성을 이해하기 위해, 벤처 캐피탈(VC)과 사모펀드(PEF)의 개념을 살펴보겠다. 이러한 투자 방식들이 무신사를 포함은 오늘 날의 내로라하는 기업들의 성장을 어떻게 뒷받침했는지 알아보겠다.

투자 유치에 관해서 시리즈 A, B, C 펀딩 등의 용어가 늘 등장하는데 이는 스타트업이나 초기 단계의 기업들은 성장을 위해 외부 자본 유치를 위해 상당수가 거치게 되는 과정이라고 볼 수 있다. 이러한 자본 유치는 투자 라운드로 나뉘며, 주로 시리즈 A, B, C 펀딩으로 불린다. 각 라운드는 기업의 성장 단계와 자금 사용 목적에 따라 다르다. 시리즈 A 펀딩의 경우, 스타트업이 초기 제품 개발과 시장 검증을 마치고, 본격적인 성장을 위해 자본을 유치하는 첫 번째 주요 라운드이다. 이 단계에서는 주로 제품 및 서비스의 시장 적합성을 증명하고, 비즈니스 모델을 확립하는 데 중점을 둔다. 시리즈 A 펀딩의 주요 목적은 기존 제품을 개선 및 개발하여 새로운 기능을 추가, 마케팅 및 판매 팀을 강화하여 더 많은 고객을 확보하고 운영 확장을 통해 더 큰 사무 공간을 마련하거나 인력을 확충한다.

시리즈 B 펀딩은 기업이 이미 시장에서 어느 정도 자리를 잡고, 빠른 성장을 위해 필요한 자본을 유치하는 단계이다. 이 단계에서는 제품 및 서비스의 확장, 시장 점유율 확대, 운영 효율성 증대 등에 집중한다. 따라서 시리즈 B 펀딩의 주요 목적은 보다 공격적인 마케팅과 판매 전략을 통해 더 큰 시장 점유율을 확보, 새로운 지역이나 국가로의 확장 및 생산 능력 확대, 그리고 기술 인프라 강화 및 연구 개발 투자를 포함할 수 있다. 시리즈 C 펀딩까지 오면 기업은 성숙 단계에 접어든다. 그리하여, 더 큰 시장 진출이나 인수합병(M&A)을 통해 급격한 성장을 목표로 할 때 이루어진다. 이 단계에서는 이미 성공적인 비즈니스 모델을 보유하고 있으며, 추가 자본을 통해 글로벌 시장으로 확장하거나 새로운 제품 라인을 도입하는 것을 목표로 한다. 때문에 시리즈 C 펀딩의 주요 목적은 해외 시장 진출을 위한 자본 확보, 경쟁력 강화를 위한 다른 기업 인수 및 혁신적인 기술 개발 및 새로운 제품 라인업 출시를 포함한다.

이처럼 시리즈 A, B, C 펀딩은 스타트업이 성장 단계에 따라 필요한 자본을 유치하고, 이를 통해 비즈니스를 확장하는 중요한 과정이다. 각 라운드는 기업의 현재 상태와 목표에 따라 다르며, 이를 통해 기업은 지속 가능한 성장을 이룰 수 있다. 물론 시리즈 A, B, C 펀딩 외에도 스타트업이나 기업들은 추가적인 펀딩 라운드를 거칠 수 있다. 이러한 라운드는 다음과 같다:

- 시드 펀딩(Seed Funding): 사실 이는 가장 초기 단계의 투자로, 아이디어나 초기 프로토타입 개발을 위한 자금을 유치한다. 주로 엔젤 투자자(angel investor: 신생 기업이나 초기 단계의 스타트업에 자금을 투자하여 회사의 지분을 받는 개인 투자자)나 초

기 단계의 벤처 캐피탈이 참여한다.

- 시리즈 D, E 펀딩: 시리즈 C 이후에도 추가 자금이 필요한 경우 진행된다. 이 단계에서는 주로 시리즈 C 펀딩과 비슷하게 글로 벌 확장, 인수합병, 기술 혁신 등을 위해 자금을 유치하는 것이 주 목적이다. IPO(기업공개) 준비나 시장 변동에 대비한 자금 확 보를 위해서도 진행되는 경우도 있다.

- 프리-IPO 펀딩(Pre-IPO Funding): 기업이 상장을 준비하는 단계 에서 이루어지는 펀딩이다. 주로 IPO 직전에 이루어지는 마지막 자금 조달로, 상장을 위한 준비 및 기업 가치 극대화가 주된 목 적이다.

상당히 다양한 펀딩 라운드에서는 벤처 캐피탈(Venture Capitalist, VC), 사모펀드(Private Equity Fund, PEF), 전략적 투자자 등이 주요 투자자로 참여한다. 시리즈 A에서는 주로 벤처 캐피탈이 많이 참여 하며, 시리즈 B와 C에서는 사모펀드와 대기업이 참여하는 경우가 많 다. 이때, 벤처 캐피탈이란 고위험, 고수익을 기대하며 스타트업이나 초기 단계의 기업에 투자하는 자본이다. 주로 혁신적인 기술이나 사 업 모델을 가진 기업에 투자한다. 그러기에 벤처 캐피탈은 주로 지 분을 통해 투자하며, 투자한 기업의 성장과 함께 높은 수익을 기대하 고, 초기 단계의 기업을 지원하며, 경영 자문과 네트워크 지원도 제공한다. 주요 벤처 캐피탈 기업을 예시로 들자면, 세쿼이아 캐피탈(Sequoia Capital), 안드레센 호로위츠(Andreessen Horowitz), 클라이너 퍼킨스(Kleiner Perkins) 등이 대표적이다. 세쿼이아 캐피탈은 특히, 주로 혁신적인 기술 스타트업에 투자하는 것으로 유명하며, 무신사의 시리즈 A 펀딩에 참여하며, 초기 성장 단계에서 자금을 지원했다. 사모펀드의 경우, 공모가 아닌 사모 방식으로 자금을 조달하여 기업에 투자하는 자본이기에 주로 성숙 단계의 기업이나 부실 자산을 대상으로 한다. 때문에 사모펀드는 장기적인 투자를 통해 기업의 구조조정, 경영 효율성 제고 등을 통해 기업 가치를 높이고, 이후 매각이나 상장을 통해 수익을 실현한다. 이 중 주요 기업으로 볼 수 있는 곳은 블랙스톤(Blackstone), KKR, 칼라일 그룹(Carlyle Group) 등이다.

벤처 캐피탈과 사모펀드는 모두 (IPO의 반대라고도 볼 수 있는) 사모 방식으로 자금을 조달하는 형태이지만, 그들의 운영 방식과 투자 대상, 목적 등에 있어서 차이가 있다. 참고로, 사모 방식(private placement)은 주식이나 채권 등의 금융 상품을 공모(public offering) 방식이 아닌, 제한된 소수의 투자자들에게 비공개적으로 발행하는 방식이다. 그래서 이는 일반 대중을 대상으로 하지 않으며, 주로 기관 투자자나 고액 자산가를 대상으로 한다. 사모 방식의 특징을 살펴보면 다음과 같다:

- 비공개: 사모 방식은 제한된 투자자 그룹에게만 제안되며, 대중에게 공개되지 않는다. 이는 일반적으로 비공개로 진행되어 시장의 관심을 덜 받는다.
- 신속성: 공모 방식에 비해 규제 절차가 적어 상대적으로 빠르게 자금을 조달할 수 있다.
- 유연성: 투자 조건을 투자자와 발행자가 협의하여 유연하게 설정할 수 있으며, 이 덕에 맞춤형 투자 구조를 가능하게 한다.
- 비용 절감: 공모와 달리 대규모 광고나 홍보가 필요하지 않아 비용이 적게 든다.

사모 방식은 발행자와 투자자 간의 직접적인 협상 과정을 통해 이루어지는데 우선, 발행자는 투자 조건을 협상하여 사모 발행 조건을 설정한다. 그런 다음, 투자자들에게 비공개 제안서를 제공하여 투자 조건과 회사 정보를 전달한다. 이 제안서를 통해 투자자들은 투자 결정을 내리게 되고 제한된 소수의 투자자를 모집하여 자금을 조달하며, 투자자들과의 계약을 통해 자금 조달을 완료한다. 사모 방식의 주요 장점 중 하나는 빠른 자금 조달이다. 공모 방식보다 절차가 간소화되어 신속하게 자금을 확보할 수 있다. 또한, 공모에 비해 절차가 간단하여 비용이 절감되며, 유연한 조건 설정도 큰 장점이다. 발행자와 투자자가 협의하여 맞춤형 조건을 설정할 수 있어 양측의 요구를 효과적으로 반영하는 것도 가능하다. 하지만 사모 방식에 몇 가지 단점도 존재하는데 일단, 가장 핵심적인 부분은 바로 투자자에 제한이 있다는 것이다. 소수의 투자자에게만 접근이 가능하다는 점 때문에 자금 조달 규모가 제한될 수 있다. 또한, 유동성 부족 문제도 있다. 사모 발행된 주식이나 채권은 유동성이 낮아 쉽게 거래되지 않는다. 마지막으로, 높은 리스크가 있는데 공모에 비해 정보 비대칭이 있을 수 있어 투자 리스크가 높다. 그럼에도 결론적으로, 사모 방식의 장점들 덕분에 초기 단계의 스타트업부터 성숙한 기업까지 다양한 자금 조달 전략으로 활용되고 있으며 무신사 역시 글로벌 무대로 나아가기까지 이 장점을 누려 자금을 유치하였다.

3) 무신사 같은 기업들은 이처럼 성장하기 위해 어떤 시작과 과정을 거쳐야 했는가?

무신사는 한국의 대표적인 패션 플랫폼으로 급성장했지만, 성장 과정에서 여러 경영 난항을 겪기도 했다. 기업 운영 등 여러 방면에서 다각화를 이루고 있는 무신사의 특성상 당연히, 자사 플랫폼 및 관련 서비스와 관련된 다양한 도전과 문제들이 있었다. 그중 거쳐야 했던 주요 경영 난항들을 추려서 정리하자면 다음과 같다. (이 중 대부분의 어려움들은 스타트업 유니콘이라면 으레 겪는 경우가 빈번해 비단 무신사에게만 통용되는 것은 아니다.):

- **경쟁 심화**: 무신사는 국내외에서의 경쟁이 심화되면서 많은 도전에 직면했다. 대표적으로, 네이버와 같은 대형 플랫폼이 패션 시장에 진출하면서 경쟁이 치열해졌다. 네이버는 '브랜드 스토어'와 같은 패션 전문 쇼핑 서비스를 제공하며 무신사의 시장 점유율을 위협했다.

- **스타일쉐어와 29CM 인수 이후 문제**: 2021년에 스타일쉐어와 29CM를 인수하며 패션 생태계를 확장하려 했지만, 이로 인한 적자 폭이 커졌다. 두 플랫폼의 운영비용 증가와 통합 과정에서의 문제로 인해 무신사는 상당한 재정적 압박을 받았다. 이러한 문제들은 인수 후 기대했던 시너지 효과를 충분히 발휘하지 못한 결과로 이어졌다.

- **해외 진출의 어려움**: 글로벌 확장을 위해 일본, 미국 등지에 진출하였으나, 현지화 과정에서 예상치 못한 도전들이 있었다. 특히, 일본 시장에서는 현지 브랜드들과의 경쟁과 문화적 차이로 인해 초기 진출이 쉽지 않았다. 무신사는 일본 시장에서 브랜드 인지도를 높이고 소비자 신뢰를 얻기 위해 추가적인 마케팅 비용을 지출해야 했다.

- **솔드아웃 플랫폼 이슈**: 솔드아웃(Soldout)은 (크림에 관한 글에서 잠깐 언급된 서비스로) 무신사가 2020년에 런칭한 한정판 스니커즈 및 패션 아이템 재판매(리셀링) 플랫폼이다. 그러나, 솔드아웃은 런칭 초기부터 여러 문제에 직면했었다.
  - ○ 가품 문제: 리셀링 플랫폼은 특성상, 고가의 한정판 제품을 거래함으로, 가품 유통 문제가 발생할 가능성이 크다. 실제로 몇몇 사용자들은 가품 의심 사례를 제기하며 플랫폼의 신뢰성에 의문을 제기했다. 무신사는 가품 방지를 위해 철저한 검

수 시스템을 도입하였으나, 완벽하게 문제를 해결하기에는 어려움이 있었다.

○ 운영 비용 증가: 솔드아웃 플랫폼의 운영비용은 예상보다 높았다. 한정판 제품의 검수와 인증 과정에서 많은 인력과 시간이 필요했으며, 이는 운영비용 상승으로 이어졌다. 또한, 플랫폼 확장을 위해 추가적인 인프라 투자와 마케팅 비용이 필요했다.

○ 사용자 경험 문제: 일부 사용자들은 솔드아웃의 사용자 인터페이스(UI)와 사용자 경험(UX)에 대해 불만을 제기했다. 특히, 거래 과정이 복잡하고, 고객 지원 서비스가 부족하다는 피드백이 있었다. 무신사는 이러한 문제를 해결하기 위해 UI/UX 개선 작업을 진행하였으나, 모든 사용자들의 요구를 충족시키기에는 여전히 어려움이 있었다.

이처럼 패션 플랫폼으로서 많은 성공을 거두는 만큼 무신사는 극복해야 했던 경영 난항 또한 여럿이었다. 물론 이 난항들을 결국 어느 정도 떨쳐 낼 수 있었기에 현재 글로벌 시장에서의 경쟁력을 강화를 위한 다양한 전략을 추진하고 있다. 하지만 위의 여러 흔한 어려움들 중 무신사를 포함한 모든 스타트업이 유니콘으로 성장을 위해 가장 신경 쓰게 되는 것은 첫 번째, 경쟁 심화일 것이다. 초기에는 곧바로 다른 소규모 스타트업을 상대로, 그리고 어느 정도 몸집을 키우면 곧바로 중소기업 및 대기업을 상대로 어느 정도 시장 점유율을 가지는 것은 여간 쉬운 과제가 아니다. 많은 사람들이 창업을 시작할 때도 얼마큼의 고객, 트랙션, 매출 등을 확보해야 경쟁력 있는 시장 점유율을 얻는지 알기가 힘들 것이다. 얘기를 계속하기 전에 일단 시장 점유율(Market Share)에 대해 설명하자면 이는 특정 기업이 전체 시장에서 차지하는 비율을 의미한다. 그래서 시장 점유율은 기업의 판매량이나 매출액을 전체 시장의 총 판매량이나 매출액으로 나누어 계산한다. 시장 점유율은 기업이 시장에서 얼마나 많은 영향력을 가지고 있는지를 나타내는 중요한 지표라고 볼 수 있다. 높은 시장 점유율은 당연히 강력한 경쟁력을 의미하며, 이는 고객 기반, 브랜드 인지도, 유통망 등을 포함한 다양한 요인에 의해 결정된다. 참고로, 여기서 말하는 "시장"은 기업이 제공하는 제품이나 서비스가 경쟁하는 특정한 경제 공간을 뜻한다. 따라서 시장의 정의는 다양한 요소에 따라 달라질 수 있으며, 주로 다음과 같은 기준에 따라 정의된다:

- **제품/서비스 범주**: 특정한 제품이나 서비스 범주 내에서의 경쟁을 가리킨다. 예를 들어, 스마트폰 시장, 음료 시장 등.

- **지리적 영역**: 특정한 지리적 영역 내에서의 경쟁을 가리킨다. 예를 들어, 국내 시장, 아시아 시장, 글로벌 시장 등.

- **소비자 세그먼트**: 특정한 소비자 세그먼트를 대상으로 한 시장을 가리킨다. 예를 들어, 청소년 시장, 고급 소비자 시장 등.

- **채널**: 특정한 판매 채널을 통한 시장을 가리킨다. 예를 들어, 온라인 시장, 오프라인 시장 등.

기업이 시장을 정의하는 방법은 전략적인 선택에 따라 달라질 수 있다. 즉, 기업이 목표로 삼고 있는 고객 그룹, 경쟁 환경, 그리고 제품이나 서비스의 특성에 따라 "시장"의 범위 자체가 달라지고 결정된다. 예를 들어, 특정 스마트폰 브랜드가 국내 시장에서 30%의 시장 점유율을 가지고 있다면, 해당 브랜드의 제품이 전체 스마트폰 판매의 30%를 차지한다는 것을 의미한다. 하지만 글로벌 시장을 놓고 본다면 이 수치는 당연히 주로 훨씬 낮게 나오게 된다. 무신사의 경우, 특히 10대와 20대 젊은 층에서 큰 인기를 끌고 있으며, 다양한 브랜드와의 협업을 통해 한국의 온라인 패션 시장에서 약 10% 이상의 시장 점유율을 차지하고 있는 것으로 알려져 있다. 다른 예시로, 마켓컬리는 신선식품을 중심으로 한 온라인 마켓으로, 2023년 기준으로 연간 매출 1조 원을 넘기게 되어 한국의 온라인 식품 시장에서 약 7~8%의 시장 점유율을 차지하고 있다. 쿠팡의 경우, 한국의 대표적인 이커머스 플랫폼답게 2023년 기준으로 한국의 이커머스 시장에서 약 15% 이상의 시장 점유율을 차지하고 있다. 스타트업이 유니콘으로 성장하는 과정에 있어 대기업과 경쟁하기 위해서는 시장 점유율 및 시장 침투율 등을 높이는 것이 중요하다. 이는 갓 시작하는 스타트업이 다른 기존 기업 등과 경쟁할 때에 있어서도 신경 써야 하는 부분이다. 점유율을 높이기 위해 대부분의 기업들이 (시장 범위를 구체적으로

정하고 나면) 철저한 시장 조사를 할 때 어느 정도 계획 및 감안해야 하는 요소들을 다음과 같다:

1. **독창적이고 차별화된 제품 개발**: 스타트업이 대기업 및 다른 중소기업 경쟁에서 성공하려면 독창적이고 차별화된 제품을 개발해야 한다. 이는 다른 기업이 쉽게 모방할 수 없는 특성이나 기술을 가진 제품을 의미한다. 예를 들어, 무신사는 자체 패션 브랜드인 무신사 스탠다드를 통해 고품질의 기본 의류를 합리적인 가격에 제공하면서도 현대적이고 미니멀한 디자인으로 차별화했다. 이는 네이버 같은 대기업의 일반적인 제품과는 다른 매력을 제공하여 고객의 관심을 끌었다.

2. **효과적인 마케팅 전략**: 스타트업은 제한된 자원을 최대한 활용하기 위해 효과적인 마케팅 전략을 세워야 한다. 특히, 요즘 같은 세상에서는 소셜 미디어 마케팅, 바이럴 캠페인, 인플루언서 협업 등을 통해 브랜드 인지도를 높일 수 있다. 예를 들어, 쿠팡은 '로켓배송' 서비스의 빠른 배송 속도를 강조하는 마케팅 캠페인을 통해 소비자들의 주목을 받았다. 또한, 쿠팡은 다양한 프로모션과 할인 이벤트를 통해 신규 고객을 유치하고, 기존 고객의 재구매를 유도했다.

3. **고객 중심의 서비스 제공**: 스타트업은 고객 중심의 서비스를 제공하여 소비자들의 충성도를 확보해야 한다. 이는 고객 지원의 질을

높이고, 고객의 피드백을 반영하여 제품과 서비스를 지속적으로 개선하는 것을 포함한다. 배달의 민족을 예로 들자면, 사용자 친화적인 앱 디자인과 다양한 할인 쿠폰을 제공하여 고객 만족도를 높였다. 또한, 빠른 배달 서비스를 통해 소비자들이 음식을 신선한 상태로 받을 수 있게 하여 높은 재구매율을 유지했다.

4. 유능한 팀 구축: 성공적인 스타트업은 유능한 팀을 구축하여 경쟁력을 강화한다. 이는 다양한 분야에서 경험 및 전문성을 갖춘 인재들을 모아 팀을 구성하는 것은 매우 중요하다. 여기에 기업에 대한 비전까지 동일하면 금상첨화이다. 무신사는 디자이너와 기술 전문가 등 다양한 분야의 인재들을 모아 창의적이고 혁신적인 팀을 구축했다. 이를 통해 지속적인 제품 개발과 서비스 개선이 이루어질 수 있었다.

5. 효율적인 운영과 비용 절감: 스타트업은 효율적인 운영과 비용 절감을 통해 이미 안정적이게 운영되는 기존 기업들과의 경쟁에서 생존할 수 있다. 이는 불필요한 비용을 줄이고, 자원을 효율적으로 배분하는 것을 포함한다. 예를 들어, 쿠팡은 자체 물류 센터를 운영하여 물류 비용을 절감하고, 배송 시간을 단축했다. 또한, 데이터를 활용한 효율적인 재고 관리와 배송 경로 최적화를 통해 비용을 더욱 절감했다.

6. 전략적 파트너십 구축: 스타트업은 크든, 작든 전략적 파트너십을 통해 시장 점유율을 확대할 수 있다. 이는 유사한 목표를 가진 다

른 기업과 협력하여 시너지를 창출하는 것을 의미한다. 예를 들어, 마켓컬리는 고품질의 신선 식품을 제공하기 위해 지역 농가와 협력하고, 소비자들에게 직접 배송하는 시스템을 구축했다. 또한, 프리미엄 식료품 브랜드와의 협업을 통해 고급 식료품 시장에서의 입지를 강화했다.

7. **데이터 기반 의사 결정**: 데이터를 활용하여 의사 결정을 최적화하는 것은 모든 기업한테 있어 필수적이다. 이는 데이터를 분석하여 고객의 행동을 이해하고, 이를 바탕으로 제품과 서비스를 개선하는 것을 포함한다. 쿠팡은 소비자 데이터를 분석하여 개인 맞춤형 추천 서비스를 제공하고, 이를 통해 소비자들의 구매 경험을 개선했다. 이는 소비자 만족도를 높이고, 충성도를 강화하는 데 중요한 역할을 했다.

필자는 개인적으로 이 마지막 부분인 데이터 기반 의사 결정이 (창업을 하기 전부터 진행되어야 하는) 시장 조사 단계부터 제품/서비스 디자인, 기업 유지, 확장 단계에서도 내내 꾸준히 진행되어야 하는 가장 중요한 사항이라 생각한다. 지금까지 등장했던 많은 성공적인 국내 기업들을 보면 당장 이 (특히 사용자 기반의) 데이터 리서치가 얼마나 시작부터 큰 중요도를 가지고 있는지 알 수 있다. 야놀자, 크림, 직방, 무신사와 같은 기업들 모두가 다 온라인 커뮤니티로 시작해 현재는 각자의 분야에서 독보적인 서비스 플랫폼으로 진화하여 자리매김한 것을 보면 더욱 와닿을 것이다. 이들 기업들은 처음에 특정 관심사나 취미를 공유하는 사람들을 위한 온라인 커뮤니티로 출발했다. 이러한 커뮤니티는 사용자들이 자유롭게 의견을 나누고, 정보와 경험을 공유하는 공간이었다. 예를 들어, 무신사는 스니커즈 애호가들이 모여 정보를 공유하는 커뮤니티로 시작했으며, 야놀자는 게스트하우스 운영자들이 모여 정보를 나누는 커뮤니티로, 직방은 부동산 정보를 공유하는 커뮤니티로 출발했다.

그만큼 온라인 커뮤니티는 사실 초기 사용자로부터 직접적으로 많은 자본이나 시간을 투자하지 않아도 피드백을 받을 수 있는 최적의 공간이다. 사용자는 커뮤니티에서 자신의 경험과 요구 사항을 공유하고, 기업은 이를 바탕으로 제품이나 서비스를 개선할 수 있다. 무신사는 커뮤니티 멤버들의 피드백을 바탕으로 다양한 브랜드와 협력하여 고객의 요구를 충족시키는 제품을 개발할 수 있었던 것만 봐도 알 수 있다. 무엇보다 온라인 커뮤니티에서 수집된 데이터는 기업이 시장을 정확하게 분석하는 데 중요한 역할을 한다. 사용자들이 어떤 제품을 선호하는지, 어떤 기능을 필요로 하는지에 대한 데이터를 통해 기업은 시장의 흐름을 파악하고, 이에 맞춘 전략을 세울 수 있다. 크림은 스니커즈 재판매 시장에서 사용자들이 어떤 브랜드와 모델을 선호하는지 데이터를 분석하여 맞춤형 서비스를 제공했다. 게다가 커뮤니티 데이터를 통해 최신 트렌드와 사용자 선호도를 파악할 수 있다. 이를 통해 기업은 빠르게 변화하는 시장에서 경쟁 우위를 유지할 수 있다. 직방은 부동산 시장의 트렌드를 파악하고, 사용자들이 원하는 정보를 신속하게 제공함으로써 사용자 경험을 개선했다.

어쩌다 보니 무신사에 대해 논하면서 자연스럽게 이전에 소개한 야놀자, 크림, 직방 등 다른 기업들에도 중점을 두며 글을 마무리하게 되었다. 이는 무신사와 유사한 패턴을 통해 스타트업들이 어떻게 성장할 수 있는지 통합적으로 정리하는 것이 중요하다고 생각했기 때문이다. 많은 창업자들이 무신사와 같이 성공하는 것을 꿈꾸지만, 시작 단계에서 첫 걸음을 떼는 것부터 두려움을 느끼곤 한다. 그래서 이러한 패턴에 대한 분석은 그 무섭다고 어렵다는(?) 첫 단추를 제대로 끼우기 위한 중요한 가이드라인이 될 수 있다. 무신사는 초기 온라인 커뮤니티에서 출발하여 데이터를 기반으로 한 의사 결정과 사용자 중심의 전략을 통해 성장한 대표적인 사례이다. 초기 커뮤니티에서 시작해 데이터 기반의 전략과 사용자 중심의 서비스를 통해 성장한 무신사의 여정은 다른 스타트업들에게도 많은 영감을 줄 것이다. 그런 의미에서 이 글이 창업자들에게 필요한 인사이트를 제공하며, 성공적인 비즈니스로 나아가는 첫걸음을 돕기를 바란다. 소셜 미디어, 웹사이트 등을 통해 저렴하고 쉽게 커뮤니티를 형성하는 것 자체는 요즘 들어 누구나 노력을 들이면 할 수 있다. 이에 많은 이들이 적어도 "시장 조사는 생각보다 진입 장벽이 많이 낮아졌구나."고 느끼며 창업 준비를 달리 보기를 바라며, 이 글을 마무리하겠다.

10

쏘카, 대한민국 대표 모빌리티 플랫폼

1) 자차 비효율성 해결

2017년 여름. 민우의 오래 알고 지내던 친구가 동대문의 국산 양말을 아마존을 통해 미국에 판매하려고 하는데, 양말을 포장할 일손이 부족하다고 민우에게 연락이 왔다. 민우는 흔쾌히 주말을 이용하여 도와주기로 하였다. 당일 모이기로 한 장소에 가 보니, 친구 차에서 대략 200켤레 정도밖에 안 되는 양말이 나왔다. 생각보다 적은 수에 한편으로는 다행이라고 생각했으나, 친구는 곧 민우에게 나머지는 조금만 기다리면 동생이 집에서 가지고 오기로 했다고 했다. 역시나 도움이 필요한 이유가 있었구나 하며 기다리고 있는 찰나, 당시 차가 없던 친구 동생이 그 나머지 수백 켤레를 버스에 싣고 오는 것을 상상하니 미안한 마음이 들기 시작했다. 그런데 얼마 후 친구 차 옆으로 하얀색 차 한 대가 주차를 하였다. 처음 보는 차였는데 앞 좌석에서 친구의 동생이 나오는 것이 아닌가! 활짝 인사를 하더니 바로 뒷좌석과 트렁크에서 검은 봉지에 꽁꽁 싸인 양말 보자기들을 하나둘씩 내리기 시작했다.

"상민이 차 샀어? 축하한다!"

"형, 이거 쏘카예요. 제 차 아니에요, 허허."(민우는 렌터카 업체 이름인 줄 알았다.)

"이거 때문에 렌터카 쓴 거야? 아이고…."

"렌터카? 렌터카는 아닌데…. 그냥 여기다 두고 가면 돼요."

민우도 대학교 졸업을 한 지 얼마 안 된 시점이었는데, 바로 구닥다리가 된 기분이었다. 렌터카가 아니라고? 여기다 두고 간다고? 그게 무슨 말인가! 렌터카 회사 직원은? 차 상태 확인은? 장롱 운전면허증 보유자였던 민우는 그날 바로 상민이에게 쏘카 이용법을 배웠고, 그렇게 민우는 2017년 여름, 쏘카 사용자가 되었다.

사실 대한민국에서 자동차는 1980년대 이전까지 잘 찾아보지 못했다. 이후 점진적으로 2차 산업이 들어서면서 자동차 소유의 개념이 퍼지기 시작했고, 도시에 차량이 점점 많아 짐과 동시에 그에 따른 주차장들도 엄청나게 들어서기 시작했다. 하지만 역시 급격한 성장에는 부작용이 항상 뒤따른다. 쏘카에 따르면 현재 대한민국에 개인이 소유하고 있는 차량은 약 2천만 대인데, 그중 약 4%만 실제 도로에서 운영되고 있고, 나머지 96%는 주차장에서 시간을 보내고 있다고 한다. 이러한 문제점을 파악하고 솔루션을 개발하는 것이 쏘카다. 박재욱 쏘카 대표는 "쏘카는 자동차 소유가 갖고 있는 비효율을 해결하기 위해 탄생했다."고 한다.

그동안 난 쏘카가 기존 렌터카 서비스의 문제점을 개선하기 위해 설립된 회사로만 인식해 왔다. 예를 들어, 2박 3일 주말간 여행을 가기 위해 렌터카를 빌리려면 렌터카 회사에 연락한 후 직원이 차를 가지고 올 때까지 기다림은 물론, 대면으로 계약서를 작성하고 안내사항을 들어야 했다. 또 차량 반납 시에는 시간을 맞춰 직원을 만나 피곤한 두 눈을 비벼가며 함께 차량에 아무런 문제가 없는지 확인해야만 했다(직원이 차에 남아 있는 주유량을 확인할 때 그 어색한 긴장감도 있었다.). 그런데 쏘카는 비대면으로, 심지어 10분 단위로 차량을 대여하고, 심지어 반납도 스마트폰 앱으로 사진을 찍어 올리면 된다. 자동차 키도 주고받을 필요 없이 앱을 통해서 클릭 한 번이면 문이 열린다. 기존 렌터카 업계의 비효율성을 엄청나게 간소화시킨 것이다.

하지만 쏘카의 비전을 처음 듣고 난 이후 순간 잠이 확 깨던 기억이 있다. 개인적으로 어느 순간 별다른 큰 고민 없이 차량을 구매할 때가 된 것 같아 구매했는데, 이후 매년 세금, 유지비, 주차비 등에 상당한 비용이 지출되고 있음을 느끼던 시기였다(심지어 차량을 소유한 이후에도 난 종종 쏘카를 이용하고 있다.). 쏘카의 비전은 도시 한복판에서 자동차를 소유하는 것이 21세기에 얼마나 고비용, 저효율인 것인지 너무나 공감하게 만들었다. '자동차 소유가 갖고 있는 비효율을 해결한다고? 역시 유니콘 기업은 다르긴 다르구나.' 하는 생각이 들었다.

물론 쏘카와 같은 유니콘 기업의 시작은 다른 스타트업과 다르지 않았다. 쏘카는 2011년 11월 다음커뮤니케이션에서 인연을 맺은 6명에 의해 설립되었다. 특이한 점이 있다면 시작은 서울이 아닌 제주도였다(참고로 본사는 아직도 제주시에 있다.). 대중교통이 잘 발달되어 있지 않아 가구당 자동차 보유 대수가 전국에서 가장 높은 제주도에서 일하던 창업 멤버들은 제주도민들이 굳이 차량을 소유하지 않고도 이동권을 확보할 수 있는 방안을 고민하다가 이 서비스를 출시했다고 한다. 이후 2012년 3월 첫 카셰어링 서비스가 출시되었고, 일 년 후인 2013년 3월에는 서울시 공식 카셰어링 '나눔카' 사업자로 선정되었다. 2014년 9월에는 수도권 및 6대 광역시로 서비스를 확대했으며, 이듬해인 2015년 8월에는 전국 54개 도시로 서비스를 확대했다.

쏘카는 현재 다양한 기술을 접목하여 2023년 하반기 기준 22,000여 대의 차량을 운영하고 900만여 명의 회원을 보유한 대한민국 대표 모빌리티 기업이 되었다. 특히 쏘카 자체 설문조사에서 일반인들이 카셰어링을 떠올릴 때 당연히 '쏘카'를 떠올리는 사람들의 비중이 72%에 달한다는 사실은 쏘카가 카셰어링 업계에서 얼마나 독보적인 입지를 가지고 있는지를 보여 준다(나도 그럴 것이 카셰어링 하면 쏘카 말고 다른 기업이 뭐가 있었나 싶다.). 그렇다면 쏘카는 어떻게 모빌리티 업계에서 독보적인 기업 이미지를 갖출 수 있게 되었을까? 필자는 여기에는 쏘카가 제공하는 'A. 서비스의 다양성' 그리고 'B. 서비스에 접목된 기술'에 있다고 생각한다.

A. 서비스의 다양성

• 단거리(쏘카일레클): 필자의 회사가 위치한 강남역에 자주 가는 데 어느 순간부터 'elecle'이라는 전기자전거가 자주 보이기 시작했다. 아니나 다를까, 찾아보니 이 전기자전거도 쏘카가 2019년 12월 16일 인수한 회사가 보유한 것이었으며, 서비스명도 2024년 3월 20일부터 '쏘카일레클'로 변경되었다고 한다. 즉, 쏘카는 모빌리티의 전 분야를 섭렵하기 위해 단시간/단거리 서비스(1시간/10KM)를 고려하여 차량이 아닌 전기자전거 서비스도 제공하고 있는 것이다.

• 단기 대여(쏘카): 개인적으로 쏘카의 가장 큰 장점은 10분 단위로 차량을 대여할 수 있다는 것이었다(최소 30분부터 차량 대여 시간을 허용). 즉, 꼭 차량이 필요할 때에 군이 렌터카 업체에 연락할 필요도 없이 비대면으로 차량을 대여할 수 있다는 것이다. 이러한 서비스는 일상 대여 수요부터 출퇴근 수요 등 단기적인 요구까지 신속하게 수용할 수 있다. 쏘카는 이러한 단기 대여 시장의 약 80%를 점유하고 있다고 한다.

• 중장기 대여(쏘카플랜): 여기에 더해 쏘카는 수개월 간의 렌털 수요가 있는 유저들을 위해 2020년 3월부터 '쏘카플랜' 서비스를 제공하고 있다. 현재 일반인들의 자차 구매 수요를 대체할 뿐만 아니라 자영업자나 기업들의 출장 등에도 자주 사용되고 있다고

한다. 즉, 일반 쏘카 서비스가 10분 단위로 나뉘어지는 반면, 쏘카플랜은 대여 기간을 1달 이상의 중장기로 확대한 서비스인 것이다. 역설적으로 쏘카플랜은 기존에 24개월, 36개월 이상이었던 기존 렌터 업계의 장기 대여 서비스 소비자들의 수요까지도 흡수했다고 한다. 2023년 하반기 기준 4,670대의 쏘카플랜 차량이 운영되고 있다.

B. 서비스에 접목된 기술

쏘카가 보유한 기술들이 시장에서 너무나 당연시 여겨지고 간과되는 느낌을 받기도 한다. 하지만 필자는 개인적으로 이동수단 대여 모든 과정이 비대면으로 이루어지며 대여 과정의 처음부터 끝까지 사용자가 권한을 가지고 있다는 점에서 쏘카의 기술력은 앞으로 발전/개선 여부도 눈여겨볼 가치가 있다 생각한다.

- 정밀 주차 위치: 쏘카는 센티미터(cm) 단위로 차량 위치를 측정하여 주차 위치를 정확하게 사용자에게 전달한다. 편광을 이용한 실내 정밀 측위 기술을 세계 최초로 개발했음은 물론, DR GPS를 활용하여 지하 주차장 등 GPS 음영 지역에서도 정확하게 차량 위치를 확인할 수 있다. 기술자가 아닌 사람들은 이 기술이 얼마나 뛰어난지 즉각적으로 다가오지는 않겠지만, 쏘카는 차량 대여 이전 단계인 가용 자산 파악 단계에서부터 뛰어난 기술력을 동원하고 있다고 보면 되겠다.

- IoT 기반 원격 제어: 쏘카는 별도의 키 없이 IoT 기술을 기반으로 차량을 원격으로 제어하는 시스템을 보유하고 있다. 쏘카의 초기 멤버들은 이 부분이 주차장 측과 협업하는데 가장 설명하기 어려웠던 부분이었다고 말한다. 키 없이 차량을 대여한다는 개념이 2010년대에는 흔하게 생각되던 기술은 아니었을 것이다. 어찌 되었든 쏘카는 차량 통신 기술과 블루투스 기술을 활용하여 사용자가 스마트폰으로 차 문을 여닫고, 주유량과 전기 배터리 충전량 또한 실시간으로 확인할 수 있게 해 준다.

- 스마트 안전 운전 시스템: 추가적으로 쏘카는 안전 운전을 지원하는 시스템 기술을 개발하고 있다. 전기차 배터리 상태, 타이어 공기압 등은 물론, 주행 도로 상의 교통사고, 폭설 등의 위험 상황을 탐지하고 알림을 주는 기술이 되겠다. 여기에 더해 자율 주행 기술에도 투자하고 있는데, 쏘카의 미래지향적 도전에 많이 기대가 되는 대목이다.

- AI 기반 차량 관리: 쏘카는 사용자가 직접 촬영한 차량 사진을 앱에 업로드하면 이를 AI로 분석하여 파손 여부를 점검할 수 있다. 또한, 운행 거리와 이용 빈도, 날씨 등을 종합적으로 고려하여 각 차량별 맞춤형으로 세차와 정비를 할 수 있다고 한다. 쏘카의 초창기 멤버들 중 한 명은 서비스 출시 이후 가장 어렵고 힘들었던 업무로 기술 개발도 있겠지만 "세차"를 꼽기도 했다. 사소해

보일 수 있지만, 쏘카가 세차 결정에 AI 기술을 도입한 것을 보면, 얼마나 모빌리티 산업에 진심인지와 그동안의 업계 노하우가 얼마나 디테일하게 축적되어 있는지 느낄 수 있는 대목이다.

2) 쏘카의 차별성

2023년, 쏘카의 '슈퍼앱화'가 본격적으로 시작되었다. 쏘카 앱을 통해 사용자들은 다음과 같은 일련의 서비스를 이용할 수 있게 되었다.

2023년 1월: KTX 전 노선 승차권을 구매할 수 있는 '쏘카-KTX 묶음 예약 서비스'

2023년 5월: 전국 25,000개 숙박 시설 예약이 가능한 '쏘카스테이'와 자체 결제 서비스 '쏘카페이'

2023년 9월: 전기자전거 '일레클' 이용 기능

자차 소유의 문제를 해결하는 솔루션에서 모빌리티 전반을 아우르는 슈퍼 앱으로 발전하고 있는 것이다. 이러한 서비스 추가에 따라 모바일인덱스에 따르면, 쏘카 앱의 2023년 12월 월간 활성 사용자 수가 92만 2,194명으로, 전년 동기 대비 71.5% 증가했다고 한다.

필자는 쏘카의 이러한 눈에 띄는 성장 뒤에는 쏘카가 축적한 데이터와 그 데이터를 활용할 수 있는 역량에 있었다고 판단한다. 그도 그럴 것이 2024년 현재에도 쏘카가 시장에 새롭게 선보이는 서비스와 개발 중에 있는 기술 면면에는 쏘카가 보유하거나, 보유할 예정인 모빌리티 데이터를 최적화하는 데 초점을 맞추고 있다는 인상을 받는다.

이렇게 보니 2018년 당시 쏘카의 이재웅 대표가 기술 및 데이터 관련 인력 부족 문제를 해결하기 위해 현 쏘카 대표인 박재욱 대표가 운영하던 VCNC(비트윈 개발사)를 인수했던 것이 이해가 간다. 당시 이재웅 대표는 위 인수를 통하여 쏘카는 모빌리티 플랫폼으로 거듭나기 위한 첫 단추를 끼웠다고 설명하였는데, 일각에서는 당시 쏘카가 사업 영역의 결이 달랐던 VCNC를 인수한 이유에는 데이터 운영을 잘하는 팀확보를 위해서였다고 한다. 그렇다면 쏘카는 어떻게 데이터를 활용하고 있을까?

A. 효율성 극대화

쏘카가 전국적으로 4,500개의 쏘카존을 확보함에 따라 국내 주요 도시 인구의 81%가 쏘카존 500m 반경 이내에 들어서게 되었다. 위 정보를 접했을 때 개인적으로 '이제 국내에서 더 이상의 수요가 존재할까?'라는 의문이 계속 들었었다. 산업 전체의 규모가 정체되면 쏘카 역시 아무리 좋은 기술과 서비스를 보유하고 있더라도 성장에 한계를 느낄 수 있기 때문이다. 하지만 역시 쏘카는 데이터를 통한 솔루션을 가지고 있었다. 쏘카는 그간 쏘카존을 확보하는 과정에서 겪은 수많은 시행착오를 바탕으로 데이터를 분석하여 사람들의 이동 경로 등을 파악하였고, 쏘카존이 최대한 이용되고 사용자의 편의에 최적화될 수 있는 곳에 쏘카존을 배치하고 있다. 즉, 데이터가 향후 계속 축적됨에 따라 쏘카존은 국내에서도 지속 추가 및 확장 혹은 재배치까지 될 수 있다는 말이 되겠다. 지속적인 데이터 분석을 통하여 사업성을 최대치로 끌어 올릴 수 있다는 것이다.

B. 사업 영역 확장

최근(2024년 3월 13일) B2B 카셰어링 솔루션 '쏘카FMS'를 시장에 출시했다. 국내 약 344만 대의 법인 명의 차량이 타겟 시장인데, 기존 쏘카의 B2C서비스를 B2B에도 접목시킨다는 것이다. 이러한 서비스 출시가 가능했던 것은 그동안 쏘카가 축적한 데이터로 지속 발전되고 있는 기술 덕분이라고 봐도 무방하다. 쏘카FMS를 통하여 법인들은 차량의 위치와 상태를 실시간으로 모니터링 할 뿐만 아니라 관제 시스템을 통해 예약 및 운행 내역을 점검할 수 있다. 특히 차량의 실시간 상태와 세부 동선까지도 확인할 수 있게 해 주며, 운전자들의 안전 점수까지 도입하여 운전자의 사고 위험도를 파악 및 대비할 수 있다고 한다. 개인적으로 약간의 사생활 침해 문제도 있을 것 같다는 생각이 들지만 향후 어떻게 서비스가 발전해 나갈지 궁금해지는 대목이다.

C. 미래 기술

쏘카에 대해서 가장 인상 깊었던 부분 중 하나는 다른 스타트업들과는 달리 수도권이 아닌 제주도에 뿌리를 두고 있다는 점이다. 개인적으로 이러한 지역적 특성이 창업 초반에 많은 노하우를 축적하는 데는 물론 명확한 마케팅 대상, 초기 투자비 대응 전략, 사용자 로열티 확보 등에 매우 유효했을 것으로 판단된다. 이후 쏘카는 완전 자율주행에 필요한 풀 스택(full stack) 소프트웨어를 개발하는 라이드플럭스의 30억 원 규모의 시드 자금 중 25억 원을 2018년 7월 투자하였으며, 현재는 라이드플럭스와 함께 제주공항과 중문관광단지를 오가는 국내 최장 유상 자율주행 운송 서비스를 운영하고 있다. 여기서 중요한 점은 제주도가 국내에서 날씨와 지형이 가장 예측하기 어렵고 자주 바뀌는 지역인 만큼, 라이드플럭스는 이러한 특징을 잘 살려 자율주행 기술 개발을 위한 다양하고 최적의 데이터를 축적하고 있다고 한다.

하지만 기업이 항상 상승 곡선만을 그릴 수는 없다. 이렇게 잘 나가던 쏘카는 2022년 8월 22일, 전 세계적으로 최악의 장세를 보이던 시기, 많은 우려의 목소리에도 불구하고 상장을 결심했다. 좋은 결과는 아니었지만 필자는 다른 기업들이 상장을 연기하거나 포기하고 있을 때 쏘카가 상장을 강행했다는 점도 어찌 보면 다른 기업들과 비교했을 때 차별화되는 부분이라고 판단한다.

쏘카가 IPO를 강행한 이유를 박재욱 대표가 한 방송에서 직접 설명한 것을 요약하면 다음과 같다.

- 쏘카는 바로 전 분기에 흑자 전환에 성공하여 주식시장에서 평가 받을 수 있을 만큼 자신감이 있음.
- 변화가 빠르고 급성장하는 모빌리티 업계에서 한 발 빠른 투자를 위해 당시가 중요한 시기.
- 조달한 자금은 M&A, 신사업, 기술 투자에 집중할 예정.

즉, 흑자 전환에 성공한 만큼, 적극적인 M&A를 통해 모빌리티 업계에서 확실히 앞서 나가겠다는 의지로 상장을 강행한 것이다. 이는 쏘카가 경영에 있어서 다른 기업들과 비교했을 때 보다 더 공격적인 철학을 가지고 있다는 것으로도 해석이 된다.

쏘카는 당시 최초 공모가 밴드를 34,000원에서 45,000원으로 책정 했었다. 기업 가치를 1조 2,000억 원에서 1조 6,000억 원으로 평가한 것이다. 시장에서 여러 논란이 있자 공모가를 28,000원으로 까지 조정을 했다. 그러나 희망 공모가보다 40% 낮은 가격으로 조정했음에도 불구하고 상장 첫날 쏘카의 주가는 공모가보다 낮은 26,300원까지 하락하며 흥행에 실패했다는 평가를 받았다. 상장 이후엔 8거래일 연속 하락 마감하며 공모가 대비 -34%까지 떨어졌다. 투자자들은 "이럴 거면 왜 상장했나?"라는 의문을 던질 수밖에 없었다. 그리고 현재 2024년 4월 기준으로도 쏘카의 주가는 여전히 19,000원대에서 거래되고 있다. 쏘카를 설명하는데 쏘카의 상장에 대해 언급을 하지 않을 수가 없는 대목이다.

3) 상장 논란, 그 이후

쏘카의 상장 흥행 실패의 원인은 'A. 당시 시장 상황', 'B. 비교 대상 문제', 'C. 공모주 산정 문제' 세 가지로 요약될 수 있겠다.

A. 당시 시장 상황

쏘카가 상장을 준비하던 당시, 국내 증권 시장 상황은 거의 최악이었다. 코스피는 고점 대비 30%, 연초 대비 20% 하락하였고, 쏘카의 국내 경쟁사인 렌터카 업체들(롯데렌탈, SK렌터카)도 당시 고점 대비 약 30% 하락한 상태였다. 해외 모빌리티 기업들(Uber, Lyft, Grab 등)의 주가 역시 고점 대비 50%에서 80% 수준으로 하락해 있었다. 전 세계적인 금리 인상 기조로 인해 이자 비용이 증가하면서 쏘카와 같은 성장주에 대한 대규모 투자도 위축되어 있었다.

이러한 시장 상황을 고려해 국내에서 상장을 준비하던 많은 기업들이 상장 계획을 연기하고 있었다. 예를 들어, 현대엔지니어링, 현대오일뱅크와 같은 대형 기업들도 상장을 철회했으며, SSG닷컴, CJ올리브영 등도 계획을 미룬 상태였다. 당시 쏘카와 같이 유니콘 기업으로 평가받던 마켓컬리도 상장 예비심사를 통과했음에도 기업 가치가 4조 원에서 2조 원 안팎으로 하락했다는 평가를 받자 상장을 미뤘다. 쏘카는 어찌 보면 흥행에 실패할 가능성이 높다는 것을 예측할 수 있었음에도 상장을 강행한 것이다.

B. 비교 대상 문제

당시 쏘카의 증권보고서에는 비교 그룹으로 우버(Uber), 리프트(Lyft), 그랩(Grab), 고투(Goto), 버드 글로벌(Bird Global), 헬비즈, 오비고, 삼사라, 우한 코테이 인포매틱스, 오로라 이노베이션 등 10곳이 포함되어 있었다. 하지만 우버, 리프트 같은 기업은 카셰어링(Car sharing: 차량 공유)이 아닌 카헤일링(Car hailing: 택시 기사가 아닌 일반 사람들의 차를 호출하여 일정한 비용을 지불하고 원하는 목적지까지 동승하는 서비스) 기업이었고, 고투는 음식 및 상품 배달, 물류, 핀테크 등 다양한 사업 분야를 아우르며 매출의 60%가 모빌리티, 37%가 이커머스에서 발생한 기업이었다. 게다가 오비고와 오로라는 각각 스마트카 소프트웨어 플랫폼과 자율주행 솔루션에서 매출 100%가 발생하는 기업이었다. 반면 쏘카는 2022년 1분기 카셰어링에서 전체 매출의 97.4%가 발생했다(심지어 2022년 3분기 기준으로도 카셰어링에서 발생한 매출은 1,120억 원으로 전체 매출의 95.7%를 차지하였었다.).

이처럼 비교 대상이 사업 유사성이 적은 기업들 위주로 된 부분에 대해 박재욱 대표는 한 방송에서 전 세계적으로 쏘카와 동일한 사업 모델을 가진 상장사가 없었기 때문이라며, 그래서 모빌리티 플랫폼 기업들을 비교 분석 대상으로 선정하였다고 했다. 하지만 쏘카와 비슷한 사업을 영위하는 국내 렌터카 업체들을 포함시키지 않은 부분은 충분히 지적을 받을 만했다. 위 모빌리티 플랫폼 기업들이 추가된 것은 이해할 수 있겠지만 국내 경쟁사들이 빠진 부분은 크리티컬한 문제라는 지적이 많았다.

특히 당시 국내 렌터카 시장의 강자인 롯데렌탈은 2021년 매출 2조 4,000억 원, 영업이익 2,450억 원을 기록한 상황이었다. 그에 반해 쏘카의 매출액은 3,000억 원, 영업손실은 200억 원이었다. 쏘카의 최초 공모가 밴드는 쏘카의 기업가치를 1조 2,000억 원에서 1조 6,000억 원으로 책정하는 셈이었는데. 그 계획대로였다면 쏘카는 렌터카 업계 1위 업체보다 몸값이 높아지는 셈이었다.

C. 공모주 산정 문제

보통 기업들은 이익 규모를 기준으로 시가총액을 산출하는 주가수익비율(PER)이나 기업가치 대비 상각 전 영업이익 비율(EV/EBITDA) 방식을 사용한다. 하지만 쏘카는 매출액 대비 기업가치 비율(EV/Sales) 방식을 적용했다. 이는 비교 기업군을 선정한 후 EV/Sales를 적용해 적정한 기업가치를 도출하는 방식이다. 물론 쏘카와 같이 초기 적자를 감수하며 빠르게 성장하는 기업들이 EV/Sales 방식을 선택하는 것도 사실이다.

그러나 쏘카의 경우 롯데렌탈과 SK렌터카와 같은 국내 경쟁사들을 제외하고 EV/Sales 방식을 적용했다는 점이 문제가 되었다. 대신 추가된 해외 모빌리티 관련 슈퍼 앱, 소프트웨어, 솔루션 업체 중 거래 배수가 가장 높은 곳은 오비고(18.3배), 오로라(17.8배), 고투(17.1배) 등 세 곳이었다. 즉, 쏘카와 사업 유사성이 가장 적은 비교 기업 세 개가 쏘카의 공모주 산정을 높이는 데 견인차 역할을 한 셈이었다(오비고와 오로라의 매출 100%는 스마트카 및 자율주행 솔루션에서 발생).

하지만 단연 최악의 상황에서 무리한 상장을 강행한 쏘카의 입장에서도 나름 이유가 있었다. 필자는 시장상황과 비교대상 문제 지적에 대한 나름의 반박을 정리해 보았다.

A. 시장 상황에 대한 반박

당시 쏘카는 단순 차량 공유가 아닌 슈퍼 앱으로 전환을 시도하는 전환점에 있었으며, 그동안 축적한 데이터를 기반으로 다양한 이동 수단 연계, 숙박 예약뿐만 아니라 축적된 노하우를 정제하여 B2B 솔루션도 개발 중이었다. 특히 박재욱 대표가 한 방송에서 인터뷰한 내용을 보면, 당시 쏘카는 2022년 상반기 매출액이 35% 성장하며 창업 이래 처음으로 흑자를 기록했다(흑자 전환에 대한 추가적인 문제 지적이 있을 수 있지만 여기서는 언급하지 않겠다.). 차량 한 대당 마진도 커지고 운영 차량 대수가 많아질수록 이익의 폭도 증가하는 상황이었다. 따라서 쏘카는 확실한 성장을 위해 시장 상황과 별도로 기업의 규모를 키우기에 적합한 시점이라고 판단했다. 즉, 상장 이후 매출 성장과 함께 흑자 기조가 이어질 경우 투자자들을 안심시킬 뿐만 아니라 모빌리티 업계에서 확실히 차별화된 위상을 만들어 낼 가능성이 분명 있었다.

더 눈에 띄는 점은 박재욱 대표 스스로 공모 자금이 기존 매출 채널인 카셰어링 분야의 확장에만 쓰이는 것이 아니라, 공모 자금의 60%는 쏘카와 시너지를 낼 수 있는 기업 M&A, 슈퍼 앱으로서의 역량 강화 등에 사용하고 나머지 40%는 추진 중인 신사업 투자에 사용할 예정이라고 밝혔다. 즉 기존에 잘하던 사업에 투자하면서 단순히 몸집을 키우는 것이 아니라 적극적인 M&A와 기술 개발을 통해 능동적으로 성장해 나가겠다는 전략적 판단을 한 것으로 해석된다. 특히 언제 시장 상황이 좋아질지 아무도 모르는 상황에서 빠르게 발전하고 있는 모빌리티 업계에서 계속해서 상장을 미루며 기다리는 것은 적절하지 않다는 쏘카의 도전 정신이 부각되는 순간이기도 하다.

B. 비교 대상 문제에 대한 반박

물론 쏘카의 비즈니스 모델은 렌터카 회사들과 유사한 점이 있다. 하지만 운영 방식은 기존 렌터카들과는 완전히 다른 비대면 방식으로 이루어지며, 이러한 기술을 자체적으로 보유하고 있다는 점에서 쏘카의 비교 대상에서 국내 렌터카 업체들을 제외한 것도 아쉽긴 하지만 일리가 있다고 볼 수 있다.

특히 렌터카들과 겹치는 차량 대여 서비스에서 쏘카는 완전 비대면으로 차를 빌리고 반납하는 것은 물론, 차량의 상태 점검도 사람이 직접 확인하는 것이 아닌 사용자가 찍어서 올린 사진을 AI 기술로 분석하고, 축적된 데이터로 더 효율적인 의사 결정을 하는 등 전통적인 렌터카 회사보다 IT에 강점이 있는 모빌리티 플랫폼으로 보는 것이 타당할 수도 있었다.

미래 사업 영역도 국내 렌터카 업체들과는 달랐다. 쏘카는 IoT 기기(원격으로 차량을 관제하는 기술) 판매, 법인 차량 관리 서비스, 차량 관제 서비스 등을 출시할 계획을 가지고 있었으며, 전체 인력의 30% 이상이 기술 개발 인력으로 구성되어 있었다. 쏘카는 사용자들의 운영 데이터 수집 및 분석을 통해 수익성을 매년 개선하고 있기 때문에, 중고차 사업 중심으로 관리에 집중해 온 렌터카 업체와는 지향점 자체가 다르다고 볼 수 있다.

마이크로 모빌리티 업체들도 포함된 부분에 대해서는, 국내 렌터카 회사는 대부분 장기 렌터카 비중이 높은 반면, 쏘카는 단기부터 중장기 차량 대여는 물론, 당시 일렉이라는 전동 자전거를 대여하고 있었다는 점에서 충분히 비교할 수 있는 대상이기도 했다.

하지만 어찌 되었건 논란의 상장 이후 쏘카의 실적은 그다지 좋지 않았다. 2023년 쏘카는 매출액 3,984억 원을 기록했다. 전년 동기 3,975억 원 대비 0.2% 증가에 불과한 수치다. 같은 기간 영업손실 97억 원을 내며 전년 동기 영업이익 95억 원에서 적자로 전환했다. 당기 순손실은 415억 원을 내며 전년 동기 당기 순손실 181억 원에서 적자

폭을 두 배 이상으로 확대했다. 차입금을 통해 차량을 구매하는 쏘카의 입장에서 고금리 상황이 지속됨에 따라 적지 않은 금융 부담을 겪고 있는 것으로 보인다.

일부 비관론자들은 쏘카처럼 상품을 가공 없이 재생산하는 개념의 렌트 사업 등은 1차 산업의 비용 구조에 의존적이라 자체적으로 비용 절감을 이루기 어렵다고 지적한다. 그도 그럴 것이 쏘카의 외형 성장은 어떻게 보면 상당한 고점에 도달해 보인다. 지난 수년간 연도별 매출 성장 추이를 보면 2020년 2,205억 원, 2021년 2,890억 원, 2022년 3,975억 원, 작년 말 3,984억 원의 지표를 보였다. 2022년까지 성장세를 이어 가다가 횡보를 하고 있는 것이다. 동시에 비용은 더욱 늘어나 적자 폭은 늘어났다.

그런 의미에서 쏘카의 향후 몇 년은 매우 중요한 시기가 될 것으로 보인다. 성장이 정체된 한때 잘 나가던 기업으로 남을지, 아니면 한 발자국 더 나아가 정말 국내는 물론 해외 모빌리티 업계까지 섭렵할지. 필자도 궁금해지는 대목이다.

쏘카도 위기감을 인지하였는지 2023년 3분기부터 '쏘카 2.0' 전략을 발표하였다. 기존 카셰어링 서비스에 대중교통, 숙박, 마이크로 모빌리티 등을 결합하여 고객의 LTV(Lifetime Value: 생애주기이익)를 증가시키겠다는 계획이다. 이를 통해 목표는 2025년에 매출액 7,100억 원, 영업이익 1,000억 원을 달성하고자 한다. 주요 방법으로는 'A. 카셰어링 수요 확충', 'B. 쏘카플랜 확대', 'C. 플랫폼 서비스 다양화', 'D. 기술 기반 혁신' 네 가지다.

A. 카셰어링 수요 확대

산업이 더 이상 성장할 수 없다는 비관론에 대한 직접적인 반박이 될 것이다. 쏘카는 추가 채널 확보와 신규 서비스를 통해 이를 실현하고자 한다.

채널 확보의 단적인 예로, 쏘카는 2023년 7월 24일 네이버와 MOU를 체결했는데, 네이버와 같은 플랫폼과 쏘카의 데이터를 공유함으로써 더 많은 사람들이 쏘카 앱 설치와 접속 없이도 바로 서비스를 이용할 수 있게 만드는 것이다. 국내 면허 소지자가 약 3,400만 명이고, 쏘카 회원 수가 900만 명인 것을 감안할 때, 채널을 추가 확보하면 충분히 전체 시장을 확대할 수 있다는 주장이다. 이를 통해 전체 카셰어링 시간을 2021년 4,500만, 2022년 5,200만, 2023년 5,000만에서 약 100~300만 시간을 추가할 것으로 기대하고 있다. 개인적으로는 네이버와 같은 대형 플랫폼에 진입하게 된 것이 매우 고무적이라고 생각한다.

또한 2024년 2분기에는 '쏘카에어'와 '외국인 예약' 서비스 론칭을 준비 중이다. '쏘카에어'는 연간 2천만 명 이상의 내국인이 이용하는 공항 서비스에 카셰어링 서비스를 제공하는 것이고, '외국인 예약'은 국내 거주 중인 226만 명의 외국인을 대상으로 하는 서비스이다. 어떻게 보면 그간 부름 서비스, 편도 서비스 등의 새로운 형태의 서비스를 론칭하고 매출을 지속 확대해 온 쏘카로서는 충분히 자신 있게 주장할 수 있는 논리라고 생각한다.

B. 쏘카플랜 확대

이 방법이 시장의 지형을 넓히는 것이라면, 쏘카플랜 확대는 쏘카가 보유한 자산(차량) 한 대당 매출을 최대한으로 늘리는 계획이다. 쏘카의 가동률과 성장세가 점차 하락하고 있는 시점에서 꼭 필요한 해결책으로 보인다. 쏘카의 보고서를 볼 때 명확하게 이 부분이 해결될지는 설득되지는 않는다. 즉, 용자들의 성수기와 비수기 활동 데이터를 분석하여 보유한 자산의 활용률을 최대화한다는 계획인데, 앞으로 얼마나 실현될지 궁금한 대목이다.

C. 플랫폼 서비스 확대

기존 서비스에 이동 수단과 숙박을 연계한 '쏘카스테이'를 확대하여 국내 숙박 시장의 5%를 점유할 목표를 가지고 있다. 심지어 쏘카 앱에는 항공권 예매 서비스까지 연계해 항공, 숙박, 카셰어링을 한 번에 이용할 수 있도록 할 예정이라고 한다. 멤버십 서비스인 '패스포트'는 카셰어링 외에 주차 서비스, 숙박 등 다양한 서비스로 혜택을 확대해 충성 고객 수를 28만에서 30만 명 수준으로 확장할 계획도 가지고 있다.

D. 기술 기반 혁신

고객센터 고도화와 효율화된 차량 IoT 장비를 도입하겠다는 계획이다. 전반적인 사용자 경험을 업그레이드한다는 내용인데, 사실 위 다른 계획들의 성공 여부가 더 중요하다고 생각된다.

이처럼 국내 최대 모빌리티 업체인 쏘카는 매우 중요한 2024년을 앞두고 있다. 과연 쏘카가 주주들과 사용자들에게 약속한 계획을 잘 실현시킬 수 있을지, 그리하여 정말 대한민국을 대표하는 유니콘 기업으로 확실히 자리 잡을 수 있을지 주목할 부분이다.

11

센드버드, 실리콘밸리가 인정하다

1) 센드버드, 그 성장 스토리

"회사(센드버드) 내에서 백만장자가 많이 나왔으면 좋겠습니다."

대표가 직원들에게 이런 말을 해주는 회사가 또 있을까? 바로 센드버드의 김동신 대표가 기업의 발전에 기여하는 직원들에게 성취감은 물론 물질적인 만족까지 바라며 한 말이다. 실제로 센드버드는 직원들에게 국내 최고 수준의 복지와 스톡옵션 프로그램 등을 제공하며 '일하기 좋은 회사'로도 알려져 있다. 아쉽게도 이렇게 좋은 기업문화를 가지고 있음에도 B2B로 이루어지는 센드버드의 서비스 특성상 기업 자체는 아직 일반인들에게 생소한 것이 사실이다.

센드버드는 기업들이 웹과 앱에 채팅, 음성, 영상 통화 등을 구현할 수 있도록 하는 API(Application Programming Interface)와 SDK(Software Development Kit)를 서비스로 제공하고 있다. 참고로 API는 컴퓨터나 컴퓨터 프로그램들이 서로 서비스와 데이터를 주고받을 수 있도록 해 주는 도구이다. 쉽게 말해, 각기 다른 언어를 쓰는 사람들이 서로 대화하는 것을 중간에서 도와주는 통역사와 비교하면 쉽다. 예를 들어, 스마트폰에서 날씨 앱을 사용할 때, 앱은 API를 통해 날씨 정보를 제공하는 서버와 통신하여 최신 날씨 데이터를 받아 올 수 있다. SDK는 개발자들이 소프트웨어 개발을 쉽게 할 수 있도록 도와주는 도구들의 모음이다. 쉽게 말해, 책상을 만들려고 하는 사람이 필요한 모든 재료와 도구를 한데 모아 놓은 공구 상자라고 생각하면 쉽다.

즉, 센드버드는 위와 같이 기업의 개발자들이 자신들의 웹/앱에 적용할 수 있는 채팅, 음성 및 영상 통화 API와 SDK를 판매하고 있다. 보통 채팅이라고 하면 일반인들 입장에서는 매우 단순하다고 볼 수도 있다. 물론 약 3,000~5,000명의 유저들이 있는 작은 앱일 경우 적은 숫자의 유저들을 위해 채팅 기능을 개발하는 것은 많이 힘든 일이 아닐 것이다. 하지만 수십만에서 수백만의 고객이 있는 대형 기업 혹은 다양한 국가에서 유저들이 모이는 앱 같은 경우 이들을 모두 수용할 수 있는 채팅 기능을 개발하고 서버에 과부하 없이 잘 운영한다는 것은 결코 쉬운 일이 아니다.

이러한 B2B 채팅 솔루션에 있어서 센드버드의 입지는 가히 국내/외 통틀어 압도적이다. 그도 그럴 것이 2024년 상반기 기준 전 세계적으로 4,000여 개의 회사가 센드버드의 API와 SDK를 통하여 3억 명 이상의 유저에게 매월 70억 건의 채팅 서비스를 제공하고 있다. 국내 최대 채팅 메신저인 카카오톡의 경우 월간 활성 사용자 수가 4,497만 명인 것을 감안했을 때, 센드버드의 사용자 수는 카카오톡보다 약 6배 이상 많다. 물론 카카오톡은 메신저뿐만 아니라 여러 모바일 서비스들의 집합이기에 1:1 비교는 조금 적절치 않지만, 그래도 메신저만 딱 떼어 놓고 보면 대기업인 카카오톡보다 유저가 많다고 볼 수 있다는 점이 중요하다.

이러한 센드버드의 탄생은 어땠을까? 센드버드를 창업한 김동신 대표는 서울대 컴퓨터공학과 재학 시절 1인칭 슈팅(FPS) 게임 "언리얼"의 국내 1위, 세계 3위를 기록하며 프로게이머로 활동한 이력을 보유하고 있다. 이후 김동신 대표는 2007년 '파프리카랩(Paprica Lab)'이라는 게임 회사를 창업하였고, 2012년 일본 게임사인 그리(Gree)에 파프리카랩을 매각하며 엑시트에 성공했다.

그리고 김동신 대표는 곧바로 파프리카랩을 운영하던 4명의 팀을 이끌고 2013년 소셜 미디어 서비스인 '스마일맘'을 개발하였다. 어머니들이 서로 소통하고 교류할 수 있도록 만든 커뮤니티 앱이었다. 초보 엄마들에게 유용한 정보와 지지를 제공하며 인기를 끌었고, 2014년에는 스타트업을 대상으로 한 액셀러레이터 프로그램인 TechStars London에 선정되기도 하였다.

그러나 스마일맘을 성공적으로 운영하며 두 번째 창업에서도 승승 장구할 것 같았던 김동신 대표는 곧 운명적인 순간을 맞이한다. 투자자들이 "서비스는 좋은 것 같은데, 왜 어머니들을 위한 서비스를 아버지들인 당신들이 시장에서 제일 잘 만들 수 있는지 모르겠다."라는 근본적인 질문을 던지며, 팀이 스마일맘 비즈니스에 대해 스스로 질문하게 되었다고 한다. 게다가 당시 앱 상에서 25만 명 이상의 어머니들이 소통하고 있었으나, 소통 방식이 문자에 국한되어 월간 활성 사용자(MAU)가 늘지 않았다고 한다.

이러한 어려운 상황 속에서 스마일맘 팀은 당장 직면한 문제를 해결하기 위해 외부 솔루션인 ZeroMQ와 Firebase 등을 이용해 채팅 솔루션을 도입하려고 했다. 그러나 이러한 솔루션들이 스마일맘과 맞지 않거나 확장성 등에 문제가 있었고, 결국 채팅 기능을 자체 개발하게 되었다. 그때 운명처럼 가까이 지내던 게임 스타트업 대표가 스마일맘에서 개발한 채팅 솔루션을 월 3만 원에 제공해 달라고 부탁하였고, 그렇게 첫 채팅 매출이 기록되었다고 한다. 이처럼 B2C 소셜 미디어 서비스를 제공하던 회사는 어렵고 불확실한 상황에서도 우연히 새로운 기회를 잡게 되었고, 2015년 성공적으로 피벗(pivot)하며 채팅 API를 기업들에 제공하는 B2B 회사로 탈바꿈했다.

여기서 특이한 점은 센드버드가 한국에서 성장하여 해외 진출을 도모하는 기존 스타트업들과 달리, 해외에서 먼저 성장했다는 것이다.

심지어 2015년 피보팅 이후 2020년까지 한국어 웹사이트조차 없었다고 한다. 이러한 선택에는 창업팀이 스마일맘을 운영하며 테크 회사로서 느낀 한국 시장의 불확실한 환경이 영향을 미쳤다고 한다.

그 이유는 글로벌 스탠다드로 생각했던 여러 요소들이 한국 시장에서는 이해되지 않으며 오히려 걸림돌이 되었다. 반면 해외에서는 이미 수년 전부터 센드버드와 같은 B2B API 업체들이 자리 잡고 있었고, 많은 기업이 이러한 API 기업들에 대한 이해도가 높았다. 다른 언어를 사용하지만, 센드버드의 서비스를 이해하는 데에 해외 시장이 더 빠르고, 긍정적인 반응을 보였다는 것이다.

심지어 센드버드가 도입하려고 했던 커뮤니케이션 API 서비스는 이미 미국에서 시장이 자리 잡고 있었다. 고객들의 이해뿐만 아니라 투자 유치에 있어서도 미국이 훨씬 수월했다. 참고로, 이러한 배경 때문인지 센드버드는 미국 진출 이후 시리즈 A부터 C까지 모두 미국에서 투자를 유치했다.

개인적으로 한 가지 안타까운 점은 센드버드가 한국에서 투자 유치를 시도하지 않은 것이 아니라는 점이다. 미국으로 넘어갈 당시 센드버드의 재정 상태는 월급을 겨우 두 달치만 남겨 놓은 상태였다고 한다. 그래서 한국에서 투자를 위하여 VC들과 미팅을 지속하였지만, 매번 "그냥 SI업체가 아닌가?"와 같은 피드백을 받고, 이로 인해 밸류

에이션 또한 너무 낮았다고 한다. 이러한 문제들로 인해 센드버드가 미국행을 택해야 했다는 것은 한국 VC업계에 아쉬움을 남길 수밖에 없다.

이후 2016년, 센드버드는 스마일맘으로는 탈락의 고배를 마셨던 세계적인 스타트업 액셀러레이터인 Y Combinator 프로그램에 합격했다. 참고로 Y Combinator는 초기 단계 스타트업들에게 자금 지원, 멘토링, 네트워킹 등을 제공하여 빠르게 성장할 수 있도록 돕는 프로그램으로, Dropbox, Airbnb, Reddit 등 성공적인 스타트업들이 Y Combinator를 통해 배출되었다. 여기서 눈여겨볼 점은 같은 Y Combinator 출신인 미국의 대형 온라인 커뮤니티인 레딧이 센드버드의 첫 대형 엔터프라이즈 고객이 되었다는 점이다.

센드버드는 각각 2017년과 2019년에 시리즈 A 및 시리즈 B 라운드를 성공적으로 마무리하며 본격적인 성장을 이어 갔다. 특히 이 기간 동안 투자 유치와 동시에 다양한 기술 개발 역량을 획기적으로 늘려 제품과 서비스 라인을 강화했다. 2020년에는 음성 및 영상 통화 기능을 도입하며 채팅 시장뿐만 아니라 커뮤니케이션 시장에서의 지평을 넓혔다. 2021년에는 시리즈 C 라운드에서 1억 달러(약 1,300억 원)를 조달하고 회사의 가치를 10억 5천만 달러(약 1조 3,650억 원)로 높이는 데 성공하며, 한국에서 창업한 B2B SaaS(Software as a Service) 스타트업으로는 첫 유니콘 기업이 되었다.

2) 서비스와 차별점

이처럼 센드버드는 커뮤니케이션 API 관련 서비스 및 제품군을 제공하며, 필요시 트렌드에 따라 서비스와 제품군을 지속적으로 다각화하고 있다. 단적인 예로, 2024년 2월 24일 센드버드는 노코드(no code) AI 챗봇 솔루션을 출시하였다. 노코드는 사용자가 코딩 없이 시각적인 인터페이스를 통해 API를 설정하고 활용할 수 있게 하여, 비개발자도 손쉽게 서비스를 이용할 수 있도록 한 것이다.

이렇듯 센드버드가 보유한 제품은 지속적으로 발전하고 신규 개발될 것으로 보이는데, 이를 정리해 보면 (1) 메시징과 (2) 음성 및 영상, 두 가지로 간단히 구분할 수 있다.

(1) 메시징

메시지 기능은 단순히 문자를 주고받는 수준을 넘어선다. 센드버드는 이러한 메시지 기능을 총 다섯 가지로 분류하고 있다: i) 챗(chat) ii) 데스크(desk) iii) 서포트 챗(support chat) iv) 비즈니스 메시징 (business messaging) v) AI 챗봇(AI chatbot).

i) 챗(chat): 서비스 내에서 사용자들 간 원활한 채팅을 가능케 하는 기능이다. 여기에는 1:1 채팅, 그룹 채팅, 파일 공유, 이미지 및 동영상 전송, 이모티콘 및 스티커 지원, 메시지 검색, 알림 설정 등이 포함된다. 이러한 기능들은 사용자 경험(UX)을 극대화하여 사용자 이탈을 막는 데 매우 중요하다.

예를 들어, 모바일 게임이 국내에서 해외로 확장하려 할 때, 게임 내에서 팀원들과 원활한 소통을 위해 채팅 기능을 넣는 것은 필수적이다. 이는 스트리밍 서비스에도 매우 중요하다. 예를 들어, 축구 중계를 하는 한 스포츠 스트리밍 서비스가 센드버드의 챗 서비스를 통해 사용자들끼리 소통할 수 있는 창구를 마련하면 사용자 이탈을 막고 향후 확장성까지 확보할 수 있다. SPOTV, LGU+ 등이 센드버드의 챗 서비스를 통해 이러한 경쟁력을 갖추었다.

ii) 데스크(desk): 고객 상담을 관리할 수 있는 제품이다. 고객이 온라인 쇼핑몰에서 주문 상태를 문의하거나, 은행 앱에서 계좌 문제를 해결하고자 할 때 데스크 API가 도입되었다면 채팅 기능을 통하여 기업에 연락을 취해 지원을 받을 수 있다. 실시간 채팅은 물론 고객 응대 기록 관리, 분석 및 보고 등도 제공하는 포괄적인 고객 지원 서비스다.

iii) 서포트 챗(support chat): 데스크가 고객 지원에 있어 포괄적인 기능을 제공한다면, 서포트 챗은 고객과의 실시간 채팅과 간단한 문제 해결에 중점을 둔 솔루션이다. 예를 들어, 고객이 특정 기업의 상품을 구매하려 할 때 문제가 생기면 FAQ 등을 클릭하여 지원팀에 문의하고 신속하게 문제를 해결할 수 있다. 서포트 챗도 데스크와 마찬가지로 데이터 분석 및 관리 기능을 제공한다.

vi) 비즈니스 메시징(business messaging): 2023년 센드버드가 출시한 '노티피케이션(notifications; 알림)' 서비스의 업그레이드 버전이다. 단순 알림 기능이 아닌 실시간 채팅, 맞춤형 메시지 발송, 마케팅 프로모션, 구매, 배송, 예약 현황 등의 알림을 인앱 메시지로 발송할 수 있는 다양한 목적의 제품이다.

예를 들어, 한 의류 기업이 20-30대 남성들을 대상으로 스포츠 의류를 홍보하고자 할 때, 센드버드의 메시징 기능을 통해 해당 그룹에게 맞춤형 프로모션 메시지를 보낼 수 있다. 하나의 서비스를 통해 다양한 SNS(문자, Whatsapp 등)에 브랜드 이미지와 맞는 문구를 일관성 있게 전달할 수 있다는 장점이 있다.

v) AI 챗봇(AI chatbot): 2024년 2월 28일, AI 트렌드에 맞춰 센드버드는 스타트업과 소상공인 사업자도 노코드로 쉽게 AI 챗봇을 이용할 수 있는 'AI 챗봇' 솔루션을 출시하였다. 반복적인 질문에 자동으로 답변하거나 간단한 문제를 자동으로 해결하는 데 사용될 수 있다. 센드버드의 설명에 따르면, 매우 짧은 시간(5분 내)에 도입할 수 있다. 센드버드는 OpenAI의 GPT-4, GPT-3.5, 앤트로픽의 클로드(Claude) 2.1, 메타의 라마(Llama) 2 등 글로벌 LLM을 활용하며, 3월 6일 솔라와도 협약을 체결했다.

(2) 음성 및 영상 통화

i) 센드버드 콜스(Calls): 센드버드 콜스는 음성 및 영상 통화를 가능케 한다. 이를 도입한 기업들의 앱 내에서는 사용자들 간 음성 및 영상 통화를 할 수 있다. 예를 들어, 소셜 미디어 앱에서 사용자들은 센드버드 콜스 API를 통해 서로 직접 통화할 수 있게 된다.

ii) 센드버드 라이브(Live): 센드버드 라이브는 라이브 스트리밍을 지원하는 기능이다. 기업의 플랫폼 상에서 사용자들이 실시간으로 영상을 스트리밍하고 다른 사용자들이 그 영상을 시청하며 채팅할 수 있는 기능이다.

예를 들어, 쇼핑 앱에서 판매자가 실시간으로 제품을 소개하고, 다른 사용자들이 이를 시청하면서 실시간 채팅을 통해 질문할 수 있는 기능을 추가할 수 있다. 또한, 기업들은 센드버드에서 제공하는 데이터 통계를 분석할 수 있다.

그렇다면 센드버드는 어떠한 차별점이 있었길래 이렇게 포괄적인 서비스를 글로벌적으로 성공시킬 수 있었을까? 센드버드 운영진은 기업만의 (1) 긍정적인 집요함, (2) 전략적 의사 결정 시스템, 그리고 (3) 글로벌 네트워크가 주요 요인이라고 판단한다.

(1) 긍정적인 집요함

센드버드의 김동신 대표는 센드버드의 강점으로 "긍정적인 집요함"을 꼽는다. 단순히 목표를 향해 끊임없이 노력하는 것을 넘어서, 긍정적인 태도로 모든 도전에 맞서며 해결책을 찾는 과정을 의미한다. 이러한 특색은 센드버드가 글로벌 시장에서 성공을 거두는 데 큰 역할을 했다. 특히, 센드버드가 레딧(Reddit)과 계약을 체결했을 때 이를 명확히 볼 수 있다.

레딧은 전 세계에서 수백만 명의 사용자를 보유한 대형 온라인 커뮤니티이다. 센드버드는 2017년 레딧으로부터 기업의 첫 대형 수주 계약을 성사시킬 때까지 레딧의 사무실을 끊임없이 찾고 또 찾았다고 한다. 세일즈를 위해 레딧 사무실에 밤 11시~12시까지 있으면서 서비스에 대하여 설명과 검증을 계속하였다고 하였다. 이후 경비원이 센드버드 같은 외부인이 레딧 사무실에 남아 있어 자신이 퇴근을 못한다고 불평까지 하는 상황으로 이어졌고, 결국 레딧 측에서도 센드버드의 서비스를 심도 있게 검토해 보겠다고 하고 돌려보냈다고 한다. 이러한 노력이 도화선이 되어 센드버드의 첫 엔터프라이즈 고객이 탄생하였다. 당시 센드버드의 팀은 대표 포함 단 6명에 불과했다. 정말 대단한 성과가 아닐 수가 없다.

(2) 전략적 의사 결정 시스템

고객들의 요청에 대해 장기적인 시선에서 전략적으로 의사결정을 하는 것도 센드버드의 장점이다. 특히 센드버드는 고객들이 특정 기능을 요청했을 때, 그 기능이 다른 고객들에게도 유용하게 판매 가능성이 있는지를 신속하게 평가하는 내부 의사 결정 시스템을 갖추고 있다.

예를 들어, 경쟁사들은 종종 특정 대형 고객의 요구를 충족시키기 위해 많은 자원을 소모하며 맞춤형 기능 개발에 집중했다. 초기에 큰 고객을 잡을 수 있다는 이점도 있겠지만, 결국 비용은 비용대로, 시간은 시간대로 써 놓고도 추후 서비스의 확장성이 없는 문제로 이어질 수도 있다. 센드버드는 이러한 문제를 피하기 위해 장기적인 측면에서 전략을 수립했다고 한다. 이러한 전략 덕분에 센드버드는 경쟁사들보다 더 빠르게 성공할 수 있었다.

센드버드보다 3년 앞서 창업되고, 센드버드의 초기 주요 경쟁자였던 Layer가 2018년에 문을 닫았을 때, 해당 최고기술책임자(CTO)가 이후 센드버드에서 근무했을 정도이니, 센드버드가 경쟁사들 대비 얼마나 빠르게 앞서 나갔는지 알 수 있는 대목이다.

더 대단한 것은 이러한 중요한 판단을 하는 과정에서 공동 창업자들이 중간에 사이가 틀어지거나 특정 한 명이 지분을 욕심내는 등의 문제가 없었다는 점도 주목할 만하다. 공동 창업자들 간의 의사 결정 과정에서 보여 준 신뢰와 협력은 센드버드가 일관된 방향으로 나아가게 하는 원동력이 되었다.

(3) 글로벌 네트워크

센드버드는 전 세계 다양한 산업 분야의 선두 업체들에게 서비스를 제공하며 그 차별성을 증명하고 있다. 한국에서는 배달의 민족, 모바일 배틀그라운드 앱의 채팅, SPOTV의 경기 중계 중 채팅 기능을 통해 입지를 다졌다. 미국에서는 최대 송금 플랫폼 PayPal과 온라인 커뮤니티 Reddit이 센드버드의 서비스를 이용하고 있다. 일본에서는 Rakuten, 싱가포르의 ViKi, 인도의 3억 6천만 명이 사용하는 Paytm도 센드버드의 고객이다. 이처럼 다양한 국가에서 선두 기업들이 센드버드를 선택하였다는 것은 향후 글로벌 시장에 입지를 다지는 데 좋은 레퍼런스가 될 것이다.

또한, 이러한 네트워크는 센드버드가 수백만 명의 트래픽을 로컬이 아닌 글로벌적으로 해결할 수 있는 역량을 배양하게 도왔고, 내부 경영에서도 팀이 글로벌화에 맞춰 운영될 수 있도록 했다. 각기 다른 국가에서 근무하는 직원들을 위한 내부 시스템을 갖추는 것이 그 예다. 한국 지사에서는 추석 선물을 챙기고, 이슬람권의 라마단 기간에는 그에 맞는 선물과 휴가를 직원들에게 주는 등, 각 지역의 문화와 요구에 맞춰 팀을 운영하고 있다. 국내뿐만 아니라 글로벌 운영에서도 충분히 그 역량과 경험을 쌓고 있는 것이다.

3) 앞으로의 숙제

클라이너 퍼킨스(Kleiner Perkins)에서 독립하여 본드 캐피털(Bond Capital)을 설립한 유명한 벤처 캐피털리스트 메리 미커(Mary Meeker)는 기술 업계에서 많이 사용되는 연간 인터넷 트렌드 보고서를 발간하는 것으로 유명하다. 2014년 인터넷 트렌드 보고서에서 메리 미커는 메신저 앱이 전 세계에서 가장 많이 사용되는 앱으로서 소셜 미디어를 역전했다고 강조했다.

이러한 업계 트렌드 덕분에 센드버드와 같은 B2B 채팅 솔루션 기업들도 성장 동력을 얻었다. 특히 기업들이 점점 카카오톡과 같이 대중화된 커뮤니케이션 채널 수준의 사용자 경험을 중요시하기 시작하였다. 즉, 카카오톡 수준으로 구현되지 않으면 사용하지 않는다는 것이다. 이로써 채팅 솔루션에 집중하며 기술을 개발해 온 센드버드는 입지를 더욱 공고히 다졌다.

이렇듯 대내외적인 트렌드와 기업만의 강점을 통해 센드버드는 지속적으로 발전해 왔고, 현재는 일간 이용자 10억 명, 월간 이용자 50억 명 규모를 달성하는 것을 목표로 하는 글로벌 기업으로 거듭났다.

하지만 모든 기업이 그렇듯, 센드버드라고 해서 향후 어려움이 없을 것이라는 보장은 없다.

(1) 치열한 경쟁

센드버드는 채팅 솔루션 분야에서 독보적인 위치를 차지하고 있지만, 업계 트렌드에 따라 채팅 솔루션 시장에서의 경쟁은 더욱 심화되고 있다.

예를 들어, 2008년에 설립된 트윌리오(Twilio)는 2024년 5월 기준으로 약 100억 달러(약 13조 원)의 시장 가치를 가지고 있다. 현재 트윌리오는 SMS, 전화, 1:1 채팅, 다자간 채팅룸, 왓츠앱(WhatsApp), 페이스북 메신저(Facebook Messenger), 인앱 채팅을 아우르는 단일 API를 제공한다. 그만큼 규모가 크기 때문에 사용하는 유저풀과 기업 수도 많으며, 개발자들을 위한 가이드 및 네트워크도 강력하다. 이러한 개발자 네트워크를 무시할 수 없는 이유는, 개발자들이 솔루션을 이용할 때 더 편리하고 직관적인 서비스를 선호하며, 네트워크를 통해 어려운 부분을 서로 물어보고 도움을 얻을 수 있기 때문이다. 비록 시장에서는 채팅만큼은 센드버드처럼 특화된 기업이 없다는 평가가 있지만, 그 규모에서 트윌리오는 센드버드가 절대 무시할 수 없는 경쟁자이다.

샌프란시스코에 기반을 둔 퍼브넙(PubNub) 또한 센드버드의 경쟁사이다. 퍼브넙은 실시간 온라인 채팅, 라이브 이벤트, 지리적 위치 정보, 원격 IoT 제어 솔루션 등을 다양한 산업과 전 세계에 걸쳐 수천 개의 기업 및 조직에 공급하고 있다. 주요 고객사로는 Adobe, Atlassian, DocuSign, TicketMaster, RingCentral과 같은 유명한 기업들이 있다. 이 밖에도 2009년에 설립된 컴챗(CometChat) 또한 센드버드처럼 채팅 API를 제공하는 경쟁사이다.

물론 채팅 API의 완성도 면에서는 센드버드를 따라올 기업이 당장은 없을 수도 있다. 하지만 중요한 것은 센드버드와 유사한 서비스를 제공하는 기업들이 많다는 점이며, 센드버드 입장에서는 트렌드에 뒤처지지 않도록 지속적으로 빠르게 변화하고 혁신을 이루지 않으면 쉽게 도태될 수 있다는 것이다.

⑵ 가격

기업들이 센드버드와 같은 커뮤니케이션 SaaS(Software as a Service)

서비스를 선택할 때 가장 중요한 요소 중 하나는 가격일 수 있다. 그러나 센드버드의 서비스 비용은 기업의 유저 기반이 성장할수록 일정하게 늘어나는 것이 아니라 기하급수적으로 증가한다. 실제로 높은 가격 때문에 기존 소비자들이 많이 떠났다는 이야기도 있다.

예를 들어, 센드버드의 가격은 10,000 MAU(월간 활성 사용자)까지는 다른 제공업체와 거의 동일하지만, 10,000 MAU를 초과하면 급격히 증가한다. 심지어 MAU 및 최대 동시 접속 유저수가 사전 설정된 임계값을 초과하면 센드버드는 모든 미결제 청구서가 정산될 때까지 기능을 일시적으로 중단한다고 한다. 경쟁사들이 이러한 일시 중단 정책을 가지고 있지 않다는 점은 센드버드가 향후 개선할 만한 부분이다.

또한, 경쟁사들이 추가 요금 없이 제공하는 특정 기능들을 센드버드는 더 비싼 엔터프라이즈 요금제에만 제공하는 점도 문제이다. 예를 들어, 센드버드의 메시지 보존 기간은 엔터프라이즈를 제외한 모든 요금제에서 6개월로 제한되지만, 컴챗(CometChat)과 같은 경쟁사들은 데이터 저장에 제한이 없다. 마찬가지로 센드버드에서 채팅 그룹 크기는 100명으로 제한되며, 수천 명의 유저들을 포함할 수 있는 "슈퍼 프라이빗 그룹"은 Pro 및 엔터프라이즈 요금제에서만 사용할 수 있다.

물론 기업마다 가격 정책은 다를 수밖에 없으며, 시장의 상황과 각자 보유한 고객 특징들에 따라 그 정책은 지속적으로 변화할 수 있다. 하지만 중요한 인사이트는 이러한 시장이 센드버드가 절대 독점하고 있는 시장이 아니며, 끊임없는 제품 혁신 외에도 가격 책정 등 운영적인 부분에서도 센드버드가 꾸준히 신경을 써야 한다는 점이다.

(3) 지속가능한 모델

직원들을 위한 복지가 남다른 센드버드도 침체된 글로벌 경제 상황에 직접적으로 피해를 보았다. 경기가 침체하자 많은 기업들이 비용을 감축하기 위해 사용하고 있던 B2B SaaS 서비스에 대한 지출을 줄이기 시작했다. 이러한 서비스 수요 감소는 센드버드로 하여금 구조조정을 단행하게 했으며, 이때 해고된 직원은 전체 직원의 약 20%에 달했다. 물론 이는 센드버드에 국한된 것이 아니며, 같은 업계의 Twilio 또한 2023년에서 2024년 사이 수백 명의 직원을 감축하는 등 업계 전반적으로 정리해고가 진행되었다.

시장은 항상 호황과 불황의 사이클을 가진다. 향후 이러한 상황에 또 직면하지 말라는 법은 없다. B2B SaaS 기업으로서 센드버드가 다양한 어려움 속에서도 지속 가능한 비즈니스 모델을 구축하는 것은 풀어야 할 숙제 중 하나이다.

이러한 문제를 해결하기 위해 센드버드는 아래와 같은 전략들을 갖추어야 한다고 생각한다:

(1) 트렌드에 맞춘 제품 혁신 및 기능 확장

글로벌 챗봇 시장은 2019년 26억 달러에서 2024년까지 94억 달러로 성장할 것으로 예상되며, 연평균 성장률(CAGR) 또한 29.7%이다. 이러한 빠르게 성장하는 시장에서 센드버드는 트렌드에 뒤처지지 않기 위해 빠르게 AI 기반 챗봇을 출시했지만, 경쟁사인 Twilio는 2023년 8월 23일 OpenAI와 연계하여 한발 앞서 고객 지원 챗봇 기능을 강화했다. 이처럼 센드버드도 시장의 기대에 부합하는 기술을 경쟁사들보다 더 빠르게 선보이는 것이 중요하다고 본다.

(2) 통합 기능 확장

단적인 예로, CRM(customer relationship management; 고객 관계 관리) 시장은 2027년까지 963억 9천만 달러에 이를 것으로 예상된다. 이처럼 CRM(Salesforce, HubSpot), 전자 상거래 플랫폼(Shopify, Magento) 및 기타 SaaS 제품과 같은 인기 있는 타사 플랫폼과의 센드버드의 통합을 용이하게 하는 전략을 수립한다면, 센드버드가 타겟으로 하는 시장은 매우 커질 것이 틀림없다.

(3) 보안 및 준수 기능 강화

PubNub은 종단 간 암호화, GDPR 준수 도구 및 의료 관련 메시징을 위한 HIPAA 준수와 같은 고급 보안 기능에 투자한 것으로 알려져 있다. 보안은 74%의 기업들이 커뮤니케이션 플랫폼을 선택할 때 최우선으로 고려하는 사항이라고 한다. 센드버드도 이러한 보안 및 준수 기능을 강화하여 고객들에게 신뢰받는 플랫폼이 되어야 한다.

(4) 유연한 요금제

Twilio의 가격 책정 전략은 소규모 비즈니스부터 대기업까지 광범위한 고객을 대상으로 한다. 특히 중소기업(SMEs)은 전 세계 비즈니스의 90%를 차지하며 고용의 50% 이상을 차지한다. 센드버드도 일정 수준까지는 무료로 서비스를 이용할 수 있게 해 주고 있다. 하지만 가격 정책이 문제라고 지적 받는 만큼, 소규모 기업들을 위한 유연한 전략 또한 지속적으로 강구해야 할 것이다.

센드버드의 AI 챗봇은 출시된 지 반년도 채 되지 않았지만, 벌써 4,200여 곳에 달하는 기업들이 이용하고 있다. 이러한 AI 챗봇과 비즈니스 메시징을 통해 센드버드는 그동안 앱 내에서 사람과 사람 사이의 연결을 주력해 왔지만, 이제는 사람과 비즈니스, 그리고 사람과 AI를 연결시키는 종합 커뮤니케이션 플랫폼으로 거듭나기 위해 도전하고 있다. 실리콘밸리에서 인정받은 국내 첫 B2B SaaS 기업인 센드버드, 그들의 도전을 끝까지 응원하겠다.

12

당근마켓, 하이퍼로컬 비전에 더 가까이!

1) 시작과 성장

"선반 나눔"

"수납장 10,000원"

"같이 일하실 직원을 모십니다. ^^"

"68.2평 아파트 전세"

"현대 올 뉴 투싼 17년식 1,500만 원"

"이따 간술 하실 분?"

"시바견 주인 찾습니다."

"집 청소해 주실 분?"

당근 앱을 켠 지 단 1분도 되지 않아 접한 글들의 제목이다. 주변에 당근을 거의 매주 이용하는 가족들과 직장 동료들이 있었으나 개인 적으로는 앱만 설치해 두고 자주 사용하고 있지는 않았다. 하지만 오 랜만에 당근 앱을 열어 보니 왜 많은 이들이 당근에 환호하는지 이해 가 단숨에 갔다. 내가 오래전에 알던 중고거래, 쇼핑 서비스가 아니었다. 당근은 나보다도 내가 사는 지역을 더 잘 알고 있는 정말 하이퍼로컬(hyper-local: 아주 좁은 지역의 특성에 맞춘)의 정석을 보여 주는 앱이었다. 앱스토어에서의 앱 카테고리도 쇼핑이 아닌 소셜 네트워킹이다. 기존 중고거래 플랫폼들의 경쟁사로 여겨졌던 당근은 어떻게 이런 괄목할 만한 성장을 이룰 수 있었을까?

"동네의 연결, 하이퍼로컬 비전에 더 가까이!" 2023년 8월 당근마켓은 본격적으로 하이퍼로컬 기업을 지향하기 시작했다. 물론 그 전부터 지역 커뮤니티 활성화를 위한 기능들이 앱 상에 존재하였었다. 하지만 이제 본격적으로 기업명까지 마켓을 뺀 '당근'(당신의 근처)으로 바꾸고, 로고까지 기업이 추구하는 "지역(Local)", "연결(Connect)", "삶(Life)" 세 가지 핵심 가치를 담는, 본격적인 변신을 한 것이다. 그리고 현재 당근은 누적 가입자 수 3,600만 명, MAU(Monthly Active User; 월간 활성 사용자) 1,900만 명, 누적 투자금액 2,270억 원, 심지어 영국, 일본, 캐나다, 미국 등 글로벌 460여 개 지역에 진출까지 이루었다.

글로벌 기업으로의 도약을 준비하는 당근의 역사는 2015년으로 거슬러 올라간다. 개인적으로 당근의 성장에는 다양한 요소들이 있겠지만 공동 창업자들의 역량도 크게 기여했다고 본다. 김재현 공동 창업자는 2010년 한창 스마트폰 보급이 되고 있을 때 네이버를 퇴사한후 싱크리얼즈라는 앱 개발사를 창업하였다. 이후 "쿠폰모아"라는 서비스를 성공시키고 카카오에 인수합병되었다. 한 명이 이렇게 개발자 트랙을 밟았다면, 김용현 공동 창업자는 삼성물산, 네이버를 거친 후 카카오에서 기획자로 경력을 쌓았다. 당시 한창 성장하고 있던 카카오의 지식인, 플러스친구 서비스와 같은 프로젝트에 참여했다. 이때 함께 당근을 설립한 김재현 공동 창업자와 연이 되었고, 함께 지역 맛집 추천 앱 "카카오플레이스"를 출시하였다고 한다. 카카오플레이스는 안타깝게도 사용자 수가 기대보다 낮아 출시 후 얼마 되지 않아 서비스가 종료되었지만, 둘 창업자는 이 과정에서 지역 기반 중고 거래 서비스의 가능성을 보았다고 한다.

당시 중고 거래하면 불신이 정말 팽배했다. 그래서 판교에 거주하던 당시 IT업계 직원들은 기존의 중고거래 플랫폼 대신 사내 게시판에서 중고거래를 하고 있었다. 신원이 어느 정도 확인된 사람과 직거래를 할 수 있다는 부분이 기존 신뢰 문제를 해결해 준 것이었다. 심지어 중고 거래 게시판은 하루에도 사람들이 수차례 들어와 보고 또 체류 시간도 길었다. 카카오플레이스의 중대 문제는 기대보다 낮은 사용자 수도 있었지만 무엇보다도 그나마 있는 유저들도 필요한 순간에만 잠깐 맛집 검색을 한 후 서비스를 종료한다는, 즉 체류 시간이 짧았다는 것에 있었다. 이렇게 중고거래 게시판에서는 자신들의 서비스와 반대로 유저들의 체류 시간이 상대적으로 길다는 것을 포착한 두 사람은 바로 창업을 결심한다.

2015년 7월 두 창업자는 카카오를 퇴직한 후 판교테크노밸리에서 당근마켓의 전신인 "판교장터"를 설립했다. 신뢰 문제 해결을 위해서 회원 가입은 회사 이메일이 있어야 가능했다. 주로 거래되는 아이템들도 IT 제품 중심이었다. 그런데 두 창업자가 생각지 못했던 방향으로 사업이 흘러가기 시작했다. 플랫폼에 대한 반응이 판교 회사원들이 아닌 판교 주부들 사이에서 나오기 시작한 것이다. 예를 들어, 아이들의 육아용품들은 몇 번 쓰지도 못하고 그냥 버리거나 쌓아 두게 되는데, 이러한 중고품을 동네 주민끼리 사고파는 것에 니즈가 포착되기 시작했다. 판교장터 서비스에 주부들도 가입할 수 있게 회사 이메일 조건을 없애 달라는 요청이 빗발치기 시작했다. 판교장터는 바로 이러한 피드백을 반영하여 가입 기준을 회사 메일이 아닌 거주지로 바꾸었다.

이렇게 판교장터를 설립한 지 3달 만인 2015년 10월, 중고 거래를 넘어 지역 기반 커뮤니티 플랫폼으로 자리 잡겠다는 사업 목표를 설정하였다. 이때 사명도 "당신 근처"의 줄임말로 따와 "당근"마켓으로 바꾸었다. 사실 처음부터 사명을 "당근"으로 하려고 했으나 당시엔 너무 야채, 채소만 연상이 된다는 의견들이 있어 어쩔 수 없이 뒤에 마켓을 붙였다고 한다. 2018년 1월부터는 전국에서 서비스를 운영하기 시작하였다.

당근이 국내에서 독보적인 중고 거래 플랫폼으로 각인된 시점은

2021년이라고 생각한다. 당시 당근은 1,800억 원 규모의 시리즈 D 투자 유치는 물론 3조 원의 기업가치를 받았다. 당시 기준으로 3조 원이면 신세계(2.7조 원), 롯데쇼핑(3조 원)과 맞먹는 수치였다. 불과 3년 전인 2018년 당근은 68억 원의 시리즈 B 투자 유치를 하며 400억 원의 가치를 평가받았고, 2년 전인 2019년엔 400억 원의 시리즈 C 투자 유치를 하며 약 3,000억 원의 가치를 평가 받았다. 그러나 2021년엔 1,800억 원 투자 유치는 물론 3조 원에 달하는 몸값을 평가받은 것이다. 정말 어마어마한 성장이었다.

상대적으로 비교해 보면 당시 당근의 기업가치가 얼마나 대단한지 더 체감할 수 있다. 2021년 3월 롯데는 유진자산운용, NH투자증권과 함께 국내 1대 중고거래 플랫폼인 중고나라를 1,150억 원에 인수했다. 롯데의 투자 주체는 롯데쇼핑이었는데, 당시 롯데쇼핑의 투자금액은 300억 원이었다. 즉, 당근이 3조 원이라는 가치를 평가 받을 때, 그 경쟁사는 200억 원을 투자한 새로운 주인을 맞이한 것이다. 중고나라가 당근보다 무려 12년이 더 오래된 플랫폼이었다는 것을 고려하면 당근이 얼마나 빠르게 성장했고 또 시장에서 보는 기대감이 얼마나 높은지 알 수 있는 대목이다.

당시 당근의 기업가치가 너무 높게 평가된 거 아니냐는 말도 있었다. 하지만 월간 활성 사용자 지표인 MAU를 보면 당시 당근의 가치가 전혀 고평가가 아니었다. 참고로 앱 서비스에서 MAU는 매우 의미 있는 지표이다. 한 달간 유입된 유저가 중복 집계되지 않은 지표이기 때문이다. 한 명의 유저가 당근을 매일 접속하더라도 1로 집계된다. 그래서 MAU는 다른 앱들과 비교하였을 때 특정 앱이 얼마나 큰 영향력을 가지고 있는지 보여 준다. 2021년 3월 기준 당근의 MAU는 1,518만 명 수준이었다. 경쟁사였던 중고나라는 64만 명, 번개장터는 304만 명이었다. 압도적인 규모인 것이다. 다른 서비스들과 비교해도 어마어마한 규모였다. MAU 규모로만 봐도 국내 탑15 안에 들어가는 규모이다. 페이스북과 토스를 앞서고 있었고, 네이버 지도, 인스타그램, 배달의 민족을 뒤쫓고 있었다.

당근의 이러한 괄목할 만한 성장에는 중고제품을 선호하기 시작한 소비자 트렌드도 있었다. 인터넷 진흥원에 따르면 국내 중고거래 시장은 2023년 기준 약 30조 원으로 14.4%의 성장률을 보이고 있다. 2008년 약 4조 원에 불과했던 시장이었는데, 당근과 함께 매우 빠르게 성장한 것이다. 하지만 기업가치가 3조 원으로 경쟁사들과 비교하여 월등히 높은 데는 당연히 당근만의 차별성이 있다.

2) 독보적인 차별성

당근의 성장 동력으로 필자는 'A. 신뢰', 'B. 비전', 'C. 새로운 시도' 세 가지를 뽑는다.

A. 신뢰

신뢰는 당근의 시작점인 중고거래 플랫폼 성장을 견인했다. 그리고 현재 추구하고 있는 하이퍼로컬 기업으로의 변신에 끈끈한 유저풀을 제공함으로써 크게 기여하고 있다.

i. 매너온도: "매너온도"를 통해 당근은 "신뢰"라는 철학적인 컨셉을 어떻게 보면 기업의 가장 크고 중요한 자산으로 만들었다고 본다. 매너온도란 당근 서비스에서의 활동을 통해 개별 유저에게 부여되는 점수이다. 모든 유저가 동일하게 사람의 체온에 해당하는 36.5도에서 시작하며, 최대 99도까지 점수를 높일 수 있다. 쉽게 생각하면 배달의 민족과 쿠팡의 별점으로 생각해도 될 것이다. 하지만 여기서 중요한

것은 당근은 유저가 100% 컨트롤을 갖는 기존 별점 시스템과 다르게 당근 자체적으로 유저가 얼마나 활동량이 많은지, 답장이 빠른지 등과 같은 다양한 요소를 종합적으로 계산한다는 점에서 차별화된다. 즉, 점수의 객관성과 신빙성이 한층 더 올라간 것이다.

한때 중고거래하면 사람들이 바로 연상하는 기업은 중고나라였다. 하지만 중고나라는 안타깝게도 1세대 플랫폼으로서 어떻게 보면 당근을 대신하여 신뢰의 영역에서 호된 경험을 했다고 본다. 대표적인 예로 2010년대 후반 인터넷을 떠들썩하게 만들었던 중고나라 (물건을 거래하면 벽돌이 배송되었던…) 벽돌 사기가 있겠다. 개인적으로 네이버 카페라는 플랫폼의 한계상 당근과 같이 유저의 신뢰를 보장할 기능을 추가하는 데 어려움이 있었을 것이다. 하지만 당시 10년 이상 중고나라에서 거래를 해 온 유저도 이제 막 가입한 유저와 별반 다를 것이 없는 신뢰도를 가질 수밖에 없었다는 것은 플랫폼상 매우 큰 문제였다. 그런 면에서 중고나라가 빨리 플랫폼화에 도전했으면 어땠을까 하는 생각도 가져 본다.

어찌 되었건, 당근은 매너 온도 기능으로 신뢰할 수 있는 플랫폼이라는 이미지를 가지게 되었다. 당근도 이에 대한 중요성을 아는 듯하다. 최근에는 매너온도가 49.1도인 계정을 타인에게 15만 원에 2일 동안 대여한 유저가 신고되었다. 당근은 곧바로 해당 계정을 정지하였다. 일각에서는 너무 심한 조치라고들 한다. 하지만 필자는 이러한 당근의 결정이 당근의 미래에 있어 너무나 중요하고 필요한 조치였다고 본다. 당근의 매너온도를 더 이상 신뢰할 수 없게 되면 당근을 이용할 가치도 떨어진다. 즉, 기업의 미래와 직결된 문제인 것이다. 기존 플랫폼들이 겪었던 문제를 싹이 트기 전에 해결하려는 당근의 운영에 극찬을 보낸다.

ii. 대면거래: 높은 신뢰에는 당근만의 거래 방법에도 있을 것이다. 예를 들어 중고나라에서는 지역 제한 없이 원하는 상품 찾고 거래할 수 있다. 하지만 개인 차원에서 상대방을 신뢰해야만 거래가 이루어질 수 있다. 그렇기에 불필요한 시간과 비용이 발생함은 물론, 거래가 이루어질 때마다 위험이 따른다. 위험을 항상 피할 수 있는 것도 아니다. 가품이나 손상된 물건을 받을 가능성도 있다. 당근은 대면 거래에서 솔루션을 찾았다. 물론 거리의 제약은 있지만, 이 방법이 기존의 신뢰 문제를 해결한 것은 사실이다.

iii. 업자 필터링: 당근은 AI 기술을 활용해 사기나 전문업자, 불건전한 글을 걸러내는 데 매우 적극적이다. 2022년 기준 AI 기술로 게시글을 자동 제재한 비율이 87%에 달한다고 한다. 즉, 신기술까지 투입하며 업자 필터링에 진심이라는 것이다. 반대로 생각해 보면 사실 업자들(사기꾼이 아닌)이 많으면 많을수록 플랫폼상에서 이루어지는 거래 건수는 더 많아질 수도 있다. 하지만 당근은 당장을 희생하더라도 빠른 길을 택하지 않고, 정말 개개인들을 위한 건전한 생태계 형성에 진심을 다한 것이다.

B. 비전

모두가 글로벌을 외칠 때 당근은 로컬을 추구했다. 이러한 독보적이고 차별적인 비전이 지금의 당근을 있게 만들었다고 본다. 심지어 중고 거래 플랫폼으로 엄청난 성공가도를 달리고 있었지만 당근 경영진들은 초기 비전을 버리지 않았다. 만약 비전 실현에 의지가 없었다면 거래 유료화, 거래처들과의 파트너십 등으로 당근은 지금 어떻게 변모했을지 모른다. 3조 원이라는 가치를 인정받았을지도 의문이다. 즉, 당근은 더 큰 비전을 달성하기 위해 중고거래 플랫폼이라는 먼 길을 택한 것이다. 이렇게 초심을 잃지 않는 당근 운영진의 정신력에 큰 박수를 보낸다.

당근이 이러한 비전을 실행하기 위해 쉽지 않은 길을 택했다는 것은 초창기 앱 기능과 마케팅에서도 볼 수 있다. 당근은 초기부터 GPS(위치 파악 시스템)을 도입하여 유저들이 위치를 인증해야만 이용할 수 있게 만들었다. 거래는 최대 반경 6km 내에서만 이루어질 수 있도록 했다. 초기 당근의 마케팅에서도 드러난다. 특히 소셜 미디어 광고를 진행할 때 같거나 비슷한 문구를 최대한 많이 뿌리는 것이 당연하게 여겨지던 시기에 당근은 각 지역마다 마케팅 문구를 다르게 설정했다. 예를 들어 부천이면 부천, 제주도면 제주도에 맞추어 광고 문구를 하나하나 일일이 제작했다고 한다. 이는 지금까지도 온라인 마케팅의 기념비적인 사례로 꼽힌다.

C. 새로운 시도

당근은 앱 상에 2018년 "우리동네 질문"을 추가했고, 2020년 9월에는 해당 코너를 동네 관련 관심 주제를 나누는 커뮤니티 서비스인 "동네생활" 카테고리로 변경했다. 이후 순차적으로 같은 카테고리에 "같이사요", "같이해요" 등 동네 생활에서 할 수 있는 서비스들을 지속적으로 오픈하였다. 2023년에는 "전체 서비스" 탭을 추가하여 클릭 한 번으로 유저 근방에서 이루어지는 거의 모든 것들(알바, 부동산, 중고차, 중고거래, 동네 이야기, 맛집, 생활정보 등)을 볼 수 있게 하였다. 심지어 당근 덕분에 필자는 생전 들어가 보지도 않았던 공공기관 소식까지 유심히 보게 되었다. ChatGPT와 같은 AI도 모르는 동네 정보는 당근에서 찾아본다는 말이 나올 정도이다. 이처럼 당근은 지역 커뮤니티를 위해 새로운 서비스에 지속적으로 투자하고 시도하고 있다. 거의 분기별로 앱 서비스가 계속 진화하고 추가되고 있다는 것을 느낄 정도로 지금도 당근은 새로운 시도를 계속하고 있다.

이러한 시도는 국내에만 그치지 않는다. 당근은 2019년부터 캐롯(Karrot)이라는 이름으로 영국, 미국, 일본, 캐나다 등 4개국 560여 개 지역으로 서비스를 확장하고 있다. 2020년 캐나다를 거점으로 북미 시장에 진출했고, 2021년에는 토론토에 캐나다 법인을 설립했다. 심지어 2022년 6월에는 캐나다 국적의 로버트 김 현지법인 CEO를 선임했음에도 불구하고 기업의 철학을 유지하기 위해 공동 창업자인 김용현 대표가 캐나다 현지에 주재하고 있다. 캐나다의 경우 MAU가 작년 대비 3배가 늘었고, 월 평균 15%의 증가율을 보이고 있다. 이후에는 미국 시장에 진출하여 뉴욕, 뉴저지, 시카고 등으로 진출할 계획이라고 한다. 아직 한국 IT 스타트업이 해외에서 크게 성공한 사례는 들어 보지 못했는데, 과연 당근이 얼마나 글로벌 기업으로서의 입지를 다질 수 있을지 귀추가 주목된다.

물론 이렇게 꾸준히 성장할 것 같았던 당근에게도 위기가 찾아왔다. 때는 2022년 하반기. 2022년 11월 28일, 당근은 창립 7년 만에 처음으로 대표를 교체했다. 11번가와 카카오를 거친 커머스 전문가인 황도연 당근 사업부문 총괄 부사장이 국내 사업 부문 각자 대표에 선임되었다. 기존 당근의 공동대표 2명 중 김용현 공동대표는 캐나다 현지에서 글로벌 비즈니스 총괄 각자대표를 맡게 되었고, 김재현 공동대표는 CSO(최고 전략 책임자)로 자리를 옮겼다. 창업자들이 뒤로 물러난 것이다.

업계는 이러한 변화의 이유로 당근의 수익성을 지목했다. 당시 당근의 MAU는 1,800만에 달했다. 하지만 비전을 위해 오직 유저들만 바라보고 매출에 연연하지 않은 채 무료로 서비스를 운영하다 보니 마땅한 수익 창출 채널이 없었다. 그리고 시장에는 "당근=무료"라는 인식이 너무 각인되어 있었다. 시장에서는 큰 투자를 받았으니 당근도 "이제는 수익을 내야 할 시점"이 다가왔다고 보고 있었다. 역시나 황도연 대표가 취임하자마자 당근은 기존 광고 기능을 고도화하는

"전문가 모드" 등을 추가하며 수익 채널을 업그레이드하기 시작했다.

하지만 개인적으로 당근의 입장에서는 어떻게 보면 자신들과 비슷하게 성장을 추구해 온 카카오나 쿠팡과 같은 기존의 스타트업들이 있었기에 수익 창출에 대한 전략은 입증되지는 않았어도 내부적으로 충분히 고민이 되었고 또 존재했다고 본다. 그래서 그러한 파격적인 변화에는 더 크고 본질적인 이유가 있었다고 본다. 그것은 바로 2022년 당시 당근의 유저 트래픽이 하락세였다는 것이다.

당근 입장에서 더 당혹스러울 수 있는 것이 당근은 그 전까지 꾸준히 커뮤니티 기능을 강화했다. 단적인 예로 2021년 동네생활 카테고리에 같이해요, 같이사요와 같은 기능을 추가하였다. 당근은 이러한 기능 추가가 유저 방문 수 및 체류 시간 상승으로 이어져 광고 단가 또한 상승하는 것을 기대 했을 것이다. 하지만 당근의 MAU는 정점을 찍었고, 오히려 어떤 달에는 감소하였다. DAU도 400만 안팎으로 더 이상 성장을 하지 않고 있었다. 당근 입장에서 커뮤니티 기능을 더 했음에도 효과가 나오기는커녕 유저가 감소한다는 것은 사업 근본을 흔들게 하는 정말 치명적인 부분이었을 것이다. 그래서 필자는 단순 수익 창출보다는 서비스의 근간이 흔들리지 않도록, 당시 당근이 보유한 유저들이 더 가치를 느낄 수 있도록 해 주어야 한다는 위기감에서 그러한 파격적인 변화가 있었다고 본다.

3) 흑자 전환, 그리고 미래

변화가 어느 정도 성공을 한 것일까? 놀랍게도 당근은 2023년 흑자 전환에 성공했다. 당근마켓의 매출액은 2020년 118억 원, 2021년 257억 원, 2022년 499억 원이었다. 영업이익은 2020년 -134억 원, 2021년 -352억 원, 2022년 -464억 원을 기록했다. 하지만 2023년 매출은 2022년 대비 2.5배 성장한 1,276억 원, 영업이익은 173억 원으로 흑자 전환을 했다. 물론 본사 별도 기준으로 흑자이고, 북미, 일본과 같은 해외법인과 당근페이와 같은 자회사들을 포함한 연결 기준으로는 11억 원의 영업손실이 발생했다. 그러나 당근이 자회사가 많지 않고, 특히 해외 진출을 위한 투자를 하고 있는 중이기에 별도 기준으로 흑자를 발생시켰다는 것이 중요하다 할 것이다. 불과 1년 전에 많은 이들이 당근을 의심하기 시작했는데, 이러한 네거티브 기조에 완벽히 찬물을 끼얹은 것이다.

흑자 전환의 비결은 결국 광고에 있었다. 광고는 당근이 2021년 2

월 출시한 "비즈프로필"를 통해 이루어진다. 이 기능을 통해 가게를 운영하는 자영업자들은 인근 당근 유저들에게 가게를 알리고 소통할 수 있다. 비즈프로필의 이용 횟수는 2021년 2억 건, 2022년 7억 건에서 2023년 전년 대비 2.3배인 16억 건까지 상승했다. 비즈프로필을 사용하는 가게 수는 37% 증가하여 85만 개를 기록했다. 국내 자영업자의 수가 대략 560만 명이 되는데, 국내 전체 자영업자들 중 약 20%가 당근에서 비즈프로필을 사용하는 것이다.

이러한 성장에는 황도연 대표 취임 이후 선보인 "전문가 모드"가 큰 역할을 했다. 그전까지는 사용자가 접속한 동 기준으로 광고가 집행되었는데, 2022년 11월 전문가 모드가 도입되며 광고주들이 직접 광고 반경, 대상, 예산 등을 커스터마이징할 수 있게 되었다. 아웃링크를 통해 자사 앱 혹은 웹사이트 방문 유도도 가능해졌다. 실제로 커스터마이징 기능이 적용된 후에 광고 클릭률은 20%나 증가했고, 광고비용은 30% 가까이 줄어든 것으로 나타났다.

2022년 6월부터 당근은 "브랜드프로필"도 운영 중이다. 비즈프로필과의 차이점은 최소 5곳 이상의 지점을 보유한 프랜차이즈 브랜드가 당근 앱에 직접 입점하는 구조라는 점이다. 기존에는 같은 기업이 지점마다 각기 다른 프로필을 만들어야 하는 번거로움이 있었으나, 해당 기능 추가로 한 브랜드가 하나의 프로필로 여러 지점들을 관리할 수 있게 되었다. 배스킨라빈스, 이마트24, 맘스터치, 본죽 등이 브랜드프로필을 운영하고 있다.

그동안 동네 미용실, 헬스장, 식당 등 자영업자들은 오프라인에서 전단지를 뿌리며 광고를 해야만 했다. 하지만 당근 덕분에 그러한 비용과 시간을 절감할 수 있게 되었다. 일반에게는 지하철역을 나설 때마다 손에 쥐어지던 종이들과 바닥에 널브러진 전단지들을 더 이상 보지 않아도 되는 좋은 점도 생겼다. 이러한 당근의 광고 기능은 2023년 수익성 측면에서 카카오톡을 넘어섰다. 2023년 기준 당근의 앱 사용 시간당 광고 매출은 286.8원으로, 카카오톡의 2023년 4분기 매출인 182.7원보다 100원 이상 높았다. 이렇게 당근은 광고에서 해결책을 찾았으며, 일각에서는 이러한 당근의 광고 서비스가 당근의 매출뿐만 아니라 전반적인 광고 시장 전체를 확대시킬 수도 있다고 매우 긍정적으로 판단하고 있다.

업계에서는 이렇게 흑자 전환에 성공한 당근이 향후 추가 투자 유치보다는 IPO에 집중할 것으로 보고 있다. 보유한 현금성 자산이 약 1,300억 원이나 되기에 추가적인 투자 없이 곧바로 상장을 해도 충분하다는 해석이다. 투자자들은 당근이 해외 시장에서도 성과를 거둔다면 그때 본격적으로 IPO에 도전하지 않겠냐는 의견이다. 하지만 흑자 전환을 한 당근에게도 당장 직면한 문제가 없는 것은 아니다. 당근이 해결해야 할 문제는 여럿 있겠지만, 대표적으로 'A. 치열한 경쟁', 'B. 매출 규모', 'C. 수익 모델' 세 가지 이유를 꼽아 볼 수 있다.

A. 치열한 경쟁

2023년, 당근마켓이 하이퍼로컬을 선언했음에도 불구하고, MAU는 오히려 1,697만 명으로 2022년보다 약 1.6% 감소했다. 새롭게 확보한 이용자보다 이탈한 이용자가 더 많았다는 것을 의미하며, 당근이 국내 시장에서 정체기에 접어들었다고 해석될 수 있다. 이와 동시에 네이버와 카카오톡은 각각 "우리동네"와 "요즘여기", "와글와글 동네 광장"과 "소모임"과 같은 하이퍼로컬 서비스를 지속적으로 업그레이드 하고 있어, 당근의 입지는 더욱 도전적인 상황에 직면해 있다. 또한 부동산 분야에서는 직방, 중고차 분야에서는 헤이딜러와 같은 특화된 경쟁사들과의 경쟁도 해야만 한다.

중고거래 분야에서도 번개장터와 같은 기존 플레이어들이 혁신과 변화를 통해 성장을 지속하고 있다는 점도 주시해야 한다. 번개장터는 당근과 다르게 패션과 브랜드를 중심으로 플랫폼을 발전시켜 왔으며, 유저들 중 20대~30대가 절반을 넘는다. 트렌드와 IT에 민감한 MZ 세대를 등에 업은 번개장터가 중고거래 시장에서 지속 빠른 성장을 한다면 향후 당근의 유저까지 흡수할 가능성도 배제할 수 없다.

개인적으로 당근마켓이 하이퍼로컬로의 본격적인 도전 이전에 중고거래 시장에서 매너온도와 직거래 외에 추가적인 혁신적 기능을 도입해 유저층을 더욱 단단히 확보했으면 어땠을까 하는 아쉬움이 있다. 특히, 택배거래와 같은 장거리 거래에서 존재하는 신뢰 문제는 여전히 중고거래 시장에서 완벽하게 해결되지 못한 문제이다. 택배 거래 과정에서의 보증 시스템이나 신뢰를 보장할 수 있는 추가적인 검증 메커니즘을 구축하는 등의 방법을 도입하여 문제를 해결했다면 지금보다도 독보적인 기업이 될 수 있었을 것이다.

B. 매출 규모

일각에서는 3조 원이라는 기업 가치를 고려할 때 당근의 실적은 아직 아쉽다고 평가한다. 물론 스타트업들을 1:1로 비교하는 것은 업계나 서비스 면목을 따져 볼 때 적절한 방법이 아닐 것이다. 하지만 당근과 같이 국내 대표 스타트업들 중 기업가치가 약 3조 원 이상인 대표 기업들을 볼 때, 2023년 기준으로 야놀자의 매출은 7,667억 원, 무신사의 매출은 9,931억 원이었다. 어느 정도 국내에서는 플랫폼의 양적 성장이 최대치에 달했다는 우려의 목소리까지 나오는 상태에서 기업 가치가 3조 원으로 평가받기에는 아직 매출 규모가 작다는 것이다.

C. 수익 모델

2023년 당근의 흑자 전환에는 마케팅 비용 절감이 큰 영향을 미쳤다. 광고 매출이 급격히 성장하여 흑자가 발생한 것도 있지만, 그 뒷면에는 최소 운영 비용만 사용한 것도 한몫 했다는 것이다. 실제로 당근은 2023년 꼭 필요한 곳에 비용을 지불하고 불필요한 곳에 비용을 과감히 줄였다. 인건비는 303억에서 415억으로, 지급 수수료는 288억에서 475억으로 늘어났으나, 광고 비용은 227억에서 50억 수준으로 대폭 줄었다. 즉, 해외에도 진출하고 있는 당근의 입장에서 미래 성장을 위한 투자를 하기 위해서는 확실히 더 큰 매출과 수익을 위해 수익 모델을 광고뿐만 아니라 다양화해야 한다는 것이다.

실제로 당근 매출 중 광고 매출 비중은 99%이다. 2022년 2월 출시되어 수수료를 통해 당근의 수익 채널이 될 것이라 보았던 당근페이는 약 500만 명의 누적 가입자를 확보하였지만, 2022년 80억 원, 2023년 77억 원의 적자를 기록했다. 수익 모델이 아닌 당근 사용자들을 플랫폼에 묶어 두는 장치로 역할을 하고 있는 것이다.

물론 소셜 커뮤니티 서비스가 수익 구조를 만드는 것은 매우 어려운 일이다. 대표적으로 2024년 3월 상장한 레딧(Reddit) 역시 만성 적자에 시달리고 있다. 또한 광고로 상당한 규모의 매출과 이익을 발생시켰다 하더라도 과거 메타(구 페이스북)처럼 광고 시장의 업다운에 따라 기업이 휘청거릴 수 있다는 점에서 수익 채널은 다각화하는 게 중요하다고 볼 수 있다. 괜히 X(구 트위터)가 최근 유료 모델을 출시한 것이 아니다. 그렇기 때문에 미래 사업과 해외에 지속 투자를 할 당근의 입장에서 수익모델 다각화는 필연적인 숙제가 될 것이다.

개인적으로 국내에서 당근과 같이 유저 중심으로 기업을 키워 온 사례는 극히 드물다고 생각한다. 당근은 국내 스타트업 최대의 성공 사례인 카카오와 쿠팡의 길을 걸어가고 있으며, 그 길을 추구하고 있다. 지금은 없어졌지만 한때 카카오도 과연 이 기업이 돈을 벌 수 있을까 하는 근본적인 질문을 많이 받았다. 쿠팡은 모두가 두 눈을 의심한 무료 반품, 새벽배송이라는 소비자 중심의 서비스로 업계의 판도를 완전히 뒤엎었다. 심지어 제대로 배송이 안 되면 단순히 문자로 사과하는 것이 아니라 현금으로 그 사과의 표시를 했다. 당시에는 너무나 파격적이어서 쿠팡이 살아남을 수 없을 것이란 의견들이 많았다. 하지만 이 둘은 언제 그런 일이 있었느냐는 듯 대한민국을 대표하는 기업이 되었다. 하이퍼로컬이라는 비전을 위해 먼 길을 걸어야 한다면 당근이 향후 해외 사업까지 성공시켜 세계적으로 하이퍼로컬하면 당근이 떠오르는 글로벌 기업으로 발전하기를 응원해 본다.

13

트릿지, 글로벌 농업 유니콘

1) 그 누구도 가 보지 않은 길

　지금은 작고하였지만, 오랜 시간 언제나 한 발 앞서 시대의 흐름을 짚어 왔다고 평가받는 이어령 전 문화부 장관은 "인공지능(AI)이 결합했을 때 가장 시너지를 낼 수 있는 산업이 농업"이라고 한 바 있다. 특히 흥미롭게도 "자유"의 관점에서 이를 해석하며 "장소와 육체노동으로부터 자유로워지는 농사꾼이 생긴다."고도 말했다. 예측은 어디까지나 예측에 불과하지만, 그만큼 향후 농업은 농업인의 삶이 180도 변할 정도로 기술이 접목될 부분이 많다는 의미이기도 하겠다.

　역시나 4차 산업혁명 시대를 맞이하여 기술이 농업에 접목되며 농업 디지털 플랫폼들이 등장하기 시작했고, 현재 시장은 물론 학계에서도 이러한 농업과 관련된 기업들의 미래를 매우 밝게 전망하고 있다. 이러한 시장 속에서 국내에서 가장 대표적인 기업으로는 데이터를 통해 기업의 가치를 최대치로 올리고 있는 트릿지(Tridge)를 꼽을 수 있겠다. 트릿지는 현재 전 세계적으로 유일하게 데이터 비즈니스로 출범해 풀필먼트(Fulfillment) 사업까지 영위하고 있는 농식품 데이터 및 인텔리전스 서비스 기업이다.

트릿지를 처음 접했을 때 개인적으로 가장 처음 들었던 생각은 "어떻게 창업주인 신호식 대표가 전 세계 농식품 데이터를 통합하여 비즈니스화할 생각을 했을까?"였다. 아직 기술 접목도가 상대적으로 낮은 농식품 업계에서 모두가 필요성을 느끼고 있었지만, 유사한 사례가 없어 너무나도 큰 도전으로 보여졌을 것이 분명했기 때문이었다. 역시나 그 배경을 찾아본 결과, 신호식 대표가 지금의 트릿지를 구축하게 된 데는 독특하면서도 안타까운 경험이 있었기 때문이라고 한다.

신호식 대표는 도이치뱅크와 한국투자공사(KIC)에서 근무하면서 원자재 투자 전문가로 일했었다. 그런데 당시 원자재 투자를 담당하고 있을 때 큰 낭패를 겪은 것이 창업의 결정적인 계기가 됐다. 석탄 6만 톤을 한국과 일본 철강회사에 납품하기로 약속했는데, 석탄 공급회사에서 시장 가격 급등을 틈타 계약을 파기하고 현물 시장으로 석탄을 팔아 버린 것이었다.

당시 계약이 파기된 6만 톤을 구하러 미국 전역을 뒤졌지만, 결국 실패하고 높은 가격에 현물 시장에서 석탄을 구입해 공급하느라 엄청난 손실을 입게 되었다고 한다. 이러한 경험을 하며 신호식 대표는 "폐쇄적이고 불투명한 원자재 정보를 모아서 제공하면 돈이 될 것"이라고 생각하였고, 2015년 원자재 교역 플랫폼을 창업하였다. 그리고 창업한 지 얼마 안 되어 플랫폼상에서 4만 명 규모의 유저 네트워크를 확보할 수 있었다.

하지만 곧 특이한 사실을 발견하였다. 플랫폼에서 이루어지는 거래 제안이나 요구 사항의 70~80%가 원자재가 아닌 농축수산물에 대한 것이었다. 실제 농산물은 지속적인 생산량 변동과 불확실성으로 공급자와 수요자 간의 거래 관계가 굉장히 낮은 수준(20%~30%)으로 유지되고 있다. 이에 신호식 대표는 플랫폼의 방향을 원자재에서 농축수산물로 변경하고 데이터 전문가와 소프트웨어 프로그래밍 전문가 등 20여 명과 함께 데이터 구축 작업에 착수하였다. 이러한 피벗(pivot)으로 시작된 것이 지금의 트릿지가 된 것이다.

트릿지는 사업 초기에 구글을 활용해 전 세계 농축수산물 데이터를 무료로 공개했다. 이후 데이터가 어느 정도 축적되자 2018년엔 농축수산물 데이터 분석팀을 본격적으로 출범하였고, 2019년엔 농축수산물 공급자 검증 시스템 또한 도입하였다. 즉, 상품에 대한 데이터를 넘어 트릿지 생태계에 참여하는 거래처들의 자격, 신뢰성 등도 검증하기 시작한 것이다. 2020년엔 트릿지를 사용하던 고객사들이 물류 운송을 대행해 줄 것을 요구함에 따라 하반기부터 글로벌 풀필먼트 서비스(Fulfillment Service)를 개시하기도 하였다. 특히 고무적인 것은 이러한 수요가 한 국가에 특정되어 있는 것이 아닌, 전 세계 60개국에서 수요가 발생하고 있다는 것이다. 이에 트릿지는 생산지를 직접 방문해 상품에 대한 검수 및 발송을 담당하는 직원인 EM(Engagement Manager) 팀도 구축하였다.

현재 트릿지는 농산물 품목 40만 종의 데이터 및 이들의 5억 개가 넘는 가격 데이터를 보유 및 분석하고 있다. 아마 글을 쓰고 있는 지금 이 순간에도 그 양과 범위는 지속 증가하고 있을 것이다. 트릿지는 이러한 데이터를 200여 개국에 제공하고 있는데, 주요 고객들로 월마트, 까르푸, 네슬레 등 글로벌 유통·식품 업체들은 물론 세계은행(World Bank Group), 스탠퍼드대(Stanford), KPMG, 엑센추어(Accenture)와 같은 글로벌 금융 및 컨설팅사는 물론 교육기관들까지 트릿지의 서비스를 이용하고 있다.

참고로 이들을 포함한 글로벌 회원 수는 200만 명이라고 하니 정말 대단한 영향력이다. 이러한 성과를 인정받아 2022년 8월 500억 원의 시리즈 D를 유치하여 누적 투자 유치 금액은 1,417억 원이 되었으며, 기업 가치는 3조 6,000억 원에 평가받으며 농업 분야 국내 첫 유니콘 기업에 등극하였다.

모두가 필요성은 느꼈어도, 선뜻 도전하지 못했던 농축수산물 데이터 서비스를 국내뿐만 아니라 글로벌 시장을 대상으로 제공하는 트릿지의 야망과 성장이 새삼 더 대단하게 느껴진다.

2) 포괄적이고 정교한 서비스

트릿지는 스스로를 "글로벌 식품 소싱 및 데이터 허브"라고 표현한다. 즉, 데이터는 물론 SCM(Supply Chain Management: 공급망 관리)까지 커버한다는 것이다. 사실 이러한 트릿지의 서비스는 일반인들에게 쉽게 다가오지 않는다. 농축수산물 데이터라는 것이 평소에 굳이 찾아보는 정보가 아닐 뿐만 아니라, 국내는 물론 전 세계적으로 트릿지와 비슷한 선례가 없으니 누구와 비교하며 직관적으로 서비스를 이해하기란 쉽지 않은 것이다.

하지만 트릿지를 단순히 농축수산물 데이터를 공급하는 회사로만 생각해서는 안 된다. 실제로 트릿지는 매우 포괄적인 서비스를 각 기업 및 고객별 맞춤형으로 정교하게 제공하고 있다.

조금 더 자세히 들어가기 전에 개략적으로 트릿지 서비스의 핵심을 정리해 보자면, "농식품 업계에 존재하는 모든 단계에서 데이터와 휴

먼 오퍼레이션(human operation)을 결합한 것"이라 정의할 수 있겠다.

예를 들어, 데이터 발굴을 위해 300명이 넘는 현지 인력인 EM들이 실제로 거래에도 참여하면서 데이터를 발굴하고 있다. 단순히 사무실에 앉아 수집할 수 있는 데이터와는 차별화된 정보를 현장에서 사람들이 직접 지속적으로 늘려 가고 있는 것이다.

또한 트릿지는 이러한 과정에서 쌓인 데이터는 물론 사람이 보유한 노하우를 바탕으로 농축수산물 거래에서 이루어지는 모든 과정에 서비스를 도입하는 데 초점을 두고 있다. 여기에는 기존의 데이터 및 소프트웨어 제공을 넘어 물류(logistics), 결제(payment), 금융(finance) 등 사람이 필요한 영역들이 존재한다.

이렇듯 트릿지는 단순 데이터 서비스가 아닌, 축적된 데이터를 이용하여 사람이 직접 서비스를 제공하는 것을 추구한다. 그렇다면 트릿지의 서비스는 어떻게 구별될까?

(1) 데이터 & 분석 - Data & Analytics

가장 기본적인 서비스다. 유저들은 트릿지의 인텔리전스 대시보드 (Intelligence Dashboard)를 통해 데이터를 활용할 수 있다. 데이터의 일부는 인공지능(AI)을 통해 자동으로 수집하고, 일부는 위에서 언급한 것과 같이 현지 전문가들이 직접 도매 시장 등을 발로 뛰며 가격 데이터를 수집 중이다.

예를 들어 트릿지에서 '딸기', '감자', '고등어' 등 주요 농수축산물을 검색하면, 전 세계 도매시장의 가격 데이터, 품목별 수출입 규모, 최대 수출국 및 시장 점유율, 현지 정보, 날씨, 가격 트렌드 등을 볼 수 있다. 여기에 더해 "Company Analytics"를 활용하여 해당 상품 시장에 존재하는 기업들의 정보 또한 모니터링할 수 있다.

더 자세한 데이터의 종류는 아래와 같다:

- Domestic Price Data: 전 세계 400개 이상의 신뢰할 수 있는 출처에서 수집한 도매 가격 및 농장 가격
- Transaction Data: 글로벌 시장에서 수집한 선하증권 및 통관 데이터를 활용한 정확한 거래 가격
- Company Analytics: 파트너십 평가와 경쟁업체 모니터링
- Trade Data: 전 세계 상품에 대한 최신 글로벌 무역 데이터 (UN Comtrade 등 관세 데이터베이스 이용)
- Production Data: 전 세계 상품에 관한 가장 종합적인 세계 생산 데이터
- Seasonality Data: 전 세계 주요 농식품의 수확 시즌과 주요 생산지

에 대한 광범위한 데이터

- Weather Data: 농업계 주요 생산 지역에 대한 기상 조건, 강우량, 온도, NDVI 데이터 및 경보 데이터 등

(2) 판매자/구매자 검색 - Find Suppliers/Buyers

트릿지 플랫폼을 통해 판매자와 구매자들은 서로의 프로필을 살펴보고 상세한 요구 사항을 파악할 수 있다. 또한 플랫폼에서 동영상, 실시간 채팅, 회의를 할 수 있어 판매자와 구매자가 간편하게 소통할 수도 있다.

예를 들어 판매자들은 구매자들의 RFQ(Request for Quote; 견적 요청서)에 견적을 즉시 제출할 수 있고, 구매자는 판매자들의 상품을 자세히 볼 수도 있다. 필요하다면 트릿지 풀필먼트 팀에 문의하여 거래 요구 사항에 맞는 맞춤형 서비스를 제공받을 수도 있다.

(3) 풀필먼트 - Fulfillment

위에서 언급한 "데이터와 휴먼 오퍼레이션을 융합"한 트릿지의 대표 서비스이다.

실제로 이러한 서비스를 제공하는 데 있어 트릿지 직원들이 직접 공급자의 이력과 신용도를 체크하며, 패키징, 운송, 세관 업무를 대행하고 있다. 또한, 운송 과정에서 조금만 문제가 생겨도 채소·과일류는 신선도가 떨어질 수 있기에 EM들이 직접 운송 창고로 가서 상품을 확인하는 과정을 거친다. 추가적으로, 리스크 관리도 진행 중이다. 예를 들어 갑작스러운 사고로 농장주가 공급을 중단하더라도 비슷한 품종의 다른 공급처를 찾아 줄 수 있는 방안도 마련해 준다.

즉, 트릿지를 통하여 구매자는 더 이상 혼자 수소문하며 문제를 해결하지 않아도 된다. 쉽게 트릿지에 접속하여 트릿지 상에 존재하는 글로벌 네트워크를 기반으로 폭넓은 시장에서 원하는 품질의 상품을 공급받고 또 미래를 관리할 수도 있게 된 것이다.

사실 위와 같은 기능은 "신뢰"의 영역에도 포함된다. 즉, 기존의 플랫폼들은 구매자와 판매자를 연결만 할 뿐 자체적으로 책임을 지지는 않는다는 비판을 종종 받아왔는데, 트릿지는 자체적으로 신뢰의 요소까지 플랫폼화한 것이다. 이 부분에 대해 개인적으로 매우 어려운 일을 하고 있다고 보이지만, 또 한편으로는 그만큼 어려운 일이기에 트릿지에 더 많은 가능성과 장점이 생기는 것이 아닐까 싶다.

실제 신호식 대표는 풀필먼트 서비스야말로 다른 기업들 대비 트릿지에 굉장한 진입 장벽을 제공한다고 한다. 그도 그럴 것이 데이터 취득을 통해 비슷한 플랫폼 제작은 누구나 가능할 것이다. 하지만 시장을 알지 못한 채 데이터 플랫폼만을 만들면 그 자체만으로는 한계가 있다는 것이다. 그 문제를 트릿지는 정확히 파악하고 미래에도 지속 가능한 비즈니스 모델을 구축한 것이다.

(4) 인사이트 - Insights

어떻게 보면 일반인들에게 트릿지가 제공하는 서비스들 중 가장 직관적으로 이해하기 쉬운 서비스다. 트릿지의 전문가들이 농식품 관련 정보에 대한 분석, 리포트, 가이드를 뉴스레터 및 보고서를 통해 제공한다. 포함되는 정보는 최신 농업 뉴스, 시장 상황 업데이트, 최신 농업계 주제, 농산물 시장 동향과 주목할 만한 이벤트, 전 세계 특정 농식품 시장 진출에 대한 종합적인 시장 정보 등이 있다. 이러한 트릿지의 B2B 뉴스레터는 수백만 명의 고객을 대상으로 하고 있으며, 실제로 읽히는 비율이 40%에 달하는 등 매우 좋은 호응을 받고 있다.

이처럼 트릿지는 단순한 데이터 제공 서비스를 넘어 구체적으로 고객의 운영에 깊숙이 관여하고 또 그에 맞춰 서비스를 제공하고 있다.

트릿지 서비스가 빛을 본 대표적인 사례로 커피 무역 사례를 들 수 있다. 세계 최대 커피 생산국인 브라질에 가뭄과 냉해가 겹치면서 2021년 커피 생산량이 30% 이상 급감한 적이 있었다. 이에 따라 커피 원두 가격이 1년 전에 비해 2배 이상 급등하였고, 브라질 커피 원두를 수입해오던 전 세계 모든 유통업체와 식품업체들에게 비상이 걸렸다. 가격이 급등한 것도 문제지만, 물량을 확보하기 어려웠던 것이 더 큰 문제였다. 수많은 바이어들이 모자라는 커피 원두를 어디서 구해야 할지 몰라 갈팡질팡하던 때, 트릿지는 회사가 보유한 네트워크와 데이터를 통해 구매자들에게 새로운 공급처를 알선할 수 있었다. 구매자가 트릿지가 제안한 산지와 물량, 가격을 받아들이면 트릿지는 자체 구축한 글로벌 물류망을 활용해 해당 유통·식품업체에 새로운 커피 원두를 공급했던 것이다.

이 밖에도 필리핀 깔라만시 농장에서 NGO가 고부가가치 상품으로 판매를 시도했지만, 재배까지는 가능해도 판매망이 없어 문제가 발생한 적이 있었다. 그러나 트릿지 플랫폼에 등록된 200만 명의 고객에게 상품을 바로 노출시켜 판매할 수 있었다. 이처럼 트릿지의 서비스는 단순한 데이터 제공이 아닌, 데이터를 기반으로 그 위에 사람과 사람을 연결해 주는, 말 그대로 "다리" 역할을 하고 있다.

3) 차별화, 그리고 끊임없는 도전

이렇게 일반인들에게 생소한 비즈니스 모델을 보유한 트릿지는 정확히 어떤 차별성을 가지고 있길래 유니콘에 등극할 수 있었을까? 필자는 트릿지의 장점을 아래와 같이 정리해 보았다.

(1) 데이터 운용 노하우

트릿지는 금융시장의 블룸버그처럼 농축수산물 업계에 데이터를 제공하는 동시에, 자산운용사처럼 '딜메이킹'까지 할 수 있는 데이터 응용 능력을 보유하고 있다. 데이터 축적으로 1차적인 차별성을 확보하고, 2차적으로는 트릿지만이 할 수 있는 데이터 운용을 통해 고객들에게 업계에 대한 차별적인 인사이트(insight)를 제공한다는 것이다.

트릿지는 정말 데이터에 진심인 것으로 보인다. 현재의 수준에 도달하기까지 사업 초기 2~3년 동안 데이터 구조화에만 집중했다고 한다. 지금도 아무리 간단한 데이터라도 총 37단계의 클렌징 프로세스를 거친다고 한다. 이는 자신들이 수집한 데이터가 무엇을 의미하는지, 그리고 어떻게 활용해야 하는지 정확히 파악하고 있음을 의미한다.

이렇게 철저히 검증된 데이터가 트릿지의 다양한 서비스, 특히 풀필먼트 서비스를 뒷받침하고 있다. 이는 트릿지만이 보유하고 트릿지만이 할 수 있는 서비스가 되겠다.

(2) 플라이휠(Flywheel) 효과

더 중요한 것은 트릿지가 보유한 데이터가 매 순간 발전하고 있다는 것이다. 데이터는 자체적으로 수집하는 것 외에 트릿지 플랫폼상에서 활동하는 구매자와 판매자 양쪽에서도 지속적으로 공급되고 있다. 이렇게 양질의 데이터가 지속적으로 축적되고, 축적된 데이터가 더 나은 노하우로 가공되며, 이렇게 개선된 노하우가 더 많은 사용자를 유치하는 선순환이 이어지고 있다. 즉, 트릿지는 데이터와 데이터 활용을 통해 '플라이휠'(Flywheel: 성장을 만드는 선순환의 수레바퀴) 효과를 누리고 있다.

좋은 예로 트릿지의 TDS(Transaction Data Service)가 있다. 유저들은 이를 통해 전 세계 각국의 특정 상품 도매시장 가격, 생산량 데이터를 검색할 수 있다. 하지만 여기에 더해 구매자와 판매자의 상황도 파악할 수 있다. 즉, 구매자는 누구이며, 판매자는 어떤 가격에 제공하고 있으며, 얼마나 자주 턴오버(turnover)를 일으키는지 등의 데이터를 보유하고 있다는 것이다. 업계의 기업들이 경쟁력을 갖추기 위해 트릿지를 쓰지 않을 수 없는 대목이다.

(3) 기후 변화에 기여

트릿지의 서비스는 농축수산물 공급망의 안정화는 물론, 인류가 직면한 과제 중 하나인 기후 변화로 인한 불안정성에도 기여할 수 있다. 신호식 대표는 트릿지의 서비스를 기후 변화의 적응 기술(adaptation technology) 중 하나로 정의한다. 즉, 탄소 배출량을 직접적으로 감축하는 기술도 존재하지만, 이미 증가한 탄소 배출량 속에서 인류가 보유한 자원을 기후 변화에 해가 되지 않는 방향으로 최적의 배분하는 것이 적응 기술이며, 트릿지가 이러한 기술의 하나라는 것이다.

단적인 예로, 최근 전 세계 양파 수출 1위인 인도는 엘니뇨 현상으로 인해 양파 수출을 중단하고 40%의 관세를 책정했다. 당연히 공급망에 영향을 주고 연쇄적으로 인플레이션을 야기했다. 이러한 문제를 트릿지는 기업이 보유한 공급망 데이터를 통해 전 세계 인류의 공급망 관리 안정화에 기여할 수 있겠다.

하지만 이렇게 앞으로 쭉쭉 뻗어 나갈 것만 같은 트릿지도 최근 큰 어려움에 직면했다. 2023 세계지식포럼에 참가한 신호식 대표는 트 릿지가 현재 "중간 성장 단계"에 있다고 정의하며, 트릿지가 앞으로 나아가야 할 방향을 제시하였다. 그 말 속에는 트릿지가 가지고 있는 몇 가지 어려움이 엿보였다.

(1) 치열한 경쟁

신호식 대표는 "데이터 시장은 2등이 없는 시장"임을 강조한다. 즉, 데이터 시장에서는 최고만이 살아남는다는 것이다. 그도 그럴 것이 아무리 데이터를 완벽하게 제공하더라도, 비슷한 사업 모델의 후발주 자가 빠르게 성장하여 트릿지보다 더 나은 데이터와 인사이트를 제 공한다면 필자 역시도 트릿지보다 해당 기업을 이용할 것 같다. 그만 큼 트릿지가 도전하고 있는 시장은 한순간에 설 자리가 없어질 수도 있는 시장이다.

특히 최근 AI의 괄목할 만한 성장으로 데이터 수집이 크게 용이해 졌다. 이러한 배경 속에서 트릿지가 겪고 있는 고민 포인트를 충분히 공감할 수 있었다. 앞으로 시장 진입 장벽 구축에 대한 고민이 깊어질 것 같다.

(2) 데이터의 완결성

사실 필자도 글을 쓰면서 계속 궁금했던 대목이다. 신호식 대표는 트릿지가 현재 70~80% 수준의 데이터 완결성을 지향하고 있다고 한다. 그러나 모두가 알다시피 농축수산물 품종은 그 어떤 업계보다 더 다양하고 방대하다. 그리고 데이터를 확보한다고 하더라도 이를 사람들이 100% 신뢰할 수 있을지도 의문이다.

실제로 트릿지는 초기에 "특정 기업의 데이터를 100% 확보했는지, 시장 전체 데이터를 모두 포함하는지, 모든 품종을 커버하는지" 등과 같은 데이터와 관련된 질문들을 지속적으로 받아왔다고 한다. 어느 정도 시장에 입지를 다진 이 시점에서 데이터의 완결성에 대해 트릿지가 어떻게 검증해 나갈지 지속적으로 눈여겨봐야 할 대목이다.

(3) 역성장

위 두 개 고민 포인트는 최근 트릿지의 재무 상태에서 비롯된 것으로도 보인다. 실제 트릿지의 매출은 2021년 265억 원, 2022년 1,141억 원, 2023년 707억 원을 기록하였다. 330.3%의 성장세를 보이다가 작년엔 38.1% 감소하며 "역성장"을 한 것이다. 심지어 자본 총계도 마이너스를 기록하며 자본잠식 상태에 빠졌다.

사실 감사보고서를 보기 전까지는 트릿지의 매출 대부분이 데이터 판매 및 서비스에서 비롯된다고 생각하기 쉽다. 하지만 2023년 감사보고서를 보면 매출액 707억 원 중 상품 매출이 약 711억 원을 기록하였다(매출 에누리 12억 원을 빼고, 용역 매출 8억 원을 더하면 707억 원이 된다.). 즉, 데이터 판매가 주요 매출원이 아닌 트릿지가 직접 상품을 매입하여 판매하는 형태가 매출의 대부분이라는 것이다. 만약 그동안 트릿지의 지향점처럼 데이터 기업이라면 서비스 매출로 기록되어야 하는데 그러한 흔적은 많이 볼 수 없었다.

게다가 트릿지가 보유한 데이터를 통해 효율적으로 상품을 거래하고 있다면 어느 정도 이해해 줄 수 있는 수치일 수도 있겠다. 하지만 가장 아쉬웠던 점은 상품 매출 원가가 653억 원에 달했다는 것이다. 매출 원가율이 거의 92%에 달한다는 것이며, 효율적으로 상품을 판매하지 못하고 있다는 의미이다.

2022년에도 마찬가지였다. 1,141억 원의 매출에서 상품 매출은 1,172억 원, 매출 원가는 1,112억 원이었다. 매출 원가율이 약 97%에 달했다. 데이터 기업을 추구하지만 문제는 지금까지의 트릿지의 내부를 보면 무역 등을 하는 상사와 크게 다르지 않아 보인다.

이러한 시행착오 등을 겪으며 트릿지는 2023년 3~4분기부터는 직접 상품을 판매하는 농산물 매매 비즈니스 모델에서 벗어나 데이터 플랫폼 세일즈를 본격적으로 시작했다고 한다. 데이터 플랫폼이 구독 모델이다 보니 계약금이 매출로 잡히는 데 12개월로 나뉘어 반영되는 측면 등이 있어 매출이 제대로 잡히지 않은 부분도 있을 것이다.

그래도 트릿지를 바라보는 2024년 시장의 분위기는 예전만큼 따뜻하지 않은 것은 사실이다. 그럼에도 불구하고 트릿지는 그동안 한국 소프트웨어 기업이 과연 글로벌 기업들에게 솔루션을 제공할 수 있을지에 대한 우려를 어느 정도 해소했다. 고객사들도 해외 곳곳에 포진해 있다. 신 대표는 기업 가치가 3조 원 이상임에도 아직 초기 단계에 불과하다는 위기감을 느끼며 도전을 계속하고 있다. 이러한 악조건 속에서 트릿지는 올해 새로운 투자와 상장을 도전한다고 한다. 과연 국내 농업 스타트업 첫 유니콘이라는 명성에 걸맞는 실적과 결과를 보여 줄 수 있을지 관심을 가지고 지켜볼 대목이다.

14

리디, 국내 최초 콘텐츠 플랫폼 유니콘

1) 리디, 그 성장 스토리

리디(Ridi)는 2008년 3월 국내 최초 모바일 전자책 서비스인 리디북스(Ridibooks)로 설립되었다. 2022년 3월 웹툰/만화, 웹소설 등으로 콘텐츠를 다각화하기 위해 서비스명을 '리디'로 변경했으나, 여전히 국내 최다 제휴 출판사와 도서를 보유한 전자책 회사이다.

리디의 창업 시기는 굉장히 앞서 나갔다고 볼 수 있다. 그도 그럴 것이, 어떻게 보면 전자책이라는 개념이 상용화될 수 있다는 것을 보여 준 스마트폰들 중 아이폰이 한국에 출시된 것은 2009년 11월이었다. 그에 반해 리디는 이러한 생소한 전자책 산업에 1년도 더 앞선 시점에 출시된 것이다. 배기식 대표의 선구안이 돋보이는 대목이다.

그리고 여기서 더 앞서 나간 것이, 배기식 대표는 단순히 전자책을 사고파는 플랫폼이 아닌, 추후 다양한 콘텐츠를 다루는 플랫폼으로의 전환을 이루기 위해 기업의 1/3을 기술자로 고용하며 '기술 기업'으로 성장시켰다.

하지만 이러한 선구안이 리디의 배기식 대표에게만 있던 것은 아니다. 국내 대형 서점을 비롯한 대기업들이 전자책 사업에 진출한 상황이었다. 상황이 이렇다 보니 리디는 출시 초기 진입장벽으로 인한 문제를 겪었다. 그도 그럴 것이, 기존 출판 시장 경쟁사들인 YES24, 교보문고, 알라딘 등은 전자출판사인 리디가 보유하지 못했던 출판사 네트워크를 보유하고 있었다.

심지어 전자책이라는 개념이 생소했던 시장에서 리디가 선보인 서비스를 본 출판사들이 제휴를 거부했었다고 한다. 당연히 출판사 입장에서는 파일로 책을 다운로드받으면 오히려 사람들이 더 이상 책을 구매하지 않는 것이 아닌지 우려하며 제휴를 거부하는 것은 자연스러운 현상이었다고 본다.

이러한 대목에서 리디는 '투명성'을 강조하며 해법을 찾았다. 즉, 출판사들이 리디를 믿을 수 있도록 얼마나, 얼마만큼 판매했는지 실시간으로 출판사들에게 데이터를 공개하는 것이었다. 실제 출판업계 자체가 그다지 투명한(?) 업계가 아니었던 만큼, 데이터를 공개한다는 것은 출판사들 입장에서 매우 긍정적인 부분이었을 것이다.

게다가 출판사들이 전자책의 수요가 실물책 시장의 수요를 흡수할까 걱정했던 우려 또한 데이터로 그것이 아님이 입증되었다. 전자책 시장과 실물책 시장은 실제로 보니 그 대상이 달랐고, 오히려 리디 덕분에 전체 시장의 파이가 커질 수 있었다. 이 덕분에 리디는 2018년 기준 2,200개의 출판사 제휴를 얻어냈고, 277만 명의 회원 수를 기록하였다. 이렇게 리디는 국내 전자책 시장의 50%를 차지하였다.

리디의 매출은 2014년 186억 원, 2015년 317억 원, 2016년 505억 원으로 매년 매출액이 60%~70%씩 성장하고 있었다. 그리고 2011년 12월 15억 원 규모의 시리즈 A, 2013년 5월 30억 원 규모의 시리즈 B, 2014년 12월 80억 원 규모의 시리즈 C, 2016년 12월 200억 원 규모의 시리즈 D를 달성하였다.

하지만 출판 시장 통계에 따르면 2018년 당시 국내 주요 출판사들의 매출액은 약 5조 원에 달했고, 그중 전자책 시장의 규모는 2017년 기준 약 1,500억 원이었다. 공개된 데이터도 제한적이고, 또 각기 다른 기준으로 집계가 되어 어떤 수치가 맞다고 단정 지을 수는 없겠으나 리디가 타겟하고 있는 시장의 규모는 작아도 매우 작았다. 그렇기에 아무리 전자책에서만큼은 업계 최고라 하더라도 리디에게 새로운 시도는 성장을 위해 필수였다.

성장 동력을 위해 리디는 2018년 7월 전자책 구독형 서비스인 '리디셀렉트'를 내놓았고, 2018년 12월엔 뉴미디어 언론인 '아웃스탠딩'

을 100% 자회사로 인수했다. 2019년엔 애니메이션 스트리밍 서비스인 라프텔을 인수하고, 또 아마존이 만들었던 것처럼 전자책 단말기인 '리디페이퍼'를 만들었다. 하지만 매출은 안타깝게도 기대에 미치지 못했다. 2019년 아웃스탠딩은 42억 원, 리디셀렉트는 116억 원의 매출을 기록했다. 전자책 단말기의 매출도 2019년 54.3억 원, 2020년 56.9억 원을 기록하며 아쉬운 성과를 남겼다.

하지만 2008년 창사 이래 2022년까지 리디는 14년 연속 매출 성장을 기록했다. 2019년에 매출 1,000억 원을 기록하더니 2022년에는 2,000억 원까지 기록했다. 기존 전자책 시장보다 더 크게 성장한 것이다. 그리고 2022년 2월엔 콘텐츠 플랫폼으로서 최초로 1조 6,000억 원의 평가를 받고 유니콘에 등극했다.

어떻게 리디는 처음 타겟하던 시장보다 더 큰 매출을 발생시킬 수 있었을까? 그 해답은 웹소설/웹툰에 있었다.

국내 웹소설 시장 규모는 2020년 기준 약 6,000억 원으로 2013년 기준 100억 원에서 60배 수준으로 성장했다. 이러한 트렌드 속 리디는 빠르게 2020년 전격적으로 앱의 UI(User Interface)를 개편했다.

앱의 전략과 정체성이 드러나는 앱의 첫 화면 가장 아래 네비게이션 탭에 웹소설, 웹툰을 넣은 것이다. 비즈니스 모델이 전자책에서 웹소설/웹툰으로 바뀐 것이다. 2024년 현재 기준 가운데에 위치한 메인 탭은 "WEBTOON"으로 되어 있다. 해당 탭을 클릭하면 웹툰/만화, 웹소설, 도서, 셀렉트를 한눈에 볼 수 있다. 중요한 것은 웹툰/웹소설이 "리디북스"로 시작한 전자책 기업의 메인 아이템이 된 것이다.

이처럼 리디는 주 매출 모델을 획기적으로 바꾸면서 기존 시장이 보유한 규모의 문제를 효과적으로 타파하고 성공적인 피벗(pivot)을 할 수 있었다. 이렇게 도전한 것이 유니콘에 등극할 수 있었던 가장 큰 요소였다고 판단한다.

전략적인 계기는 물론 다른 이유들도 있겠지만, 많은 스타트업이 그렇듯 리디의 이러한 파격적인 변신은 "살기 위함"이었을 것이다. 기존의 대기업인 교보문고 등은 아무리 시장이 침체되어도 보유한 현금성 자산 등이 많아 망할 걱정까지는 하지 않을 것이다. 스타트업은 적자를 기록함은 물론, 펀딩이 되지 않으면 망하는 길로 들어설 수밖에 없다. 이러한 어려움을 극복하기 위해 리디는 변화를 택했고, 결과적으로 매우 훌륭한 선택이 되었다.

2) 성공적인 피벗, 그리고 차별화

그렇다고 리디가 누적 투자금 5,000여억 원, 기업가치 1조 6,000억 원에 등극한 것이 단순히 공략 시장을 변경해서라고만 보기에는 힘들다.

리디의 차별성에 필자는 (1) 과감했던 피벗, (2) 지적 재산권(IP; Intellectual Property) 강화, (3) 글로벌 플랫폼 "만타" 출시를 꼽는다. 이러한 도전들이 단순 전자책 기업에서 유니콘으로 등극할 수 있었던 리디만의 차별성이라고 본다.

(1) 과감했던 피벗

리디는 단순히 웹소설 분야에 도전한 것이 아니다. 웹소설에서도 20대~30대 여성들을 타겟으로 하는 BL(Boys Love), 로맨스, 성인 소설 등을 메인으로 다루기 시작했다. 사실 당시 성인물을 다루는 콘텐츠 플랫폼은 리디만 존재하는 것이 아니었다. 네이버 시리즈, 카카오 페이지 등 다양한 플랫폼에서 성인물을 다뤘었다.

하지만 평가를 들어 보면 대기업 플랫폼들은 한국의 "대기업"인 만큼 이미지를 신경 써야 하니 "확실한" 성인물을 다룰 순 없었다고 한다. 그리고 제작한다고 하더라도 메인에 홍보하기란 쉽지 않았다.

이러한 리디만의 차별화된 콘텐츠는 유저 비율이 증명해 준다. 네이버, 카카오, 리디 각각 남 33%:여 67%, 남 47%:여 53%, 남 18%:여 82%를 기록하고 있다. 리디가 타겟 유저들에게 제대로 된 콘텐츠를 제공하는지 알 수 있다.

다시 생각해봐도 "19금" 시장이라는 것은 아무리 돈이 되는 시장이라 하더라도 전자책 서비스 기업에서 웹소설, 그것도 성인 전용 웹소설 서비스로 피벗을 결정하는 데까지는 굉장히 고민이 되었을 것으로 보인다. 심지어 해외와 비교했을 때 상대적으로 훨씬 보수적인 한국에서 이러한 콘텐츠를 주 콘텐츠로 했다는 점에서 개인적으로 리디의 결정을 매우 높게 평가한다.

(2) 지적 재산권(IP; Intellectual Property) 강화

기존 콘텐츠, 엔터테인먼트 기업들이 작품의 판권을 보유한 것과 같이 리디 또한 웹소설 시장이 성장함에 따라 IP에 투자를 하기 시작했다. 이러한 노력의 일환으로 리디만의 다양한 웹소설 브랜드를 선보였다. 여기에는 로맨스 소설과 판타지를 다루는 "블랙엔"과 "로즈엔", 로맨스 소설 단행본을 출간하는 "나인", BL 장르를 주로 다루는 "비욘드", 수입 만화 단행본을 다루는 "프레지에", 일반 도서 및 일반 소설을 다루는 "비씽크", "고요한 숨" 등이 있다.

게다가 리디는 주요 작품들의 IP를 통해 기존 웹소설 작품을 웹툰, 드라마, OST 등의 다양한 분야로 크로스오버(crossover) 시키며 콘텐츠 밸류 체인을 성공적으로 구축했다.

대표적인 IP로는 김수지 작가의 《상수리나무 아래》, 비첸치 작가의 《마귀》, 진소에 작가의 《참아주세요, 대공》 등이 있다.

또한 웹소설 원작인 《시맨틱 에러》는 웹툰과 스페셜 애니로 제작되었을 뿐만 아니라, 2022년 2월 온라인 동영상 서비스(OTT) 왓챠에서 공개된 이후 3주 동안 시청 순위 1위에 오르기도 했다.

여기에 더해 《티파니에서 모닝 키스를》의 OST에는 가수 소유가,

같은 작품의 남자 주인공 테마 OST는 가수 진영이 참여했다.《상수리나무 아래》OST에는 가수 차은우와 에일리까지 참여하는 등, 리디의 IP 제작 수준과 범위가 점점 커지고 있다.

여기서 필자가 높게 평가한 것은 리디가 IP를 보유한 작품들이 현지화에 성공하여 글로벌 독자들을 생성했다는 것이다.

예를 들어《상수리나무 아래》영문판은 아마존에서 미국과 캐나다 등 5개 국가에서 베스트셀러 1위에 올랐다. 또한 웹툰《품격을 배반한다》는 일본 최대 웹툰 플랫폼인 "메챠코믹"에서 연재 2주 만에 흥행에 성공했다고 한다. 솔직히 리디의 글로벌화가 제대로 이루어지기 위해 각 국가별로 맞춤형 작품이 있어야 한다고 생각했으나, 그런 것이 아닌 이미 보유한 IP만 가지고도 더 큰 부가가치를 창출해 낼 수 있는 잠재성을 증명한 것으로, 어마어마한 플랫폼으로의 성장이 기대되는 대목이다.

(3) 글로벌 웹툰 플랫폼 "만타"

리디는 2020년 11월 글로벌 웹툰 서비스인 '만타'를 출시했다. 출시 3년 만에 1,100만 명의 다운로드, 미국에서 두 번째로 큰 유료 코믹 플랫폼, 23개국 구글 플레이에서 1위 기록 등 가파른 성장세를 기록하였고, 최근엔 프랑스어 지원까지 나서고 있다.

만타는 현재 북미 웹툰 시장에서 2위의 시장 점유율(10%)을 기록 중이다. 물론 같은 국내 기업인 네이버웹툰의 점유율(71%)이 너무 크긴 하다. 하지만 현재 175개국에서 서비스를 진행 중인 만큼 그 규모와 범위를 지속 확대해 나갈 것으로 보인다.

3) 향후 해결해야 할 문제점

하지만 리디가 성장하는 만큼 업계 다른 경쟁사들이 가만히 지켜만 보고 있는 것은 아니다. 특히 웹 콘텐츠는 국내 대기업인 네이버와 카카오가 대규모 투자 등을 통해 이미 강하게 자리 잡은 입지를 더 공고히 하려는 분야이기도 하다. 당연히 투자자들 입장에서는 리디가 그러한 거대 기업들 사이에서 앞으로 지속적으로 경쟁력을 유지할 수 있을지 의문을 가지는 것은 당연할 것이다.

게다가 2023년 기준 리디는 영업수익 2,195억 원, 영업비용 2,491억 원으로, 영업손실 약 295억 원을 기록했다. 비록 매출의 감소는 소폭(0.7%)이긴 하지만, 코로나19로 빛을 보며 지속 매출 성장세를 보였던 리디로서는 그 효과를 더 이상 이어 가지 못했다는 분석이다. 국내 첫 콘텐츠 유니콘으로 평가받는 리디가 향후 넘어야 할 과제는 무엇이 있을까?

(1) 대규모 경쟁사

실제 2023년 상반기 기준 MAU(monthly active users; 월간 활성 사용자 수)를 보면, 네이버 웹툰과 네이버 시리즈를 합치면 1,077만 명, 카카오페이지와 카카오웹툰을 합치면 651만 명이다. 리디의 MAU가 121만 명이라는 점에서 두 대기업이 차지하는 시장의 파이가 견줄 수 없을 만큼 큰 것이 사실이다.

특히 콘텐츠 시장의 특성상 IP를 차지하는 것이 매우 중요한데, 작가들은 당연히 유저가 많고 작가들에게 더 많이 투자할 수 있는, 성장 가능성이 높은 플랫폼을 선호하는 것은 당연할 것이다. 이러한 점에서 리디의 경쟁사들의 성장과 향후 발전 방향에 대해서 살펴보는 것도 매우 중요할 것이다.

i) 네이버: 네이버는 캐나다에서 설립된 영미권 웹소설 기업인 왓패드(Wattpad)를 2021년 약 6,000억 원에 인수하였다. 네이버가 단행한 인수 건 중 최대 규모의 금액이었고, 이로 인해 네이버가 이미 보유하고 있는 네이버웹툰에 왓패드를 연계하여 IP 및 콘텐츠 시장에서의 존재감을 넓힐 것이라는 의견이 지배적이다.

그도 그럴 것이, 왓패드는 월 사용자가 9,000만 명으로, 50여 개 언어로 약 10억 편의 창작물이 공유되고 있다. 네이버웹툰의 전체 글로벌 MAU를 볼 때 그 수는 1억 8,000만 명까지 증가한다. 심지어 왓패드의 이용자 중 80%는 리디의 주 타겟과 겹치는 20대~30대 여성들이다.

이렇듯 네이버는 월 이용자 수가 대한민국 인구를 뛰어넘는 웹소설/웹툰 플랫폼을 구축하였고, 네이버웹툰 등을 소유하고 있는 "웹툰엔터테인먼트"는 2024년 중에 IPO를 목표로 하고 있다. 이미 경쟁사인 왓패드와 네이버웹툰이 합쳐져 그 규모와 수준을 기하급수적으로 넓힌다는 것은 리디에게 있어서 매우 큰 걸림돌이 될 것이다.

ii) 카카오: 2021년 카카오페이지와 카카오M의 합병으로 "카카오엔터테인먼트"가 탄생하였다. 이 안에 웹소설/웹툰을 담당하는 스토리 부문이 있는데, 2021년 9월 1일부터 카카오페이지 스테이지에서 판타지, 로맨스, BL 연재 등을 진행하고 있다. 출시 이후 큰 변화나 성장 없이 아직 시장에서 그 존재감이 미미한 느낌은 들지만, "호형호제"가 2023년 10월 26일부터 글로벌 OTT 플랫폼 아이치이(iQIYI)를 통해 태국에서 드라마화되는 등 차근차근 성장세를 그리고 있다.

iii) 밀리의 서재: 2016년 7월 설립된 밀리의 서재는 2023년 9월 코스닥에 상장된 전자책 서비스 기업이다. 리디가 웹소설에 집중한다면, 밀리의 서재는 리디가 최초 비즈니스 모델로 잡았던 전자책을 메인 서비스로 제공하는 기업이다. 많은 사람들이 리디의 직접 경쟁사로 밀리의 서재를 비교하는 것을 보았다. 하지만 딱히 전자로 읽는 것을 추구하는 기업이라는 점 말고 각기 집중하고 있는 콘텐츠의 결이 다르기 때문에 완벽한 직접 경쟁사는 아니라고 본다. 그래도 리디의 비즈니스 모델 중 하나인 전자책 분야에서만큼은 리디보다 더 많고 퀄리티가 높은 책들을 제공한다는 것이 일반적인 시장의 판단이다. 이러한 점에서 향후 밀리의 서재가 어떻게 성장을 이어 나갈지 리디에게 있어서는 매우 중요한 부분이다.

(2) 새로운 유저 유입

현재 리디의 국내 주 고객은 20대~30대 여성층이다. 일각에서는 현재의 고객층이 앞으로 40대~50대가 되면서 지속 유지될 것이고, 이후 추가로 새로운 20대~30대들이 플랫폼에 유입되면 국내에서 리디의 유저 수는 훨씬 더 늘어날 것이라고 판단한다. 여기에 더해 해외에서 출시한 만타가 꾸준한 성장세를 보이며 새로운 유저 유입에 대한 우려는 어느 정도 해소했다고도 한다.

물론 근거가 없는 주장은 아니다. 하지만 아래에서 더 상세히 다루겠지만, 어떻게 보면 유튜브(YouTube)와 같은 영상 콘텐츠의 성장은 웹소설의 형제(?)라고 할 수 있는 전자책의 성장에 크게 영향을 끼치고 있다. 즉, 현재의 10대들이 과연 10년 후 리디의 주 고객이 되어 있을지 의문이라는 것이다.

여기에 더해 만타의 성장은 어느 정도 케이팝(K-POP) 등 한국 문화의 글로벌 시장에서의 인지도 상승이 큰 기여를 했다고 볼 수도 있다. 그만큼 이미 그 효과는 어느 정도 누린 상태에서 해외 진출을 했다고 본다. 창사 이래 첫 역성장을 한 리디로서 향후 어떻게 100% 독자적인 힘으로 해외에서도 성장을 증명할 수 있을지 지켜봐야 할 것이다.

(3) 전자책 시장의 슬럼프(slump)

전자책 시장이 최초 예상만큼 성장하지 못하고 있다. 물론 리디의 비즈니스 모델이 전자책에 집중되지 않은 것은 다행이다. 하지만 주요 매출 채널 중 하나인 것만큼은 사실이기도 하고, 이러한 전자책 시장의 슬럼프는 사람들의 근본적인 소비 패턴이 변화하고 있다는 점에서 문제가 아니라고 볼 수는 없겠다.

2013년부터 2023년까지의 국내 데이터를 살펴보면, 종이책 독서율은 꾸준히 감소했다: 2013년에는 71%였던 종이책 독서율이 2023년에는 32%로 크게 줄어들었다. 국내 성인 연평균 독서량도 2013년 9.2권에서 1.7권으로 매우 큰 폭(-80%)으로 줄어들었다. 그렇게 보니 필자도 마지막으로 끝낸 종이책이 언제인지 기억이 가물가물할 정도다.

문제는 전자책이 종이책을 완전히 대체하지 못하고 있다는 것이다.

필자도 아마존의 '킨들'을 애용한 적이 있다. 그때 당시 당연히 10년 후엔 종이책은 없어지고, 전자책만이 시장에 존재할 것으로 보았다. 하지만 전자책 독서율은 2013년 14%에서 2023년에도 19%로 성장하는 데 그쳤다. Pew Research Center에 따르면 전자책만 읽는 사람은 9%, 종이책만 읽는 사람은 33%, 종이책과 전자책을 다 읽는 사람은 34%이다. 시장의 최초 생각과는 다르게 전자책과 종이책은 서로 대체재가 아닌 오히려 보완재와 같은 양상을 띠고 있다.

전자책 서비스에 더 좋지 않은 소식은, 전체적인 종합 독서율이 줄어들었다는 것이다. 종이, 전자, 오디오북 모두 포함하여 "1년에 책 한 권 이상 읽었다."라는 질문에 답변한 사람이 2013년 72%에서 2023년 43%로 줄어들었다는 사실이 이러한 시장의 상황을 반증한다.

세상에 완벽한 사람은 없듯이, 세상에 완벽한 기업 또한 없다. 모든 기업들은 대내외적으로 항상 해결해야 하는 문제점을 안고 있으며 이를 효과적으로 타파한 기업들이 시장에서 살아남는다. 리디 또한 마찬가지다. 필자는 리디가 현재 직면한 문제를 해결하기 위해선 그동안 잘해왔던 것을 버리지 말아야 한다고 생각한다.

리디는 최초 전자책 시장을 겨냥하고 창업했지만, 이후 성공적인 피벗을 통하여 로맨스, BL, 성인물이라는 파격적인 콘텐츠를 매니아층에게 선보였다. 더 작지만, 확실한 콘텐츠로 더 작은 시장을 섭렵할 수 있었고, 그것을 기반으로 해외로까지 진출할 수 있었다.

　이와 같은 노력을 앞으로도 계속해야 한다고 생각한다. 국내뿐만 아니라 각 나라별로 소비자층을 잘 파악하고, 리디가 잘할 수 있는 맞춤형 작품을 생성하여 니치(niche) 마켓을 타겟해야 한다고 본다. 이미 리디는 리디만의 색깔을 통해 콘텐츠 시장의 새로운 지평을 넓히고 있다. 리디가 국내뿐만 아니라 해외에서도 독보적인 콘텐츠로 소비자의 이목을 끌 수 있을지 귀추가 주목된다.

15

레몬베이스, 일반 컨슈머들은 모르는
기업 담당자들의 고민을 해결해 주다

1) HR SaaS 시장의 급성장과 다면평가 서비스의 필요성

서울에서 스마트테크 중소기업의 인사 관리 담당자 중 리더 격인 민지 씨는 매년 직원 평가 시즌이 다가올 때마다 두통에 시달렸다. 올해 하반기에 있을 평가 때도 예외는 없었다. 거기다 기업이 최근 몇 년간 급성장하며 직원 수가 50명에서 150명으로 올랐다. 직원 수가 늘어나면서 민지 씨의 업무도, 두통도, 스트레스도 같이 기하급수적으로 증가했다. 그녀가 있는 테크 기업에서는 성과를 측정하고 피드백을 제공하는 과정이 복잡하고 시간이 많이 소요되었다. 직원들과 일일이 대화를 나누고, 개별 성과를 분석하는 일도 매우 번거로웠다. 현재 민지 씨는 각 팀장들과의 면담을 통해 성과를 평가하고 피드백을 제공해야 했다. 150명에 달하는 직원을 가진 회사답게 팀장만 해도 족히 서른은 넘었다. 그들과의 일일이 면담을 마치는 데는 몇 주가 걸릴 수밖에 없다. 그뿐만 아니라, 팀장들을 통해 일반 직원들까지의 성과 평가 데이터를 수집하고 정리하는 데도 많은 시간이 소요되었다.

하지만 위의 문제보다 심각한 것은 바로 직원들의 동기부여 유지였다. 특히, 직원 평가 측면에서는 더욱 이러한 문제가 두드러지고 있었다. 기업에서 정한 복잡하고 명확하지 않은 평가 기준으로 인해 직원들 간의 불만이 높아지고 있었다. 직원들은 왜 자신이 그런 평가를 받았는지 이해하지 못했고, 피드백을 통해 개선할 방향을 찾기 어려워했다. 성과 평가 과정이 불투명하고 일관성이 부족하다는 문제도 있었다. 직원들은 자신들의 성과가 제대로 평가받지 못한다고 느끼며, 회사에 대한 불만이 쌓여 갔다. 이로 인해 직원이 늘은 만큼 이직률도 높아졌고, 이는 회사의 운영 효율성 및 비용에도 영향을 미쳤다. 고민이 깊어지던 와중, 하루는 민지 씨가 동료인 수진 씨와 점심을 먹으며 고충을 털어놓았다.

"수진 씨, 요즘 성과 평가 시즌이라 너무 힘들어요. 직원들 하나하나와 면담하는 데 시간이 너무 많이 걸리고, 공정하게 평가하려고 해도 기준이 명확하지 않아서 어려워요." 민지 씨가 한숨을 쉬며 말했다.

"맞아요, 저도 우리 팀원들 평가할 때마다 고민이 많아요. 이걸 좀 더 효율적으로 할 방법이 없을까요?" 수진 씨가 동의하며 답했다. 그때 수진 씨는 불현듯 최근에 들어본 레몬베이스에 대해 이야기가 떠올랐다.

"사실 얼마 전에 레몬베이스라는 HR SaaS 솔루션을 알게 되었어요. 직원들이 목표를 설정하고 달성도를 실시간으로 업데이트할 수 있는 시스템이래요. 동료들과 성과를 공유할 수도 있고, 리뷰 프로세스도 유연하게 제공된다고 하더라고요."

"그거 괜찮은데요? 도입해 보면 어때요?" 성과 관리 소프트웨어로 알려졌다는 소문에 솔깃해진 민지 씨는 이 서둘러 레몬베이스 도입을 검토하기 시작했다.

며칠 후, 민지 씨는 대표이사와의 회의에서 레몬베이스 도입을 제안했다.

"대표님, 성과 관리 시스템을 효율적으로 개선할 수 있는 솔루션을 찾았습니다. 레몬베이스라는 HR SaaS인데, 직원들이 목표를 설정하고 달성도를 실시간으로 업데이트할 수 있는 기능이 있습니다. 동료들과의 피드백도 실시간으로 주고받을 수 있고요."

안 그래도 직원 이직률 증가로 비슷한 두통을 앓고 있던 대표이사는 긍정적으로 반응했다. "그거 좋군요. 우리 회사도 성과 관리 시스템을 개선할 필요가 있다고 생각했어요. 바로 도입해 봅시다."

그 다음, 스마트테크의 성과 관리 시스템은 크게 개선되었다. 직원들은 개인 목표를 설정하고, 달성도를 업데이트하며, 이를 동료들과 공유할 수 있게 되었다. 또한, 유연한 리뷰 프로세스를 통해 성과를 평가하고 실시간으로 피드백을 제공할 수 있었다. 이는 직원들이 자신의 성과를 명확히 인식하고, 개선할 방향을 찾는 데 큰 도움이 되었다. 물론, 가장 만족스러운 부분은 부서장과 직원 간의 1대1 소통도 크게 개선되었다는 부분이다. 이를 통해 부서장은 직원의 진척 상황을 파악하고, 개선점을 찾을 수 있게 되었다. 직원들도 서로 실시간으로 피드백을 주고받으며, 자신의 성과를 지속적으로 확인할 수 있었다.

더불어 민지 씨는 이제 성과 평가 시즌이 다가와도 두통을 호소하지 않게 되었다.

HR SaaS 시장은 2020년에 국내에서 전년 대비 122% 성장하며 급성장하였다. 이로 인해 HR 분야에서는 성과 관리를 더욱 효율적으로 할 수 있는 다면평가 방식의 서비스 필요성 역시 꾸준히 증가하였다. 여기서 HR SaaS란 무엇인지 궁금할 것이다. 이 용어는 우선 두 가지로 나눠서 살펴보는 것이 이해가 더 수월하게 된다. 우선 대부분이 이미 잘 알고 있을 HR은 "Human Resources"의 약자로, 직역하면 "인적 자원"을 의미하지만 기업 내에서 인사 관리 부서와 동일하다. HR 부서는 회사 내에서 직원들을 관리하고, 채용, 교육, 급여, 복지, 성과 평가, 직원 관계 등과 관련된 업무를 담당한다. 조직의 규모에 상관없이 성공에 있어 (마케팅 및 세일즈 부서/인력만큼이나) 절대 빠질 수 없는 중요한 역할을 도맡는 부서라는 것은 모두가 잘 알 것이다. 직원이 적은 소규모 회사의 경우, HR라는 부서가 따로 없다 하더라도 인사 관리를 담당하는 개인 직원(들)이 분명 있어야 한다. 그만큼 HR 부서는 조직이 효과적으로 운영될 수 있도록 인적 자원을 관리하고 최적화하는 데 있어 필요하다.

이 사실을 기억해둔 채 이번에는 SaaS(Software as a Service)라는 용어를 알아보자. SaaS는 '서비스로서의 소프트웨어'라는 뜻을 가지는 데, 사용자는 소프트웨어를 설치할 필요 없이 웹 브라우저를 통해 소프트웨어에 접속하고 사용할 수 있다. SaaS는 클라우드 컴퓨팅 기술을 기반으로 하며, 소프트웨어 제공업체가 서버에서 소프트웨어를 호스팅하고 유지 관리한다. 때문에 SaaS의 핵심 주요 기능은 사용자가 별도의 설치나 유지 보수 없이도 최신 소프트웨어를 사용할 수 있도록 해 준다는 것이다. 이해를 돕기 위해 몇 가지 유명한 SaaS 예시를 들자면 이메일 서비스로는 구글의 지메일(Gmail), 프로젝트 관리 소프트웨어로는 트렐로(Trello), 고객 관계 관리(CRM)으로는 세일즈포스(Salesforce), 회계 소프트웨어로는 퀵북스(QuickBooks), 그리고 비디오 회의 소프트웨어로는 줌(Zoom)이 있다. 이 중, 특히 SaaS라는 개념 자체를 대중화한 초기 기업은 세일즈포스이다. 1999년에 설립된 이 기업은 고객 관계 관리(CRM) 소프트웨어를 클라우드에서 제공하여 사용자가 소프트웨어를 설치하거나 유지 보수할 필요 없이 웹 브라우저를 통해 CRM 기능을 사용할 수 있게 했다. 이는 기존의 소프트웨어 배포 모델과는 큰 차별화를 이루었고, SaaS의 장점을 널리 알리는 계기가 되었다.

그럼 위의 정보들을 기반으로 보면 HR SaaS는 클라우드 기반의 인사 관리 소프트웨어를 의미를 가지게 된다. 쉽게 말해, 회사의 인사 관리를 돕기 위해 인터넷을 통해 제공되는 소프트웨어이다. HR SaaS라는 용어는 클라우드 컴퓨팅 기술의 발전과 함께 등장했다. 전통적인 인사 관리 소프트웨어는 설치와 유지 보수가 복잡하고 비용이 많이 들었지만, 클라우드 기반 소프트웨어는 이러한 문제를 해결해 주기 때문이다. HR SaaS가 본격적으로 주목받기 시작한 시기는 2000년대 중반이다. 이 시기에 인터넷과 클라우드 컴퓨팅 기술이 발전하면서, 많은 기업들이 SaaS 모델을 채택하기 시작했다. HR SaaS의 원조로는 대표적으로 미국의 워크데이(Workday)와 같은 기업을 들 수 있다. 워크데이는 2005년에 설립되어 HR 및 재무 관리를 위한 클라우드 기반 소프트웨어를 제공하며, HR SaaS 시장을 선도했다. 물론 HR SaaS의 주요 기업으로는 워크데이 외에도 SAP SuccessFactors(SAP의 HR SaaS 솔루션으로, 다양한 인사 관리 기능을 제공), 오라클 HCM 클라우드(Oracle HCM Cloud, 오라클의 클라우드 기반 HR 관리 솔루션), ADP(급여 관리 및 인사 관리 솔루션을 제공하는 글로벌 기업), 저스트워크스(Justworks, 중소기업을 위한 HR 및 급여 관리 솔루션 제공) 등이 있다. 이처럼 다양한 서비스가 생길만큼 HR SaaS는 2010년대에 들어서면서 전 세계적으로 큰 인기를 얻기 시작했다. 때마침 이 수요와 관심을 만족시킬 수 있을 만큼 클라우드 컴퓨팅의 발전과 인터넷 보급률 증가한 덕에 다양한 규모의 기업들이 HR SaaS를 도입하게 되었다. 기업들은 HR SaaS를 도입할 경우, 얻게 되는 이점들은 주로 다음과 같다:

- **비용 절감**: 초기 설치 비용과 유지 보수 비용이 적으며, 필요에 따라 서비스 이용 범위를 조절할 수 있어 경제적이다

- **접근성**: 인터넷만 있으면 어디서나 접속할 수 있어, 원격 근무나 출장 중에도 인사 관리가 가능하다.

- **업데이트와 보안**: 서비스 제공자가 주기적으로 소프트웨어를 업

데이트하고 보안 패치를 제공하여 최신 상태를 유지할 수 있다.

- <u>데이터 분석</u>: 데이터를 효율적으로 관리하고 분석하여, 인사 관련 의사결정을 보다 효과적으로 할 수 있다.

레몬베이스 역시 인사 및 성과 관리를 효율적으로 다루기 위한 자체적인 HR SaaS인 솔루션을 개발하였다. 이 HR SaaS에서 제공하는 기능들은 앞서 언급된 보편적인 것들 외에도 다양한 특이점들이 있다.

- 통합 데이터 관리: 직원들의 모든 데이터를 한 곳에 통합하여 관리할 수 있는 기능을 제공한다. 이 기능을 통해 인사 담당자는 직원들의 정보를 쉽게 접근하고 관리할 수 있으며, 데이터의 일관성을 유지할 수 있다. 통합 데이터 관리 기능은 다음과 같은 이점을 제공한다:
  - 데이터 일관성: 직원들의 기본 정보, 경력, 성과 기록 등을 한 곳에서 관리하여 데이터의 일관성을 유지한다.
  - 접근성 향상: 필요한 정보를 쉽게 검색하고 접근할 수 있어 인사 관리 업무의 효율성을 높인다.
  - 데이터 분석: 통합된 데이터를 바탕으로 다양한 분석을 수행하여 인사 전략을 개선할 수 있다.

- 맞춤형 대시보드: 사용자가 필요로 하는 정보를 시각적으로 쉽

게 확인할 수 있는 맞춤형 대시보드를 제공한다. 이 대시보드를 통해 인사 담당자는 실시간으로 주요 지표를 모니터링하고, 빠르게 의사결정을 내릴 수 있다:

○ 실시간 모니터링: 성과 지표, 목표 달성 현황, 피드백 수집 현황 등을 실시간으로 확인할 수 있다.

○ 사용자 정의: 각 사용자의 역할과 필요에 맞게 대시보드를 커스터마이징할 수 있다.

○ 데이터 시각화: 다양한 차트와 그래프를 통해 데이터를 시각적으로 쉽게 이해할 수 있다.

• 목표 관리 및 OKR 설정: 레몬베이스는 직원들이 개인 목표를 설정하고, 이를 조직의 목표와 연계할 수 있는 기능을 제공한다. 특히, OKR(Objectives and Key Results) 방식의 목표 설정을 지원하여 조직의 성과를 극대화한다.

○ 목표 설정: 직원들이 구체적이고 측정 가능한 목표를 설정할 수 있도록 지원한다.

○ 조직 연계: 개인 목표를 조직의 목표와 연계하여 전체적인 성과를 관리할 수 있다.

○ 진척 상황 추적: 목표 달성 진척 상황을 실시간으로 추적하고, 필요한 경우 조정을 할 수 있다.

• 360도 피드백: 직원들이 다양한 관점에서 피드백을 받을 수 있

도록 한다. 이 기능을 통해 직원들은 동료, 상사, 부하 직원 등 여러 측면에서 자신의 업무에 대한 피드백을 받을 수 있다.

- ○ 피드백 익명성 보장: 피드백 제공자의 익명성을 보장하여 솔직한 의견을 받을 수 있다.
- ○ 피드백 분석: 수집된 피드백을 분석하여 직원의 강점과 개선점을 파악할 수 있다.

• 학습 및 개발: 직원들의 지속적인 학습과 개발을 지원하는 기능을 제공한다. 이를 통해 직원들은 개인의 역량을 강화하고, 회사의 목표에 기여할 수 있는 능력을 키울 수 있다.

- ○ 학습 계획 수립: 직원들이 개인의 학습 계획을 수립하고, 이를 관리할 수 있다.
- ○ 교육 프로그램 관리: 회사에서 제공하는 교육 프로그램을 관리하고, 참석자들을 추적할 수 있다.
- ○ 성과 연계 학습: 학습 성과를 업무 성과와 연계하여, 학습의 효과를 극대화할 수 있다.

• 자동화된 보고서 생성: 레몬베이스는 다양한 인사 데이터를 바탕으로 자동화된 보고서를 생성하여, 인사 담당자가 효율적으로 데이터를 분석하고 보고서를 작성할 수 있도록 지원한다.

- ○ 보고서 템플릿: 다양한 템플릿을 제공하여 쉽게 보고서를 생성할 수 있다.

○ 데이터 통합: 여러 소스의 데이터를 통합하여 일관성 있는 보고서를 작성할 수 있다.

○ 자동화 기능: 정기적인 보고서를 자동으로 생성하고 배포할 수 있어 시간과 노력을 절약할 수 있다.

위의 기능들 중 필자는 가장 유용해 보이는 것은 아무래도 이 시스템은 연례적인 평가가 아닌 실시간으로 진행되는 평가를 통해 직원들의 성과와 역량을 지속적으로 확인할 수 있게 하는 것이다. 아무래도 이직률이 높은 요즘의 추세에 변화를 주고자 한 기능인 듯한데 이를 통해 직원들 간의 소통을 촉진하여 이직 빈도를 낮추는 데 기여할 수 있다.

2) 일반 고객들을 위한 리디북스를 만든 회사에서 기업들을 위한 HR SaaS

　레몬베이스는 이번 유니콘 기업 시리즈에서 등장한 전자책 플랫폼 리디북스를 창업한 권민석 대표가 설립한 스타트업이다. 권 대표는 기성세대가 업무의 당위성을 중시하는 반면, MZ세대는 왜 이 일을 하는지에 대해 공감 및 몰입도를 원한다고 생각했다. 이 차이에서 겪었던 인사 관련 어려운 경험을 토대로 직원들의 업무와 회사 목표의 일치를 위해 레몬베이스를 시작했다. 사실 각 세대의 근무 태도와 가치관의 차이는 최근 들어 전세계적으로도 많이 등장하는 화두가 되기도 했다. 당장 미국의 밀레니얼 세대만 봐도 그렇다. 미국의 밀레니얼 세대(1981-1996년 출생)는 현재 가장 큰 노동 인구를 차지하고 있으며, 2025년까지 전 세계 노동 인구의 75%를 차지할 것으로 예상된다. 밀레니얼 세대는 디지털 네이티브로, 인터넷과 기술에 익숙하며, 직장에서의 기술 활용을 중시한다. 더불어 미국에서 흔히 알려진 Z세대(Gen Z)는 1997년 이후에 태어난 사람들을 말하는데 이들은 밀레니얼 세대보다 더욱 디지털 중심적인 환경에서 자라났으며, 소셜 미디어와 모바일 기기를 일상적으로 사용한다. 딱 들어 봐도 한국의 MZ 세대(Millennials와 Generation Z를 통칭)와 미국의 밀레니얼, Z세대는 서로 유사하게 들릴 것이다. 이는 업무와 일의 의미와 가치 측면에서 봐도 동일하다:

1. **목적과 의미 중시**: 자신이 하는 일이 사회적으로 의미가 있고, 목적이 뚜렷한지 여부를 중요하게 생각한다. 이들은 자신의 업무가 사회에 긍정적인 영향을 미치기를 원하며, 기업이 사회적 책임을 다하기를 기대한다.

2. **유연한 근무 환경**: 이들 세대는 전통적인 9시부터 5시까지의 고정된 근무 시간보다 유연한 근무 환경을 선호한다. 또한, 재택근무, 유연 근무 시간제 등 자신에게 맞는 근무 방식을 선택할 수 있는 기업을 선호하는 데 이는 그들이 일과 삶(즉, 워라밸)의 균형을 중시하기 때문이다.

3. **기술 활용**: 최신 기술을 적극적으로 활용하는 것을 선호한다. 이들은 클라우드 컴퓨팅, 인공지능(AI), 빅데이터 분석 등 최신 기술을 업무에 적용하여 효율성을 높이고자 하며, 개인 디바이스를 업무에 활용하는 BYOD(Bring Your Own Device) 또한 선호한다.

4. **피드백과 소통**: 정기적인 피드백과 상호 소통을 중시한다. 밀레

니얼 세대는 상사와의 정기적인 미팅을 통해 자신의 업무 성과에 대한 피드백을 받고, 이를 바탕으로 성장하고자 한다. Z세대 역시 상호 피드백과 투명한 소통을 통해 자신이 조직에서 중요한 역할을 하고 있음을 느끼고자 한다.

5. **다양성과 포용성**: 다양성과 포용성은 밀레니얼 세대와 Z세대에게 매우 중요한 가치이다. 이들은 다양한 배경을 가진 사람들이 존중받고, 평등한 기회를 제공받는 환경에서 일하고자 한다. 조직 내 다양성이 높을수록 이들의 업무 몰입도와 만족도가 증가한다.

6. **개인 발전과 학습 기회**: 자신의 역량을 강화할 수 있는 학습 기회와 커리어 발전 가능성을 중요하게 생각하며, 이를 제공하는 기업에 높은 만족도를 보인다.

문제는 위와 같은 가치관들이 기성세대가 가진 것들과 다소 크게 차이가 난다는 것이다. 기성세대는 업무의 당위성과 안정성을 중요시한다. 이들은 장기적인 직업 안정성과 조직에 대한 충성도를 중시하며, 조직의 목표 달성을 위해 헌신하는 경향이 있다. 개인의 목표와 가치가 조직의 목표와 일치할 때 더 높은 만족도와 성과를 보이는 MZ세대는 대척점에 서 있다고 봐도 좋은 가치관이다. 심지어 미국과 한국의 기성세대를 서로 놓고 봐도 두 나라의 각 세대의 근무 관련 특성이 동일하다고 봐도 될 정도다. 참고로, 미국의 기성세대에는 베이비붐(Baby Boomers)와 X세대(Generation X)가 포함되는데 베이비붐 세대(1946-1964년 출생, 즉, 제2차 세계대전 이후 출생률이 급증한 시기에 태어난 세대)와 X세대(1965-1980년 출생, 즉, 베이비붐 세대와 밀레니얼 세대 사이에 위치한 세대)를 포함한다. 한국의 기성세대 역시 주로 베이비붐 세대(1955-1963년 출생)와 386세대(1960년대생, 80년대 대학생, 90년대 사회 초년생을 의미)를 포함한다.

위와 같은 근무에 관한 크나큰 가치관의 차이는 사실 미국과 한국뿐만 아니라 전세계적으로 나타나는 추세이다. 실제로, 델로이트(Deloitte: 전 세계적으로 가장 큰 회계 및 컨설팅 기업 중 하나로, 다양한 산업 분야에 걸쳐 전문적인 서비스를 제공하는 회사)의 연구에 따르면, MZ세대는 (나라를 불문하고) 일전에 언급되었던 주요 가치관 및 요소들이 충족되지 않으면 이직을 고려하는 경향이 있다고 한다. 사실 요즘은 회사에 만족하는 것과는 별개로 몸값을 올리기 위해 이직하는 것 또한 기성세대 이후의 직장인들 사이에서 전세계적으로 흔히 보이는 경향이기도 하다. 마찬가지로, 가트너(Gartner: 글로벌 리서치 및 자문 기업로, IT 관련 연구 및 분석, 자문 서비스를 제공하는 회사)의 연구에 따르면, 밀레니얼 세대는 최신 기술을 업무에 활용하는 것을 선호하며, 이 기술들이 업무 환경에 도입될 때 더 높은 만족도를 보인다고 한다. 이러한 데이터를 보지 않아도 점점 근무의 모든 면에 대한 세대 간의 가치관 간극이 점점 커지는 것은 국내 기업 대표들은 다 경험하고 감지했을 것이다.

그런 시선과 전세계적인 흐름에서 봤을 때, 레몬베이스가 MZ세대의 요구와 기대에 부합하는 서비스를 제공하려는 이유를 이해할 수 있을 것이다. 권민석 대표의 인사이트는 각 세대의 근무 태도와 가치관의 차이를 반영한 것으로, 이는 레몬베이스가 HR SaaS 시장에서 성공할 수 있는 중요한 요소로 작용하고 있다고 본다. 2018년에 출범한 이후, 레몬베이스는 2021년 4월에 서비스를 시작하기 전까지 150여 개의 회사를 인터뷰하며 분기별 목표 설정과 지속적인 성과 관리를 통해 연간 평가가 아닌 지속적인 성과 관리를 강조하는 서비스를 제공하게 되었다. 이러한 과정을 거치며 레몬베이스가 고수하게 된 비즈니스 전략들을 살펴보면 다음과 같은 것들이 있다:

- **고객 중심적 접근**: 레몬베이스의 고객 확보 전략은 주로 '인바운드 세일즈(Inbound Sales)'에 초점을 맞춘다. 이러한 고객 확보 전략이 제대로 통하려면 고객의 요구사항과 피드백을 근거로 제품을 계속 개선하며 만족도를 높이는 것이 핵심이다.

- **기업문화 강화**: 레몬베이스는 기업 내에서도 극복하고자 하는 문제를 위해 투명하고 개방적인 의사소통과 협력을 촉진하는 것을 목표로 한다. 이를 위해 직원들의 몰입도와 참여를 높이기 위해 회사 내부의 리더십 개발과 역량 강화를 중요하게 다룬다.

- **파트너십 구축**: 제휴사와의 협력을 강화하고 서비스 영역을 확

장하기 위해 파트너십을 구축한다. 기업 내 인적자원 관리뿐만 아니라 다양한 비즈니스 프로세스와의 통합을 통해 고객에게 종합적인 솔루션을 제공한다.

- 글로벌 확장: 현재는 국내 시장을 중심으로 서비스를 제공하고 있지만 글로벌 시장 진출을 향한 준비를 하고 있다. 국제적인 기업들과의 파트너십 구축과 국내외 시장 조사를 통해 글로벌 시장에서의 경쟁력을 키우고자 한다.

- 기술 혁신: 인공지능 및 빅데이터 기술을 활용하여 데이터 분석과 예측 모델을 강화하고, 고객에게 보다 정확하고 신속한 서비스를 제공한다.

위의 전략들 중 보다 상세히 살펴보면 유용할 부분은 첫 번째 고객 중심적 접근에서 언급된 인바운드 세일즈라 생각된다. 특히 인바운드 세일즈의 유용함을 생각하면 더욱 자세히 알아볼 가치가 있다. 인바운드 세일즈란 잠재 고객이 먼저 관심을 보이고 접근할 때까지 기다리는 마케팅 및 판매 전략을 의미한다. 이 방법은 고객이 자발적으로 회사의 제품이나 서비스에 대한 정보를 찾고, 문의하거나 구매를 결정하도록 유도한다. 인바운드 마케팅이 유용한 이유는 많은 기업들 추구하는 것이 바로 마케팅 비용 효율성이기 때문이다. 전통적인 아웃바운드 마케팅(콜드 콜, 광고)는 인바운드 마케팅에 비해 당연히 비용이 보다 많이 들고, 타겟팅 또한 명확하게 하기가 어렵다.

  반면, 인바운드 방식은 비용이 비교적 저렴하고 집중 고객층 타겟팅이 가능한 여러 전략들을 적극 활용하여 마케팅의 효율을 높인다. 그 중 하나가 바로 콘텐츠 마케팅이다. 이는 블로그, 소셜 미디어, 전자책, 웹 세미나 등 유용하고 관련성 높은 콘텐츠를 제공하여 잠재 고객이 정보를 쉽게 찾고 학습할 수 있도록 한다. 이러한 콘텐츠는 고객이 특정 문제를 해결하거나 필요를 충족시키는 데 도움을 주는 것을 목표로 한다. 또한, SEO를 통해 웹사이트와 콘텐츠를 검색 엔진에 최적화하여 잠재 고객이 자연스럽게 회사의 웹사이트를 방문하도록 유도한다. 이를 위해 검색 엔진에서 상위에 노출되도록 키워드 등을 전략적으로 사용한다. 그리고 마지막으로 인바운드 마케팅의 최애(?) 전략은 바로 리드 제너레이션(lead generation)이다. 이는 잠재 고객이 이메일 뉴스레터 구독, 무료 체험 신청, 웹 세미나 등록 등을 통해 자신의 정보를 제공하도록 유도하는 것에 집중하는 방법이다. 이를 통해 잠재 고객의 관심사와 필요를 파악하고, 개인화된 마케팅 및 판매 전략을 수립할 수 있다. 이처럼 각종 온라인 무대와 소스들을 최대치로 활용하는 인바운드 세일즈는 판매가 진행되는 과정도 아웃바운드와 크게 차이가 난다. 고객들이 해당 과정들을 어떻게 거치는지를 간략하게 요약하자면 다음과 같다:

  1. 발견(Attract): SEO, 콘텐츠 마케팅, 소셜 미디어 활동 등을 통해

잠재 고객을 웹사이트로 유도한다.

유익한 콘텐츠를 통해 고객의 관심을 끌고, 브랜드 인지도를 높인다.

2. 전환(Convert): 방문자가 리드(잠재 고객)로 전환될 수 있도록 유도한다. 그리고 이메일 구독, 무료 체험, 다운로드 가능한 콘텐츠 등을 제공하여 고객의 정보를 수집한다.

3. 거래(Close): 수집된 리드를 바탕으로 개인화된 마케팅 및 판매 활동을 통해 고객과의 관계를 강화한다. 세일즈 팀이 잠재 고객의 필요를 이해하고, 이를 해결할 수 있는 솔루션을 제안하여 거래를 성사시킨다.

4. 만족도 올리기(Delight): 거래 후에도 지속적으로 고객과의 관계를 유지하며, 추가적인 가치를 제공한다. 고객 지원, 만족도 조사, 지속적인 콘텐츠 제공 등을 통해 고객 만족도를 높이고, 충성 고객으로 전환시킨다.

3) 레몬베이스의 미래 전망 및 유니콘 기업으로의 성장 가능성

여기까지 들으면 인바운드 세일즈 전략은 HR SaaS를 제공하는 레몬베이스를 포함한 다른 여러 기업한테도 적용하는 것을 알 수 있을 것이다. 개중에는 다음과 같은 특성을 가진 제품 및 회사에 가장 유용하고 필자는 생각한다:

- B2B (Business to Business) 제품 및 서비스
  ○ 고가의 제품 또는 복잡한 서비스: B2B 제품이나 서비스는 구매 결정 과정이 대부분 길고 복잡할 수밖에 없다. 때문에 인바운드 세일즈 전략을 통해 상세한 정보를 제공하고, 고객이 충분히 이해하고 신뢰할 수 있도록 돕는 것이 중요하다.
  ○ 교육과 정보가 필요한 제품: 예를 들어, 소프트웨어, 클라우드 서비스, 전문 컨설팅 등은 사용자가 제품의 기능과 혜택을 잘 이해해야 하기 때문에 고객과의 지속적인 관계 유지가 포인트인 인바운드 세일즈가 유용하다.

- 기술 및 소프트웨어 회사
  - SaaS(Software as a Service): 클라우드 기반 소프트웨어 서비스는 사용자가 제품을 직접 체험해 보고 이해할 수 있도록 도와주는 인바운드 마케팅이 효과적이다. 예를 들어, 레몬베이스와 같은 HR SaaS 회사는 블로그, 웹 세미나, 백서 등을 통해 제품의 장점을 설명하고, 무료 체험을 제공하여 잠재 고객을 유치할 수 있다.
  - 기술 혁신 제품: 새로운 기술이나 혁신적인 제품을 제공하는 회사는 고객이 제품을 이해하고 신뢰할 수 있도록 많은 정보를 제공해야 한다.

- 헬스케어 및 교육 분야
  - 헬스케어 서비스: 병원, 클리닉, 건강 관련 제품 등은 고객이 많은 정보를 필요로 하기 때문에 인바운드 세일즈 전략이 적합하다. 예를 들어, 의료 기기 회사는 제품 사용법, 효과, 연구 결과 등을 상세히 설명하는 콘텐츠를 제공하여 신뢰를 구축할 수 있다.
  - 교육 서비스: 온라인 교육 플랫폼, 학원, 교육 컨설팅 등은 잠재 고객에게 교육 프로그램의 혜택과 차별점을 충분히 설명해야 한다. 블로그, 동영상, 사례 연구 등을 통해 잠재 고객의 관심을 끌고, 유료 고객으로 전환할 수 있다.

- 스타트업 및 중소기업
  - 자원이 제한된 기업: 인바운드 세일즈는 전통적인 마케팅 방식보다 비용 효율적이기 때문에 예산이 제한된 스타트업이나 중소기업에 적합하다.
  - 브랜드 인지도가 낮은 기업: 인바운드 세일즈는 유용한 콘텐츠를 통해 자연스럽게 브랜드 인지도를 높일 수 있다. 이를 통해 잠재 고객이 회사와 제품에 대해 더 잘 알게 되고, 신뢰를 쌓을 수 있다.

- 이커머스 및 소비재
  - 고객 교육이 필요한 제품: 예를 들어, 새로운 유형의 가전 제품이나 혁신적인 소비재는 고객이 제품의 사용법과 장점을 이해하도록 돕는 콘텐츠를 필요로 한다.
  - 충성 고객 구축: 인바운드 세일즈 전략을 통해 고객의 니즈를 충족시키고, 지속적인 관계를 유지함으로써 충성 고객을 구축할 수 있다. 블로그, 뉴스레터, 소셜 미디어 등을 통해 고객과 지속적으로 소통할 수 있다.

일반 고객들과는 달리 기업을 상대로는 위와 같은 다른 점이 존재한다는 것을 레몬베이스는 잘 알고 있었다. 이 사실은 기업의 비즈니스 전략에서도 잘 반영이 된 덕에 레몬베이스의 기업 고객 수는 2020년 4월부터 급격히 증가하여 현재 국내 유수 기업인 카카오, 쏘카, 지그재그, 롯데, 마이리얼트립, 컴투스, 위메프, 우아한형제들, 샌드박스, 메쉬코리아 등 2,000여 개의 기업을 고객으로 확보하고 있다. 2022년에는 유료 사용자 수가 전년 대비 다섯 배 증가하였으며, 2023년에는 시리즈 A 펀딩으로 7억 원(5,600만 달러)을 유치하는 데에 성공했다. 해당 거래는 에이티넘인베스트먼트주식회사(Atinum Investment Co.)가 주도하였으며, 기존 투자자인 카카오벤처스와 본엔젤스 벤처 파트너스도 참여하여 누적 투자금으로 140억 원을 확보했다.

레몬베이스는 현재 다양한 산업의 2,000여 개 기업과의 협업을 통해 성과를 입증하며 빠르게 성장하고 있다. 또한, 기술 혁신과 글로벌 확장 전략을 통해 국제 시장에서의 경쟁력을 키우고자 하는 노력을 기울이고 있다. 그 외에도 국내 다른 유니콘 기업들 중 카카오, 쿠팡, 배달의민족, 두나무, 마켓컬리와 비교했을 때, 레몬베이스는 HR SaaS 시장에서의 강력한 입지를 바탕으로 빠른 성장을 보이고 있다. 특히, 카카오와 같은 기업들이 레몬베이스의 고객으로 포함되어 있다는 점은 레몬베이스의 서비스가 이미 시장에서 높은 평가를 받고 있음을 보여 준다. 비슷한 서비스를 제공하는 해외 유니콘 기업들과의 비교해 봤을 때도 레몬베이스의 경쟁력은 준수하다. 특히, 레몬베이스는 특정 시장에서의 특화된 서비스를 제공한다는 점에서 차별화되는데 예를 들어, 스트라이프(Stripe)라는 결제 솔루션을, 팔란티리(Palantir)는 데이터 분석을 주력으로 하지만, 레몬베이스는 HR SaaS에 집중하여 전문성을 키워 나가고 있다. 즉, 이들 회사는 모두 SaaS 모델을 활용하고 있지만, 제공하는 서비스와 목표 시장은 상당히 다르다.

덕분에 레몬베이스는 여러 방면에서 봤을 때, 앞으로도 기술 혁신과 글로벌 확장을 통해 더 많은 시장을 확보할 가능성이 크다. 특히, AI와 빅데이터를 활용한 예측 모델과 분석 기능을 강화하여 고객에게 보다 정확하고 신속한 서비스를 제공함으로써 HR SaaS 시장에서 독보적인 위치를 차지할 것으로 기대된다. 결론적으로, 레몬베이스는 전세계적으로 많은 기업에서 가지는 문제점을 해결해 주는 서비스를 구축하였고, 이미 시장에서 높은 성장률을 기록하며 강력한 입지를 구축하고 있으며, 지속적인 기술 혁신과 글로벌 확장을 통해 유니콘 기업으로 성장할 가능성이 매우 높다. 이를 통해 HR SaaS 시장에서 글로벌 리더로 자리매김할 수 있을 것으로 보인다. 이때 적용될 기술들을 몇 가지 정리하면 다음과 같다:

- AI와 빅데이터의 활용
  - 성과 예측 모델: AI 기반의 예측 모델을 통해 직원 성과를 미리 예측하고, 필요한 조치를 사전에 취할 수 있다. 예를 들어, 직원의 이직 가능성을 예측하여, 이직률을 줄이는 전략을 세울 수 있다. 혹은, 특정 직무에서 높은 성과를 보이는 직원의 특징을 분석하여, 향후 채용 과정에서 유사한 프로필의 후보자를 선발하는 데 활용할 수 있다.

○ **빅데이터 분석**: 빅데이터 분석을 통해 직원들의 업무 성과, 피드백, 목표 달성도 등을 체계적으로 분석하여, 보다 구체적이고 실질적인 인사이트를 도출할 수 있다.

○ **개인화된 실시간 피드백**: AI를 활용하여 직원 개개인의 성과와 특성에 맞춘 개인화된 피드백을 제공함으로써, 직원들의 만족도와 업무 몰입도를 높일 수 있다.

• 자동화와 효율성 증대

○ **자동화된 보고서 생성**: 인사 데이터와 성과 데이터를 자동으로 수집, 분석하여 관리자가 손쉽게 보고서를 작성할 수 있도록 지원한다.

○ **자동화된 피드백 루프**: 정기적으로 자동화된 피드백을 제공하여, 실시간으로 직원들의 성과를 관리하고 개선할 수 있도록 돕는다.

○ **챗봇과 AI 비서**: 직원들이 인사 관련 질문이나 요청을 쉽게 처리할 수 있도록 돕는 AI 기반의 챗봇과 비서를 도입하여, 인사 업무의 효율성을 극대화한다.

위의 기술에 더불어 글로벌 확장 전략 또한 염두에 두고 있을 것을 감안하면 레몬베이스는 다음과 같은 준비 역시 한창 진행 중일 것이다.

• **다국적 기업과의 협력**: 레몬베이스는 글로벌 시장 진출을 위해

다국적 기업과의 협력을 강화하고 있다. 이를 통해 글로벌 기업의 HR 니즈를 충족시키고, 다양한 시장에서의 경쟁력을 확보할 수 있다.

○ 예를 들어, 해외 진출을 준비하는 한국 기업들을 대상으로 현지화된 HR 솔루션을 제공하여, 글로벌 인사 관리의 복잡성을 해결할 수 있다.

• **현지화 전략**: 레몬베이스는 각국의 법률 및 문화적 특성을 반영한 현지화 전략을 추진하고 있다. 이를 통해 각국의 기업들이 자사의 HR 정책과 절차를 효과적으로 관리할 수 있도록 지원한다.

○ 예를 들어, 각국의 노동법과 규정을 반영한 맞춤형 HR 솔루션을 제공하여, 기업들이 현지 시장에서의 법적 준수와 운영 효율성을 높일 수 있다.

• 글로벌 파트너십 구축: 레몬베이스는 글로벌 파트너십을 통해 서비스 영역을 확장하고 있다. 이를 통해 다양한 비즈니스 프로세스와의 통합을 통해 고객에게 종합적인 솔루션을 제공할 수 있다.

○ 예를 들어, 글로벌 HR 컨설팅 회사와의 협력을 통해, 고객에게 더 넓은 범위의 인사 관리 서비스를 제공할 수 있다.

유니콘 기업들만 쭉 살펴보다가 마지막 글의 주제는 유니콘으로 성장할 가능성이 엿보이는 레몬베이스로 마무리하게 되었다. 필자가 이런 예외의 경우를 둔 이유는 레몬베이스가 창업에 있어 성공의 핵심이자 스타트를 아주 잘 끊은 예라 보고 있어서이다. 필자가 생각하기에는 스타트업이 유니콘 기업으로 성장하기 위해서 가장 중요한 점은 모두가 공감할 수 있는 근본적인 문제를 해결하는 것이다. 이러한 접근 방식을 "고통점(Pain Point) 해결"이라고 부를 수 있다. 이는 사용자나 고객이 겪고 있는 큰 불편이나 문제를 해결하는 데 초점을 맞추는 전략이다. 레몬베이스가 세대 간 업무 인식 차이 문제를 해결하려는 시도는 바로 이러한, 그리고 특히 오늘 날의 모든 세대가 공감하고 느끼는 근본적인 문제 해결의 좋은 예이다. 사실 앞선 기업들 모두가 동서고금을 막론하고 전부 이런 전철을 거쳐 왔다. 피치 발표를 할 때도 제품이나 서비스가 해결하고자 하는 문제점이 항상 제일 먼저 언급된다는 점 또한 그만큼 고통점 해결의 중요성을 강조한다. 근본적인 문제를 해결해야 제품이나 서비스는 실질적 가치 제공하기 때문이다. 그럼 그냥 단순한 편리함을 추구하는 것이 아닌 고객의 삶이나 업무 환경을 실질적으로 개선하는 데 기여할 수 있게 된다. 게다가 근본적인 문제는 많은 사람들이 공감하고 불편을 느끼는 부분이므로, 이를 해결하면 강력한 시장 수요를 창출할 수 있다. 또한 모두가 불평불만할 뿐 흔히 다루거나 해결해 보려하지는 않는 복잡한 문제를 풀어내면 경쟁자와의 차별화이 자동으로 따라온다. 이는 스타트업이 시장에서 두각을 나타내는 데 중요한 요소이다.

당장 유명한 예시들만 봐도 그러다. 아마존은 온라인 쇼핑의 불편함과 한정된 선택지를 해결하기 위해 고객 중심의 쇼핑 경험을 제공하고, 광범위한 제품 선택과 신속한 배송 서비스를 통해 온라인 쇼핑의 패러다임을 변화시켰다. 이를 통해 단순히 책을 판매하던 이미지에서 순식간에 어마무시한 고객층을 둔 대기업으로 거듭나게 되었다. 아마존은 오늘 날도 글로벌 전자 상거래 시장을 지배하며, 다양한 산업에 걸쳐 혁신을 지속하고 있다. 우버 또한, 택시 서비스의 비효율성과 불편함을 해결하기 위해 모바일 앱을 적극 활용해 사용자가 쉽게 차량을 호출하고, 실시간으로 차량 위치를 추적할 수 있도록 했다. 그 결과, 전 세계 도시에서 교통 서비스의 혁신을 이루며, 운송 산업의 변화를 주도했다. 스페이스X(SpaceX) 역시 난해한 문제점인 우주 탐사 비용의 고비용 구조와 비효율성에 대해 재사용 가능한 로켓을 개발하여 우주 탐사의 비용을 획기적으로 절감하고, 우주 산업의 상업화를 추진했다. 그 덕에 해당 기업은 우주 탐사의 비용을 크게 줄이는 것은 물론, 민간 우주 탐사 시대를 열었다. 넷플릭스(Netflix)는 비디오 대여의 불편함과 한정된 콘텐츠 접근성을 해결하기 위해 스트리밍 서비스를 통해 언제 어디서나 다양한 콘텐츠를 쉽게 접근할 수 있도록 했다. 그로 인해 현재는 전 세계적으로 스트리밍 서비스의 대명사가 되었으며, 미디어 소비 방식을 혁신했다.

레몬베이스가 유니콘으로 거듭날지, 그리고 더 나아가 글로벌 대기업으로 거듭날지는 지켜봐야 할 일이지만 우선 근본적인 문제 해결의 중요성을 인지한 상태에서 시작한 것만 봐도 필자는 상당히 희망적인 스타트를 끊었다고 생각한다. 세대 간 업무 인식 차이라는 골 깊은, 매우 복잡하고, 어디부터 손대야 할지도 모르는 문제를 해결하려는 시도 자체 또한 매우 중요하다. 이는 단순히 유행을 좇는 것이 아니라, 많은 사람들이 공감하고 불편을 느끼는 근본적인 문제를 해결하는 서비스이다. 다른 창업자들 역시 유행을 좇기보다, 고객들이 일상에서 겪는 근본적인 문제를 발견하고 해결하는 데 집중해야 한다. 이는 스타트업이 성공적으로 성장하고, 나아가 유니콘 기업으로, 더 나아가 전 세계적인 대기업으로 도약하는 데 필수적인 밑거름이 될 것이다.

ZERO TO HERO
제로투 히어로

ⓒ 이지윤, 2024

초판 1쇄 발행 2024년 10월 20일

지은이	이지윤
펴낸이	이기봉
편집	좋은땅 편집팀
펴낸곳	도서출판 좋은땅
주소	서울특별시 마포구 양화로12길 26 지월드빌딩 (서교동 395-7)
전화	02)374-8616~7
팩스	02)374-8614
이메일	gworldbook@naver.com
홈페이지	www.g-world.co.kr

ISBN   979-11-388-3647-0 (03320)

- 가격은 뒤표지에 있습니다.
- 이 책은 저작권법에 의하여 보호를 받는 저작물이므로 무단 전재와 복제를 금합니다.
- 파본은 구입하신 서점에서 교환해 드립니다.